DEBUT D'UNE SERIE DE DOCUMENTS
EN COULEUR

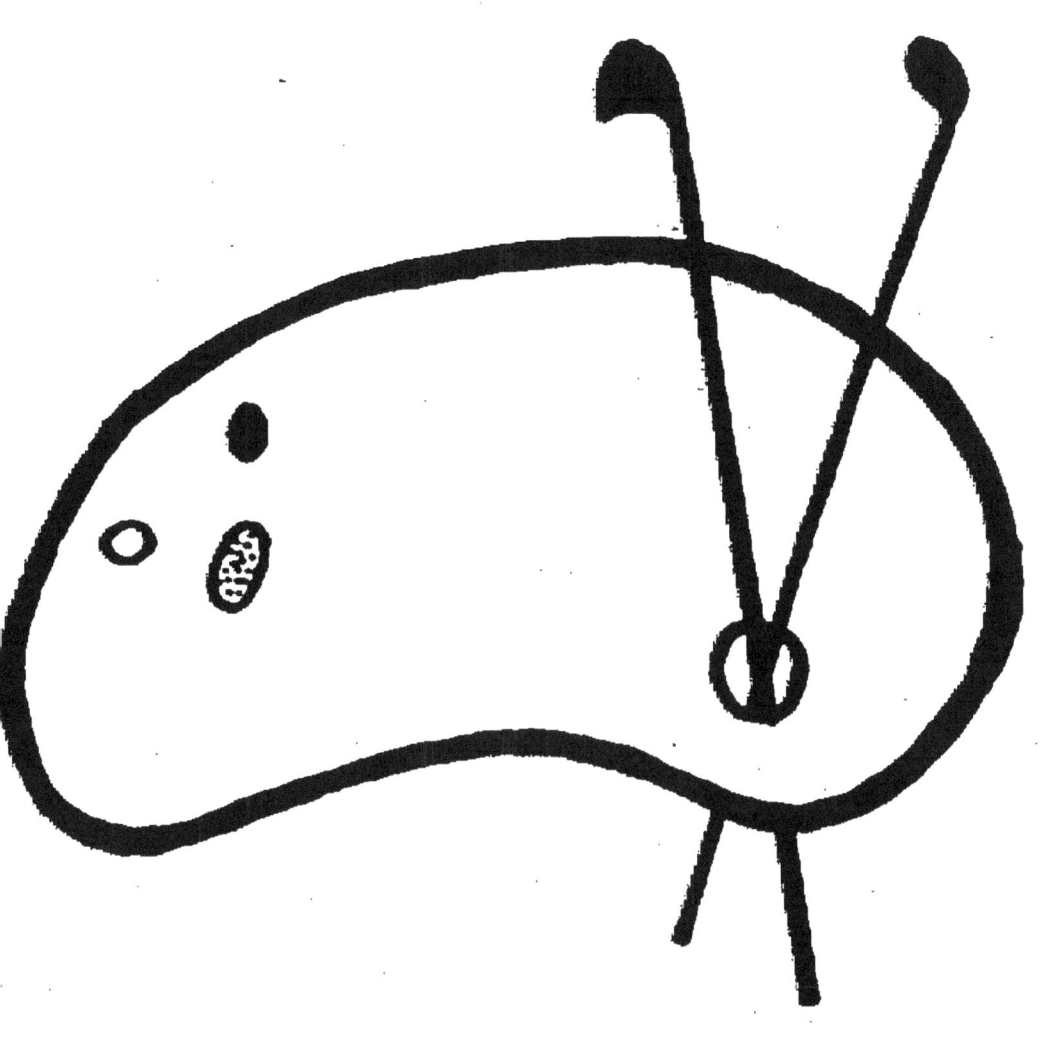

FIN D'UNE SERIE DE DOCUMENTS
EN COULEUR

LA
BRETAGNE
ANCIENNE ET MODERNE.

4ᵉ SÉRIE GRAND IN-8°.

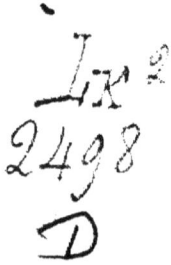

Propriété des Éditeurs.

LA BRETAGNE

ANCIENNE ET MODERNE

PAR L. LE SAINT

DEUXIÈME ÉDITION

AUGMENTÉE

D'UNE LÉGENDE DE BRETAGNE, ETC.

LIMOGES
EUGÈNE ARDANT ET Cⁱᵉ, ÉDITEURS.

A MONSIEUR LE BARON DE CONDÉ,

INSPECTEUR GÉNÉRAL DES CHEMINS DE FER,
MEMBRE DU CONSEIL GÉNÉRAL DE L'OISE,
OFFICIER DE LA LÉGION-D'HONNEUR,

TÉMOIGNAGE DE RECONNAISSANCE ET HOMMAGE DE L'AUTEUR,

L. LE SAINT.

LA BRETAGNE.

CHAPITRE PREMIER.

L'Armorique avant Jules-César. — Origine des Celtes. — Premiers habitants de l'Armorique. — Guerriers. — Druides et druidesses.

Parmi les généalogistes de la race bretonne, les uns l'ont fait remonter à l'Hercule tyrien, les autres à Enée ; des légendaires n'ont pas craint d'aller jusqu'à Noé, affirmant qu'il débarqua de l'arche aux abords de la Loire. La vérité est que cette race, dernier débris des Celtes, se lie au berceau du genre humain, non par les Syriens, les Arabes, les Phéniciens et les Hébreux, mais par les Romains et les Grecs, par les Germains, les Slaves, les Arméniens, les Perses, les Mèdes et les Indiens. Les Celtes étaient venus de l'orient; lorsque César franchit les Alpes, cinquante-huit ans avant Jésus-Christ, ils occupaient, mêlés aux Cimériens et aux Gaulois, le territoire de la Gaule et de la Grande-Bretagne ; contraints par les légions romaines de reculer vers l'océan, ils se défendirent jusqu'à l'arrivée des Francs et des Saxons, qui les forcèrent à chercher un suprême asile dans les rochers de l'Armorique et du pays de Galles. Quant au nom de Bretagne, les uns le tirent du mot *brez*, qui signifie peint de diverses couleurs; suivant d'autres, il aurait pour étymologie les mots *bro*, pays, et *thow, than*, ou *den*, hommes du pays, indigènes.

A l'époque de l'invasion romaine, la presqu'île de l'Armorique n'était qu'un sol âpre et noir, coupé de ravins et de fleuves sans nom ; région triste et solitaire, dit l'auteur de *Velléda*, enveloppée de brouillards, retentissant du bruit des vents, et dont les côtes, hérissées de rochers, étaient battues d'un océan sauvage. Divers peuples, réunis en confédération, se la partageaient, et les personnes se divisaient en cinq classes : les druides, les nobles, les propriétaires d'alleux, les ambactes ou soldures, les clients et les esclaves. Les druides et les nobles comptaient seuls dans le gouvernement de la nation.

Les premiers habitants du pays furent des hordes de chasseurs et de pasteurs, qui se peignaient et se tatouaient comme les sauvages de l'Amérique, et, comme eux aussi, relevaient leurs cheveux en touffe au sommet de la tête. Une racine pour nourriture, dit Dion Cassius, de l'eau pour breuvage, un arbre pour maison, une arme pour défense, voilà ce qui leur suffisait. Mais bientôt la guerre et le commerce amenèrent à leur suite la civilisation, du moins dans les ports de l'Armorique. Les grands navires des Vénètes sillonnèrent la Manche, rapportant de l'île de Bretagne à la Gaule entière des métaux, des pelleteries, des esclaves et des chiens.

Tous les Gaulois étaient soldats. Chaque mère faisait baiser à son nouveau-né l'épée nue de son mari : c'était le baptême des enfants. Pour les expéditions extérieures, l'enrôlement était facultatif ; mais si le pays était menacé, tout le monde devait le défendre ; les réfractaires étaient punis de la perte du nez, des oreilles ou d'un œil. Les guerriers marchaient aux chants des bardes, et beaucoup avaient conservé l'usage de se peindre le corps pour épouvanter l'ennemi. Ils avaient pour armes l'épieu, le javelot, l'arc, la flèche, la fronde, le sabre sans pointe, à un seul tranchant, et cette fameuse lance, dont le fer, long d'une coudée, large de deux palmes, se courbait en croissant comme les hallebardes, et lacérait horriblement les chairs. Certains chefs combattaient sur des chars, qu'ils dirigeaient avec une redoutable adresse.

Suivant les traditions des Kimris, ce furent leurs premières tribus qui, traversant la mer brumeuse, conduites par Hu-Gadarn, — Hu-le-Puissant, — leur prêtre-dieu, apportèrent la religion druidique aux Gaulois, qui n'était qu'une sorte de panthéisme. Cette religion enseignait que l'esprit et la matière étaient éternels; que le monde, inaltérable dans sa substance, variait perpétuellement dans sa forme, sous les influences de deux agents, l'eau et le feu. L'âme, en quittant le corps, passait dans une sphère inférieure ou supérieure, selon qu'elle avait mérité peine ou récompense. L'homme qui avait bien vécu reprenait dans l'autre monde ses habitudes : le guerrier retrouvait son cheval et ses armes, le chasseur ses chiens et son épieu, le prêtre ses fidèles attentifs, le client dévoué son patron. Les druides croyaient aussi à l'existence d'un Dieu unique, mais ce Dieu prenait, pour l'intelligence du peuple, autant de formes qu'il avait d'attributs : celles de l'eau, du vent, et du soleil ou de la lune, par exemple. D'horribles superstitions, des sacrifices humains ensanglantaient les grossiers autels qu'ils élevaient au fond des forêts séculaires et au milieu des landes sauvages, où quelques-unes subsistent encore.

L'initiation druidique avait trois degrés, qui formaient la hiérarchie sacerdotale : les bardes, les ovates et les druides. Les bardes étaient les improvisateurs sacrés de la Gaule : ils chantaient les exploits des héros, encourageaient les victimes sur la pierre du sacrifice, les guerriers sur le champ de bataille, et distribuaient la gloire ou la honte. Les ovates étaient chargés de la partie matérielle du culte; aucun acte public ou privé ne se faisait sans leur intervention. Les druides, — hommes des chênes, — formaient la classe supérieure et savante de l'ordre. Arbitres de la paix et de la guerre entre les nations, sénateurs de droit en Armorique, ils avaient le privilége exclusif de la théologie, de la législation et de l'éducation, et ils régnèrent longtemps par la supériorité intellectuelle et par la terreur.

Si les lacs et les fontaines étaient sacrés, les véritables temples du Dieu inconnu étaient les cercles de pierres, *cromlec'h*. Un grand *menhir*, — pierre longue, — ou *peulven*, — pierre levée, — en défendait l'approche. Des *dolmens*, — tables de pierre servant d'autels, — s'élevaient à côté. Plus loin s'étendaient les *carnellou*, — cimetières, — réunion de menhirs alignés avec ordre ou dispersés au hasard. D'autres menhirs étaient destinés à garder la mémoire des hommes illustres ou des grands événements. Les pierres branlantes, suivant la tradition, prédisaient l'avenir à celui qui savait étudier leurs mouvements.

Les prêtres de Hu avaient des connaissances profondes en astronomie et en physique; quant à leur médecine, exercée par les ovates, c'était une sorte de magie, appliquée à certaines plantes. Le gui de chêne était pour eux une panacée; on le cherchait avidement dans les forêts, et lorsqu'on l'avait trouvé, les prêtres l'allaient cueillir en grande pompe. Cette cérémonie se pratiquait en hiver, et on devait le couper le sixième jour de la lune : il fallait qu'il tombât sous le tranchant d'une faucille d'or. Une foule immense accourait de toute part pour assister à cette cérémonie.

Des prêtresses et des magiciennes étaient affiliées et soumises à l'ordre : elles étaient spécialement consacrées au culte de Koridwen, l'épouse de Hu, dont elles célébraient les fêtes par des danses. Elles avaient leurs principaux collèges dans les îles d'Ouessant et de Batz, et surtout dans l'île de Sein. Les druidesses de l'île de Sein avaient plein pouvoir sur la nature : elles déchaînaient ou calmaient en chantant les tempêtes, annonçaient l'avenir, guérissaient tous les maux et se métamorphosaient comme les dieux de la fable.

La Bretagne actuelle, ainsi que le dit Pitre-Chevalier, est encore fille de l'ancienne Armorique; nous retrouvons les traditions druidiques dans le catholicisme, les colons dans les fermiers, les bardes dans les poètes populaires, les druides et les druidesses dans les dus et les korrigan (les nains et les fées), les duels des festins dans les luttes. Jules-César allait apporter une lumière impérissable à son histoire.

CHAPITRE II.

Jules-César. — Soumission de l'Armorique. — Son affranchissement. — Conan. — Le christianisme remplace le druidisme. — Migration des Bretons insulaires. — Comtes.

Tous les historiens ont célébré à l'envi les victoires de César dans la Gaule. Personne n'ignore avec quelle habileté l'ambitieux général fit naître les guerres les unes des autres, avec quelle adresse il sut entretenir et diriger à son gré les divisions et les jalousies des peuples, élever les uns, rabaisser les autres, les gagner par des bienfaits ou les effrayer par des exemples de sévérité terribles.

A raison de sa position géographique, la péninsule armoricaine devait être soumise la dernière ; elle déposa pourtant les armes à l'approche d'une seule légion. Les Vénètes furent les premiers à sentir tout le poids de la servitude. Intrépides navigateurs, ils exerçaient sur les mers une sorte de royauté, et tout le commerce de l'île de Bretagne était entre leurs mains. Ils comprirent que la perte de leur indépendance devait entraîner la ruine de leur marine et de leurs établissements, et ils n'attendirent plus qu'une occasion pour secouer le joug. Cette occasion se présenta bientôt.

Crassus, chef de la septième légion, avait envoyé des tribuns équestres chez les Vénètes et chez quelques autres nations armoricaines, pour hâter la rentrée de certains tributs. Les Vénètes arrêtèrent ces officiers, et, entraînés par leur exemple, les peuples voisins agirent de même envers les députés romains : une confédération se forma, l'Armorique prit partout les armes, et l'île de Bretagne fournit aussi son contingent contre les étrangers. César accourut en toute diligence. Sa vengeance fut atroce : le massacre de tous les sénateurs de Dariorig, la vente, sous la lance, de la plus grande partie des rebelles, apprirent aux Gaulois comment il entendait punir la révolte. La puissance des Vénètes fut anéantie pour toujours, et leurs alliés ne souffrirent pas moins de cette défaite. Pendant la guerre, qui se termina par le siége d'Alise, chacune des cités armoricaines dut fournir un corps de six mille hommes. On ne sait quelle part elles prirent aux combats livrés par Vercingétorix. De la mort de ce héros date la soumission complète de la Gaule; César parvint à y maintenir la paix en comblant de bienfaits les chefs et en n'établissant aucun nouvel impôt.

De César à Maxime, l'Armorique, dans sa partie la plus reculée, ne subit de la domination romaine que des stations capitales et principalement militaires, des tributs et l'établissement de nombreuses routes ; elle conserva sa langue, ses mœurs féodales, et les liens de confédération ne furent pas rompus. Quand les douleurs amassées de l'esclavage amenèrent une explosion générale de révoltes dans la Gaule, elle s'associa avec enthousiasme aux entreprises les plus hardies, à celles de Florus et de Sacroivir, de Vuidex, du batave Civilis et des redoutables Bagaudes. Ces insurrections duraient depuis quatre siècles, lorsque l'île de Bretagne envoya dans la péninsule toute une armée, qui en détermina l'affranchissement en secondant l'usurpation de Maxime. (383 après J.-C.) Le chef de cette armée était Murdok ou Mériadok, — grand conducteur, — plus connu sous le nom de Conan-Mériadek. L'histoire de l'Armorique devient ici l'histoire de la Bretagne.

Maximus Clemens gouvernait l'île de Bretagne au nom de l'empereur Gratien. Les légions qu'il commandait l'ayant investi de la pourpre, il s'embarqua pour la Gaule, suivi d'un nombre considérable de Bretons, qui avaient à leur tête Conan-Mériadek, et, après s'être emparé de Rennes et de Nantes, il alla à la rencontre de Gratien, et le battit sous les murs de Lutèce, — Paris. — Maxime et Conan se séparèrent alors : le premier courut à Lyon arracher la couronne et la vie à son rival; le second revint en Armorique et y établit sa colonie bretonne, sous la dépendance du nouvel empereur. Quand Maxime mourut, en 388, la Bretagne rentra dans sa nationalité. Les Romains tentèrent, en 406, d'y rétablir leur domination, mais ils ne purent obtenir qu'un traité d'alliance.

Le druidisme palpitait encore, lorsque le Dieu crucifié ouvrit ses bras à la Gaule. Aucune nation ne s'y jeta avec plus d'élan; aucune ne compta plus de missionnaires et plus de martyrs. L'Armorique accueillit avec enthousiasme une religion qui affranchissait tous les esclaves. Les premiers confesseurs y vinrent de Tours, et, vers l'an 290, Nantes vit martyriser deux de ses plus illustres enfants, Dioclétien et Rogatien. Le premier évêque de Nantes et l'apôtre de la Bretagne fut saint Clair, au troisième siècle; bientôt des églises furent aussi établies à Vannes, à Quimper et à Dol. Rien de touchant et de curieux, de sublime et d'étrange comme les humbles commencements de ces hommes, qui marchaient à la conquête du monde, et tel fut l'effet de leurs prédications sur l'esprit austère et poétique des Armoricains, qu'on peut dire qu'il dure encore.

Ce fut, dit-on, Conan-Mériadek qui porta le coup mortel au druidisme, dont l'influence sur les populations avait persisté jusque-là. On vit alors des prêtres de Hu, devenus évêques, baptiser d'autres druides dans leurs anciens temples consacrés par la croix. Mais ce spectacle inspira une énergie désespérée aux « hommes des chênes, » et, rejetés dans les îles voisines, ils défendirent longtemps, et pied à pied, le terrain qu'ils possédaient depuis tant de siècles; ils ne quittèrent point leurs foyers et leurs dolmens sans y laisser des traces ineffaçables.

On sait comment les habitants de l'île de Bretagne, quand leur territoire fut envahi par les hommes du Nord qu'on appelait les Saxons, se retirèrent dans le pays de Galles, ou même, traversant la mer, vinrent aborder aux côtes de l'Armorique. Ces derniers formèrent l'Etat de Domnonée, aujourd'hui la basse Bretagne, et qui comprenait les comtés de Vannes, de Cornouailles, de Tréguier et de Léon. Ces comtés demeurèrent toujours des souverainetés indépendantes, gouvernés de père en fils par des descendants des anciens chefs de l'île, dont le pouvoir n'était limité que par la coutume du pays.

Affranchie brusquement de la domination romaine, et presque aussitôt colonisée par les Bretons, la nouvelle confédération armoricaine se remit lentement de cette double secousse, et il s'en fallut que la paix et la concorde régnassent dans la péninsule. On vit les chefs insulaires s'en disputer les uns aux autres les parties, ou se réunir pour disputer le tout aux étrangers, de sorte que leur histoire n'est véritablement qu'une suite de guerres intestines ou de guerres nationales, jusqu'au jour où les Franks les mirent d'accord en s'emparant de la Gaule entière.

CHAPITRE III.

Les comtes Salomon, Gradlon, Audren. — Invasion des Alains. — Invasion des Huns. — Les comtes Biothime et Budik. — Clovis. — Alliance des Franks et des Bretons.

Le premier roi que les chroniqueurs placent après Conan est Salomon, dont ils font son petit-fils. (421.) Suivant eux, il renouvela le traité d'alliance avec les Romains, et s'unit à la fille d'un patrice nommé Flavius. Sous son règne fut abolie la vente à l'encan, au profit du trésor, des enfants de ceux qui ne pouvaient payer l'impôt. Cette coutume était, sans doute, un reste de l'administration romaine dans quelques villes de la Bretagne. Salomon n'eut pas le même succès dans toutes ses réformes; il périt assassiné au milieu d'une révolte, en 433.

Les Armoricains reconnurent alors pour roi Gradlon-Mur ou Mor, — Gradlon-le-Grand, — comte de Cornouailles, beau-père de Conan-Mériadek, avec lequel il était venu de l'île de Bretagne. Ce prince défendit la Bretagne contre une nouvelle attaque des Romains, et s'associa aux Bagaudes, ainsi qu'à des colonies franques établies dans quelques villes bretonnes. Ces terribles confédérés s'avancèrent jusqu'à

Tours, d'où les forces de Majorien ne les repoussèrent que difficilement. Gradlon mourut vers 444, et fut inhumé dans le monastère de Landévének, fondé par lui, avec celui de saint Jagu. De tous les rois bretons, il n'en est aucun qui ait autant occupé les légendaires, et l'on ferait des volumes avec les récits merveilleux dont il a été l'objet.

Audren succéda à Gradlon ; c'est lui qui était à la tête des Bretons de l'Armorique au moment de l'invasion des Alains et de celle des Huns. Les Alains, précipités contre la péninsule par le patrice Aétius, en auraient exterminé les populations sans l'intervention de Germain d'Auxerre. Le pieux prélat revenait de combattre l'hérésie pélagienne dans la Grande-Bretagne, et il y avait aussi remporté sur les Barbares la victoire de l'*alleluia*; bien qu'épuisé de fatigue, il marcha contre Eokarik, le chef des Alains, et le contraignit à accepter provisoirement un traité, qui suspendit la vengeance romaine. Les Armoricains ne tardèrent pas à braver de nouveau leurs anciens dominateurs, mais un péril immense vint les rapprocher d'Aétius.

Attila, le roi des Huns, semblerait moins un personnage historique qu'un symbole de destruction, si tous les historiens ne s'accordaient sur son existence. Laid comme le péché et né pour l'effroi de la terre, il fut justement surnommé le *Fléau de Dieu*. Les intrigues du Vandale Gensérik le poussèrent sur la Gaule, et ce fut à peine si, sur son passage, il épargna quelques villes. A Paris, tout le monde voulait s'enfuir, quand Geneviève, la sainte recluse, sortant de sa cellule, annonça au nom du ciel que les Huns se détourneraient des murs. Ils passèrent outre, en effet, et se dirigèrent vers Orléans; ils y entraient déjà, lorsque l'évêque Anianus vit comme un nuage s'élever de terre. « Voici le secours du Seigneur ! » s'écria-t-il. C'était Aétius avec ses Romains, ses Germains et ses Bretons. Après un combat sanglant, la cavalerie d'Attila se replia vers la Seine et la Marne; les confédérés la poursuivirent, et le sort du monde se décida dans les champs catalauniques. La lutte fut terrible; ce fut comme deux océans d'hommes qui heurtèrent leurs flots pendant un jour et une nuit. Enfin les Huns battirent en retraite, et personne n'ignore comment leur chef se vengea de la Gaule sur l'Italie. Il était écrit cependant qu'il n'entrerait pas à Rome : saint Léon l'arrêta en lui opposant le signe sacré de notre rédemption. Il mourut l'année suivante, dans une vallée du Danube, où les siens l'enterrèrent secrètement avec des drapeaux ennemis et des armes magnifiques. Il ne resta de cette irruption de Barbares dans les Gaules qu'un sol bouleversé comme par la charrue et disputé par les dernières tribus germaines. Bientôt le mérovingien Clovis, porté sur le bouclier de ses soldats, fonda le royaume de France.

Le premier usage que les Bretons firent de leur victoire fut de se venger des Alains, leurs alliés du jour, mais leurs ennemis de la veille, et ils les chassèrent de leurs établissements de la Loire. Ils étaient toujours gouvernés par le roi Audren, qui venait de refuser la couronne de la Grande-Bretagne. On cite après lui un chef du nom de Riothime, qui n'est autre sans doute que l'Erek des chroniqueurs. A sa mort, en 490, Budik, comte de Cornouaille et fils d'Audren, revint de l'île de Bretagne, où il avait suivi son oncle, et entreprit vaillamment de défendre l'Armorique contre les Franks et les Normands. Il reprit le territoire que son père avait enlevé aux Alains du côté de la Mayenne et rentra en possession du comté paternel; il devint alors roi suprême de la péninsule. C'était le moment où allaient commencer, entre les Franks et les Bretons, ces longs et terribles combats qui devaient arroser de sang l'un et l'autre pays pendant plus de dix siècles.

Il serait superflu de rappeler ici les victoires remportées successivement par Clovis sur les Romains, les Allemands, les Bourguignons et les Visigoths, et à la suite desquelles il se trouva maître de la plus grande partie du territoire gaulois. Ce qu'il importe de dire, c'est que tous les triomphes seraient demeurés inutiles sans Clotilde et les Armoricains : la main de cette reine catholique et l'alliance d'un peuple indomptable assurèrent seuls au fils de Childéric la domination de la Gaule.

La mère des rois burgondes, Clotilde, vivait ignorée auprès de Gondebald, lorsqu'un pèlerin-mendiant, raconte Frédégher, lui apporta la demande et l'anneau de Clovis. Il la trouva hospitalière aux voyageurs. Elle lava les pieds du pèlerin, reçut en secret son message, et en fut si joyeuse qu'elle lui donna cent sous d'or. Or, ce mendiant était Aurélien, conseiller de Clovis, dont les ambassadeurs ne se firent pas attendre. Ils remirent à Gondebald un sou et un denier, suivant l'usage. Clotilde partit avec eux, « s'élança sur un cheval pour arriver plus vite, » et devint la femme du roi païen. (493.) Quatre ans après, le roi païen, « disposé par Clotilde, » invoquait Jésus-Christ dans les plaines de Tolbiac, et triomphait au nom du vrai Dieu de tous les Germains coalisés. Le jour de Noël suivant, le fier Sicambre se courba sous le doigt de l'évêque de Reims, et fit baptiser après lui sa famille et son peuple. L'Eglise le déclara aussitôt son fils unique entre tous les rois d'occident, et la Gaule repoussa les Barbares infectés par le paganisme et l'arianisme. Il ne manqua plus à Clovis que la soumission ou l'alliance des Armoricains.

En 497, les Franks allèrent piller le territoire des Bretons, et leur roi lança enfin contre eux toutes ses forces. Cette attaque fut si vigoureusement repoussée que Clovis, renonçant à vaincre une nation indomptable, prit le sage parti de traiter avec elle. Alors vraisemblablement furent posées les limites qui devinrent la cause ou le prétexte de tant de guerres entre les deux pays.

CHAPITRE IV.

Conduite de Clovis à l'égard des Bretons. — Saint Pol de Léon ; miracles. — Riowal. — Mort de Chramm, fils de Clotaire, brûlé dans une cabane. — Waroch. — Charlemagne. — Morvan. — Wiomarc'h. — Soumission momentanée de l'Armorique.

Clovis ne s'était allié aux Armoricains que pour les soumettre; ne pouvant les vaincre par la force, il espérait les tromper par la ruse. Quand mourut Budik, les Franks s'emparèrent des principales villes de la haute Bretagne, et soumirent leurs conquêtes à l'autorité de leur roi.

Clovis laissa son trône en partage à ses quatre fils, et ceux-ci, à ce qu'il paraît, prétendirent, comme leur père, exercer un droit de suzeraineté sur la Bretagne armoricaine. La vie de saint Paul-Aurélien nous apprend que ce fut le roi Childebert qui, à la prière d'un certain Withur, comte de Léon, fonda en faveur du pieux exilé l'évêché de Saint-Pol de Léon. Peu de temps après, en 513, un prince insulaire, du nom de Riowal, abordait aux rivages de l'Armorique avec une flotte nombreuse, et, après avoir vaincu les Frisons qui s'en étaient emparés, il se rendait près de Clotaire pour traiter avec ce prince.

Saint Pol n'administra pas son diocèse jusqu'à sa mort : parvenu à un âge très avancé, il remit sa charge aux mains de son neveu, saint Joua, et alla achever ses jours dans l'île de Bath. La légende lui attribue de nombreux miracles, parmi lesquels les plus célèbres sont ceux des oiseaux de mer et de la clochette du roi Marc.

Les saints personnages affluaient vers ce temps-là de la grande vers la petite Bretagne : Samson, archevêque d'York, qui devint évêque de Dol; saint Tugdual, propre fils du roi Riowal ou Hoël, que l'évêché de Tréguier révère comme son fondateur; saint Brieuc, qui jouit du même honneur au diocèse de ce nom; saint Gildas, fondateur du célèbre monastère de Rhuys; saint Magloire enfin, saint Meen, saint Colombau, saint Goulven et beaucoup d'autres.

A la mort de Riowal, la Bretagne fut de nouveau partagée entre des fils indignes de leur père, et elle tomba dans un chaos qui devait durer près de trois siècles. Hoël II fut reconnu dans le comté de Rennes; Canao ou Conmor dans le comté de Nantes, Mac-Liaw dans celui de Vannes : Budik, fils ou frère d'Hoël, gouverna la Cornouaille. Canao fit bientôt périr Budik et Hoël, et l'adresse d'un ami préserva seule de la mort Mac-Liaw.

Un fils d'Hoël s'était réfugié à la cour de Childebert; ce prince, résolu à faire de lui un instrument de son ambition, le retint plusieurs années, et ce fut Clotaire qui le ramena dans son pays, lorsque, devenu le seul maître du royaume des Franks par la mort de ses frères et de ses neveux, il s'avança pour punir de sa rébellion son fils Chramm, recueilli par Canao. Deux armées envahirent à la fois la Bretagne : l'une rendit le comté de Rennes au fils de Hoël; l'autre défit Chramm et Canao dans une grande bataille aux environs de Dol ou de Saint-Malo. Les Bretons se retirèrent dans la forêt de Brékilieu; Chramm gagna ses vaisseaux en cas de revers, mais il aimait sa femme et ses enfants; au milieu de sa fuite, il entend leurs cris dans une cabane qui leur servait d'asile... Il s'élance à leur secours à travers une grêle de traits, arrive à son but, couvert de sang et de poussière, et tombe aux pieds de son père, qui arrivait en même temps. « Frappez-moi, lui dit-il, mais grâce pour ma femme et mes enfants! » — « Ta femme et tes enfants mourront avec toi, » répond Clotaire, et il donna l'ordre d'attacher la famille entière dans la cabane. Ses soldats y mirent le feu, et l'incendie dévora tout. (560.)

Le désastre de Canao, mort en combattant, permit à Mac-Liaw, devenu de comte évêque, de prendre le titre de roi. A sa mort, la Bretagne fut divisée encore une fois entre Beppolen, gouverneur de Nantes et de Rennes pour les rois franks, et les princes Judual, Téodorik et Warok ou Gwerek.

Warok fut un héros de l'indépendance armoricaine. Son refus de payer tout tribut à Chilpérik, époux de Frédégonde, attira sur lui la colère de ce prince; mais il battit les troupes envoyées pour le châtier, et enleva de la haute Bretagne un butin considérable. Plus tard, lorsque le roi Gontran voulut protéger Rennes et Nantes, il triompha également de ses lieutenants. On peut dire qu'il était la personnification de la Bretagne aux prises avec les Franks. Après lui, la péninsule goûta quelques années de repos, et de tous les princes qui occupèrent successivement le trône jusqu'à la chute des Mérovingiens, l'histoire n'a guère célébré que Judicaël, à qui ses vertus ont mérité d'être placé au nombre des élus. Content d'avoir affermi l'indépendance de son peuple, menacé par Dagobert, il rentra dans le cloître où s'était écoulée sa jeunesse, avec la triple couronne du guerrier, de l'homme d'État et du saint. Sous les rois fainéants, les princes bretons eurent plus rarement à défendre leurs droits; leurs indolents rivaux, soumis à la tutelle d'un maire du palais, n'avaient plus ni le désir ni le pouvoir de leur en contester la puissance.

Une main puissante allait bientôt courber tout l'occident sous son sceptre. Charlemagne fit occuper l'Armorique par Arnulphe, grand-maître de sa maison, mais une révolte ne tarda pas à éclater; le comte Gui, qui commandait les marches de Bretagne, reçut alors de l'empereur la mission de réduire les rebelles, et il parvint à les soumettre entièrement. Cette soumission, toutefois, n'était qu'illusoire : de nouvelles révoltes se succédèrent jusqu'au jour où Noménoë plaça sur son front la couronne armoricaine.

L'année même de la mort de l'empereur, les Bretons élevèrent à la royauté suprême un certain Jarnhitin ou Macthiern; à sa mort, deux ans après, Morvan, comte de Léon, fut proclamé *chef des chefs*. Le choix de ce nouveau généralissime ne laissa pas que d'inspirer des craintes sérieuses au successeur de Charlemagne, et, d'Aix-la-Chapelle, où il tenait un plaid, il envoya vers lui le moine Witchor pour l'avertir du sort qui le menaçait. Le bon religieux monta à cheval et se dirigea vers la Bretagne. Morvan l'écouta, et demanda une nuit pour réfléchir ; le lendemain, il dit à Witchor : « Voici ma réponse pour ton roi. Cette terre n'a jamais été la sienne, et je ne lui dois ni soumission ni tribut. Qu'il règne sur les Franks ; moi, je régnerai sur les Bretons. Les Franks, dis-tu, me déclareront la guerre ; qu'ils viennent ; j'appellerai mes guerriers, et mes ennemis verront si mon bras est affaibli ! »

Les Franks s'avancèrent au milieu des landes et des bruyères de l'Armorique. Toutes les maisons devinrent la proie des flammes ; les églises seules étaient respectées. Morvan se décida à tenter le sort des armes ; mais, à la vue des siens fuyant de toute part à travers les campagnes dévastées, pleurant de rage et de douleur, il se précipita sur les escadrons ennemis et reçut de Cossus un coup de lance qui le renversa ; puis le Frank sauta à bas de son cheval et lui trancha la tête.

Ainsi, pour la troisième fois, la Bretagne succomba sous les armes franques. (818.) Louis-le-Débonnaire reçut la soumission des chefs armoricains dans son camp, sur les bords de l'Ellé ; ensuite il rendit la garde des marches aux comtes Guy et Lantbert, et confia le gouvernement de Vannes au chef breton Noménoë. Il ne se doutait guère que ce chef méditait la délivrance de la Bretagne. Mais un autre devait la tenter encore avant lui.

Elu roi après Morvan, Wiomarc'h appela bientôt les Bretons à la révolte. Dès l'année 822, ses bandes ravagèrent les frontières des Franks, et le comte Guy se vit forcé d'envahir de nouveau la Bretagne ; le chef breton se sauva dans les montagnes. Mais, peu de temps après, il reparut sur les terres ennemies, et y exerça d'horribles ravages. Il fallut, pour faire déposer les armes à ce petit peuple indomptable, que trois corps d'armées, commandés par l'empereur et par ses deux fils, vinssent encore une fois le combattre. Cette dernière guerre ne dura que quarante jours. Ecrasés par des forces supérieures, les Bretons se hâtèrent de se soumettre. En vain Louis-le-Débonnaire combla Wiomarc'h de présents et d'honneurs; ne pouvant soulever de nouveau ceux qui l'avaient élevé à la dignité royale, le successeur de Morvan se fit tuer par Lantbert, et l'empereur commit la faute de déclarer Noménoë son lieutenant-général en Bretagne. Ainsi que le remarque Pitre-Chevalier, c'était donner à l'Armorique un levier qui allait la relever pour six cents ans.

CHAPITRE V.

Noménoë. — Les Normands en Bretagne. — Erispoë. — Salomon III. — Partage de la Bretagne; Gurwan et Pasqwiten. — Alain III. — Les Normands envahissent la Bretagne. — Alain Barbe-Torte. — Conan-le-Tors. — Geoffroy Ier.

De grands malheurs empoisonnèrent les dernières années de Louis-le-Débonnaire. A la naissance de celui de ses fils qui fut appelé Charles-le-Chauve, il dut, pour satisfaire les vœux de sa seconde femme, l'impératrice Judith, procéder à un nouveau partage de ses Etats, afin de doter le plus jeune de ses enfants, et il se vit tour à tour dépossédé, réhabilité, condamné à une pénitence publique et incarcéré par Lothaire, Pépin et Louis; il mourut enfin de douleur. Noménoë lui garda jusqu'au bout son serment de fidélité; mais dès qu'il eut fermé les yeux, il prit le titre de roi de Bretagne, en donnant à Lantbert celui de comte de Nantes. Cette ville repoussa Lantbert, et celui-ci, pour se venger, attira sur la Bretagne les Normands, les plus terribles entre tous les Barbares. Il alla lui-même les trouver sur les côtes de la Neustrie, leur vanta les richesses de la ville de Nantes, et s'engagea à leur servir de guide. Alléchés par l'espoir d'un riche butin, les pirates rassemblèrent tous leurs vaisseaux, et, sous la conduite du comte, ils abordèrent d'abord au bourg de Batz, d'où ils se dirigèrent ensuite, à la voile et à la rame, vers la malheureuse cité. Ce jour-là, on fêtait dans la ville l'anniversaire de saint Jean-Baptiste. Tout-à-coup, au milieu de la célébration des saints mystères, d'effroyables cris se font entendre : l'ennemi était maître de la place. L'église des saints Pierre et Paul, où l'évêque officiait, fut en un instant remplie par une troupe de fuyards qui barricadèrent derrière eux les portes de la cathédrale. Mais les Normands, à coups redoublés, s'ouvrirent bientôt un passage. Le carnage fut effroyable : ceux qu'épargna le glaive, furent conduits sur leurs vaisseaux par les pirates, qui y entassèrent pêle-mêle les immenses richesses trouvées dans l'antique basilique. Cette horrible dévastation fut l'ouvrage d'un jour. Le lendemain, les Normands se répandirent dans les campagnes, pillant les églises et les monastères, massacrant impitoyablement ceux que la fuite ne dérobait pas à leur fureur. Au bout de dix jours ils montèrent sur leurs navires, chargés d'or et d'argent, et cinglèrent vers l'île de Noirmoutier pour y faire le partage du butin et des esclaves. Quand ils mirent à la voile pour regagner le Danemark, une tempête les poussa sur les côtes de la Galice, dont les habitants leur enlevèrent cinquante vaisseaux. Les autres allèrent saccager les environs de Bordeaux, où la mauvaise saison les força à séjourner pendant plusieurs mois. Lautbert rentra à Nantes avec une troupe nombreuse de fidèles, auxquels il distribua une partie du territoire de Mauge, de Tiffauge et d'Herbauge.

Pendant ce temps-là, Noménoë fit une invasion dans le pays de Rennes et en conquit la plus grande partie. En 845, Charles-le-Chauve marcha contre lui, avec une armée de Franks et de Saxons. La bataille s'engagea près du monastère de Ballon, sur les bords de la Vilaine; elle dura deux jours. La victoire resta aux Bretons, et elle assura la royauté de l'Armorique à Noménoë, qui, à partir de ce moment, prit le titre de roi. Un peu plus tard, malgré la cour de Rome, il se fit sacrer à Dol, dont le siége métropolitain avait été relevé par lui; mais, avant de mourir, il rentra en grâce avec l'Eglise. Il succomba au milieu de ses triomphes, en 851, atteint d'une maladie violente. La Bretagne perdait en lui un grand capitaine, un grand politique et un grand roi.

Erispoë, fils de Noménoë, héritait, bien jeune encore, d'un

trône à peine consolidé. Charles-le-Chauve jugea le moment favorable pour se venger, sur ce prince sans expérience, des outrages qu'il avait reçus de son père, et il conduisit en Bretagne une armée formidable. Mais le jeune roi des Bretons se montra aussi vaillant et non moins habile que son prédécesseur, et Charles, battu contre son attente, signa avec lui un traité avantageux. L'Armorique put alors goûter le repos. Malheureusement, des dissensions s'élevèrent dans la famille des princes, et le roi de France en profita pour envahir encore une fois la Bretagne. Un cousin d'Erispoë, Salomon, devint le fidèle de Charles-le-Chauve, et reçut de sa munificence un tiers du territoire de la péninsule.

Les Normands reparurent sur ces entrefaites. Conduits par Godefroy, ils reprirent et saccagèrent Nantes; ils venaient de rançonner le comte et l'évêque de cette ville, lorsqu'ils furent surpris par Erispoë, qui les rejeta sur leurs vaisseaux, en 855 : ils se répandirent alors sur le royaume de France.

L'indomptable courage avec lequel les Bretons luttaient depuis tant d'années contre les attaques incessantes des hommes du Nord, fit comprendre au roi Charles tout le prix d'une alliance avec un tel peuple. Il proposa à Erispoë l'union de son fils Louis avec l'unique héritière de Bretagne. La réalisation de ce projet, suivant la judicieuse remarque de M. Aurélien de Courson, eût peut-être avancé de plus de six cents ans le grand événement qui s'accomplit sous Charles VIII, à la fin du XI° siècle. Mais Salomon, comte de Rennes, fit échouer par un crime le plan du roi de France. Il dénonça aux seigneurs bretons la trame qui s'ourdissait contre l'indépendance du pays, et complota avec eux le meurtre de son cousin. Un jour qu'Erispoë entendait la messe dans une église du diocèse de Vannes, il fut assailli par une troupe d'hommes armés, et massacré, aux pieds mêmes de l'autel, par Salomon et l'un de ses complices.

A la nouvelle de cet assassinat, Charles-le-Chauve se dirigea vers l'Armorique; mais, apprenant que les Bretons avaient rassemblé toutes leurs forces, il se décida à traiter avec Salomon, et, pendant deux ans, il n'eut pas l'air de s'apercevoir des ravages commis sur les terres de France par des bandes de mécontents, au nombre desquels était son fils Louis. Il fallut cependant prendre un parti, et il se décida à convoquer un concile à Savonnières, afin de dissoudre la ligue des seigneurs à l'aide des armes spirituelles. Plusieurs des leudes réfugiés en Bretagne s'empressèrent de solliciter leur pardon, et particulièrement Robert-le-Fort. Charles entra alors dans l'Armorique et s'avança jusqu'au monastère d'Antrain, près de Laval. Salomon fit sa soumission. Mais, peu de temps après, les Bretons recommencèrent leurs ravages sur le territoire ennemi. Alliés aux Normands, ils envahirent le Maine; Robert-le-Fort périt dans un combat qu'il leur livra à Brissarte.

La perte d'un tel appui laissait l'empire de Charles à la merci des « hommes bardés de fer; » le prince se retourna vers Salomon, à qui il accorda de grandes faveurs, et il employa utilement son courage contre l'ennemi commun. Le roi breton rentra comblé d'honneurs de son pays, après avoir puissamment contribué à enlever Angers aux Normands. Mais le remords déchirait son cœur : un fantôme noir le poursuivait tout le jour, un fantôme blanc toute la nuit; c'était l'ombre de sa victime. Ce tourment fit de lui un saint, et il combla de bienfaits les églises et les couvents.

Quelque temps après, en 874, un vaste complot, dans lequel entrèrent les deux plus puissants personnages de la Bretagne, Pasqwiten et Gurwan, comtes de Vannes et de Rennes, enleva le pouvoir à Salomon. Reconnaissant dans cette insurrection la vengeance divine, ce malheureux prince se résigna à son sort. Il se retira au monastère de Saint-Sauveur de Pellan, et sa mort fut un véritable martyre. Les conjurés, dit son biographe, « le livrèrent ès-mains d'une bande de soldats franks qui le lièrent étroitement et le traînèrent dans la nef de l'église, où son propre filleul luy tira les yeux de la teste et les jetta par terre, les foulant à ses pieds; et, luy ayant fait mille autres maux, enfin ils luy coupèrent la teste, et ainsi son âme benoiste s'envola au ciel, le vingt-cinquième jour de juin, l'an de grâce 874, le huitième de son règne. »

Dès que le roi de France apprit le meurtre de Salomon, il voulut reprendre possession de l'Armorique, mais il comprit vite que toute tentative dans ce but serait inutile, et il laissa Pasqwiten et Gurwan se la partager avec plusieurs autres petits princes indépendants. Mais l'ambition vint bientôt briser le pacte sanglant qui unissait les comtes de Rennes et de Vannes et Gurwan fut frappé à mort dans un combat contre son rival. Pasqwiten ne lui survécut pas longtemps; il mourut, la même année, assassiné par les Normands, avec qui il avait fait alliance. (877.)

Alain et Judicaël, l'un frère de Pasqwiten, l'autre petit-fils de Gurwan, succédèrent à ces princes; héritiers de leur haine, ils vécurent d'abord ennemis. Les succès des Normands les engagèrent à réunir leurs forces contre les pirates. Judicaël se fit tuer en poursuivant les hommes du Nord; Alain arriva à temps pour le venger, et remporta sur l'ennemi une victoire si éclatante que la Bretagne enthousiasmée le salua du nom glorieux d'Alan-ar-Bras, — Alain-le-Grand. Il usa noblement de son triomphe et de sa puissance. Laissant ses rivaux en paix, il répara les villes, releva les églises, et reprit Coutances sur les Normands. Il mourut en 907, « comblé de gloire et de mérites. »

Les trente années qui suivirent la mort d'Alain-le-Grand furent trente années de malheurs pour la Bretagne. Accablé, coup sur coup, par les invasions normandes, ce malheureux pays fut, pour ainsi dire, bouleversé de fond en comble, jusqu'à ce qu'un digne rejeton de Noménoë, Alain, dit Barbe-Torte, vint le délivrer de ce fléau. Fils de Mathuedoi, comte de Poher, et d'une fille d'Alain-le-Grand, il avait servi sa famille en Angleterre. Quand il eut vingt ans, il s'élança du fond de son exil, en 937, avec les émigrés bretons, et reprit son comté matrimonial de Vannes. Repoussé ensuite par Guillaume-Longue-Epée, fils et successeur de Rollon, il retourna en Angleterre; mais il revint l'année suivante, et, à la suite de succès obtenus sur les Normands, les Bretons le reconnurent pour souverain. Il les conduisit de victoire en victoire, et entra avec eux dans la ville de Nantes, où il ne trouva plus rien debout, ni rien d'entier. Le jeune duc mit tous ses soins à rebâtir cette grande et vieille cité, et il y fixa sa résidence. Puis, après avoir fait la paix avec les Normands de la Seine, il recouvra presque en totalité les Etats d'Alain-le-Grand. Il mourut en 952, après un règne de vingt-trois ans.

De nouvelles discordes éclatèrent alors entre divers prétendants au trône, Foulques-le-Bon, Thibaut-le-Tricheur, Hoël IV, Conan-le-Tors, et d'autres. Le fils de ce dernier, Geoffroy, se déclara résolûment duc de Bretagne, et s'allia contre Foulques à Richard de Normandie, dont il épousa la sœur, Harvoise. (996.) Il périt en 1008, victime d'une révolte des paysans, qu'avaient poussés à bout les exactions des nobles : une pierre lancée par une vieille femme lui brisa la tête.

CHAPITRE VI.

Alain V. — Les Penthièvre. — Conan II. — Guillaume de Normandie. — Hoël V. — Alain Fergent. — La première croisade. — Conan III. — Les communes. — Pierre Abailard.

Alain V, fils mineur de Geoffroy et de la duchesse Harvoise, régna sous les titres de comte de Vannes et de Rennes et de duc de Bretagne. De 1008 à 1014, les paysans se soulevèrent en masse, et une horrible guerre civile ravagea le pays. Harvoise fit monter à cheval son fils, encore très jeune, et l'envoya avec le reste de sa noblesse contre les rebelles. L'armée ducale leur livra bataille en rase campagne et en fit un grand massacre. Puis Alain résolut de secouer le joug de la Normandie, et il refusa l'hommage à Robert-le-Diable, son cousin. Les Bretons et les Normands dévastèrent, les uns le pays de Dol, les autres le pays d'Avranches ; enfin Alain dut céder et il fit à Robert *hommage pour parage*, c'est-à-dire partiel. Les années suivantes furent remplies par de nouvelles guerres civiles. En 1034, la duchesse Harvoise ferma les yeux, et ses deux fils Alain V et Eudon, devenus majeurs, se battirent sur son tombeau. Eudon forme la tige de cette grande maison de Penthièvre, cadette de Bretagne, dont les démêlés avec la branche aînée durèrent cinq cents ans.

Lorsque Alain mourut, en 1040, son fils, Conan II, n'avait encore que trois mois. Le comte Eudon s'empara de la tutelle, qu'il exerça pendant quinze ans. La noblesse bretonne fut obligée de prendre les armes pour délivrer le jeune prince retenu prisonnier. Conan, à peine majeur, se vengea de la déloyauté de son parent, auquel il déclara la guerre. Eudon, vaincu, eut l'habileté d'entraîner le fils de Robert-le-Diable à prendre les armes contre le fils de son tuteur. Le duc de Bretagne, indigné d'une pareille ingratitude, arma trois mille barques pour transporter son armée sur les côtes de la Normandie, et il adressa un cartel au duc. Guillaume fut vivement alarmé de cette menace, la veille de son départ pour l'Angleterre : un crime le délivra de l'adversaire qu'il redoutait. Le duc de Bretagne mourut subitement dans d'affreuses convulsions, occasionnées, dit-on, par un poison subtil dont l'un de ses officiers avait imprégné ses gants et son cornet. Guillaume donna aussitôt le signal du départ. Alain, dit le Roux, fils du comte Eudon de Penthièvre, et une foule de chevaliers et d'écuyers bretons se rangèrent sous sa bannière. La guerre contre les *Saozons* était toujours populaire parmi les descendants des anciens émigrés de l'île.

La victoire de Hastings (1066) permit à Guillaume de récompenser magnifiquement les services de ses vaillants auxiliaires. Les comtes de Léon, de Porhoët, les sires de Dinan, de Gaël, de Fougères, de Châteaugiron et de Loheac reçurent de la munificence du nouveau roi d'Angleterre de riches dotations; le comte de Penthièvre, Alain-le-Roux, eut en partage le vaste comté d'Edwin. Ces fortunes acquises si subitement enflammèrent la cupidité des guerriers d'outre-mer; ils affluèrent à la cour de Guillaume. Un vieux dicton en rimes montre le premier seigneur de Cognisby arrivant du fond de la basse Bretagne, avec son épouse Tiphaine, sa servante Manfa et son chien Mardi-Gras :

> William de Cognisby
> Come out of Britany,
> With his wife Tiffany,
> And his maide Manfas
> And his doggs Hardigras.

Les derniers Celtes de l'Angleterre se réfugièrent auprès des derniers Celtes de l'Armorique; le successeur de Conan II, Hoël V, les reçut avec bienveillance. Le règne de Hoël fut marqué par un événement capital : l'alliance de la France et de la Bretagne contre la Normandie. Revenu d'Angleterre, Guillaume assiégeait Dol, exigeant l'hommage du duc de Bretagne, qui le refusait. La place, défendue par Alain Fergent, fils du duc, tenait depuis quarante jours, lorsque Philippe Ier, roi de France, contraignit les Normands à se retirer. (1075.)

Alain Fergent, couronné duc après son père (1084), défendit une seconde fois Dol avec tant de gloire contre le Conquérant, que Guillaume vaincu voulut se faire un allié de son vainqueur, et lui donna sa fille Constance en mariage. Quelques années après, au cri poussé par les chrétiens de la péninsule sous le cimeterre des Turcs, il résolut de prendre part à la croisade. Il hésita d'abord à quitter la Bretagne, mais un tremblement de terre le décida, et, se réconciliant avec ses ennemis, il partit avec Robert, duc de Normandie; après s'être distingué dans trois grandes batailles, il arriva des premiers au tombeau de Jésus-Christ, le jour de la prise de Jérusalem, et ses efforts ne furent pas inutiles pour faire couronner Godefroy de Bouillon. (1099.)

Alain et le duc Robert revinrent de la Terre-Sainte en 1101. Ce dernier, trouvant son frère Henri assis sur le trône d'Angleterre, à la place de Guillaume-le-Roux qui venait de mourir, lui déclara la guerre, et, avec l'aide de la cavalerie fournie par Alain, il le battit à Tynchebrai; il l'enferma ensuite jusqu'à sa mort. Peu de temps après, le duc de Bretagne, pris d'un mal dangereux, dégoûté du trône, de la guerre et du monde, alla finir ses jours sous le froc à Saint-Sauveur de Redon, qu'il combla de richesses. Il eut le triple mérite du courage, de la piété et de la sagesse. On lui doit une excellente administration de la justice, et la réorganisation des Etats, qui avaient beaucoup souffert des guerres extérieures et des troubles civils. A la mort de Constance, sa première femme, il avait épousé l'aimable et pieuse Ermengarde, fille du comte d'Anjou; à l'exemple de son mari, la duchesse voulut ensevelir sa vieillesse dans un couvent. Son fils aîné, Conan III, fut duc de Bretagne après la retraite de son père.

Le long règne de Conan III (1112-1148) fut marqué par des guerres civiles et religieuses, et par deux événements dont l'un fut aussi fatal à la Bretagne que l'autre devait être heureux pour l'Europe. Le premier est le traité de Gisors, par lequel Louis-le-Gros, roi de France, reconnut la suzeraineté du roi Henri d'Angleterre, comme duc de Normandie, non plus seulement pour une portion de la Bretagne, mais sur la Bretagne tout entière. Le second n'est autre que l'affranchissement des communes en France, en Allemagne et en Angleterre. Il s'en faut, toutefois, que ce prince les ait affranchies en Bretagne; la bourgeoisie y était depuis longtemps constituée; il ne fit que la consolider par des lois qui soulagèrent les petits en réprimant les grands, et donnèrent au pouvoir ducal une nouvelle popularité.

L'homme de Bretagne qui fit le plus de bruit dans ce siècle et dans le monde entier, fut Pierre Abailard. Né dans le bourg du Pallet, entre Nantes et Clisson, en 1079, il fut confié, dès son enfance, par son père Bérenger, à des maîtres habiles, dont les leçons développèrent bientôt en lui de merveilleuses facultés. Dévoré de la soif d'apprendre, il parcourt les provinces, ici interrogeant les savants, là appelant au combat les maîtres du raisonnement et de la science. C'était l'époque où les belles-lettres, pendant longtemps abandonnées, commençaient à refleurir, et le pape Grégoire VII n'avait pas peu contribué à ce réveil de l'esprit humain, en faisant triompher l'intelligence opprimée par la force. Dans tous les monastères surgissaient des professeurs habiles; un grand nombre d'écoles inférieures se transformèrent en universités. Abailard ne tarda pas à se placer à la tête du mouvement qui se produisait partout : il joignait à un grand talent comme dialecticien, une connaissance plus qu'ordinaire de la philosophie grecque, et la lecture des classiques avait donné à son esprit un certain caractère d'élégance et de liberté qui relevait singulièrement sa manière d'enseigner et d'écrire. Son enseignement attira à Paris une foule incroyable de jeunes gens; de là la fondation de l'Université. Mais des erreurs très graves contre la foi l'entraînèrent à la révolte contre l'Eglise, et de là à des fautes honteuses, qu'il pleura plus tard. Il mourut à Cluni, en 1142, à l'âge de soixante-trois ans.

Conan-le-Gros régnait encore lorsqu'eut lieu la seconde croisade, sous la conduite du jeune roi de France Louis VII. Ceux des seigneurs bretons qui étaient revenus de la première, et quelques autres dont les noms sont restés inconnus, y prirent généreusement part. L'expédition n'eut malheureusement d'autres résultat qu'une victoire de Louis VII près du Méandre, et la destruction de l'armée française et flamande.

CHAPITRE VII.

La féodalité en Bretagne. — Alleux et fiefs. — Les droits féodaux. — La chevalerie. — Le clergé. — Les moines. — Les vassaux. — Sciences et arts. — Commerce. — Marine. — Mœurs et usages.

Le germe de la féodalité, inhérent aux institutions gauloises et que n'avaient pu étouffer les invasions romaine et germanique, se développa lentement en Bretagne. Le recueil des lois galloises d'Hoël-Dda, — Hoël-le-Bon, — jeta une vive lumière sur les institutions bretonnes antérieures et contemporaines au dixième siècle. On trouve dans ce code le chef de race substitué au père de famille, et les biens de famille aux biens personnels; le droit d'aînesse inconnu, mais la légitimité établie sur les plus fortes bases; l'inféodation des sujets au seigneur, héréditaire et absolue; le sort des femmes adouci autant que le permettait l'époque; la communauté des biens dans le mariage; la destination des obligations civiles et des obligations de bonne foi établie aussi judicieusement que dans nos codes modernes; les successions divisées comme chez tous les peuples primitifs; les diverses conditions sociales du brenin, — le chef, — du noble et du vassal, en rapport avec les conditions du seigneur, du chevalier et du vassal bretons.

Ainsi qu'on le sait, la transformation du régime allodial en régime féodal commença à la mort de Charlemagne pour s'achever au onzième siècle. Il ne resta plus alors d'alleux en France ni en Bretagne, et cela s'explique : tout propriétaire, sous peine de se ruiner en s'isolant, dut s'assurer contre le brigandage de la guerre en s'inféodant, c'est-à-dire en s'alliant, moyennant redevance, à un propriétaire plus puissant que lui. De là cette solidarité immense, qui fit l'union et la force de la féodalité.

Le principe fondamental de la constitution bretonne fut toujours que le roi ou le duc ne pouvait toucher à aucun intérêt public sans l'avis et le consentement des seigneurs du pays. Une défense solennelle des seigneurs empêcha Salomon III de quitter le pays. Il y avait, du reste, deux sortes de conseils : l'un particulier, libre, et d'institution ducale; l'autre public, essentiel, nécessaire, appelé à débattre les grandes questions d'intérêt public. Cette dernière assemblée se composait de neuf prélats et de neuf barons, des bannerets, des chevaliers, des bacheliers et des écuyers du pays. Ce fut le commencement des fameux États de Bretagne.

Les ducs octroyaient la noblesse aux roturiers : il y avait des femmes anoblies sans que leurs maris le fussent; on ne pouvait sans l'aveu du duc changer de nom ni prendre des armoiries. Les charges des officiers de la cour étaient, au temps du roi Salomon, le privilége des évêques, des abbés, des ducs et des comtes; ces officiers étaient assez nombreux.

Les seigneurs bretons naissaient conseillers du souverain pour toute chose publique. Le duc ne pouvait lever un seul impôt sur les terres d'un baron sans son consentement. Quant aux barons, il ne leur fut pas permis à toutes les époques d'imposer leurs vassaux suivant leur caprice. Leur droit par excellence était celui de guerre privée, le droit de la vengeance, et le christianisme essaya en vain de l'étouffer sous sa loi d'amour. Tous les parents de l'agresseur, d'abord jusqu'au septième degré, puis jusqu'au quatrième, étaient tenus de prendre part aux guerres de famille, sinon ils étaient exclus de la succession, des amendes et des intérêts civils. Il va sans dire que les vassaux suivaient le seigneur et combattaient sous sa bannière, du moins dans les limites de sa seigneurie. Il n'y avait d'exempts que les clercs, les moines, les femmes, les mineurs, les habitants des maladreries, les voyageurs d'outre-mer et les employés aux ambassades. L'armée du seigneur se complétait par les soudoyés ou soudards, qu'enrôlaient ses officiers.

La justice seigneuriale avait trois degrés : la haute, la moyenne et la basse justice. Toutes trois appartenaient au seigneur de trois châtellenies pouvant faire garder son castel par ses vassaux; les seigneurs inférieurs n'exerçaient que la moyenne et la basse. Les formes judiciaires, pendant les premiers siècles, étaient d'une simplicité vraiment patriarcale : l'accusateur portait sa plainte, l'accusé se défendait, et la sentence était prononcée séance tenante. Le serment sur les livres saints jouait un très grand rôle dans les causes civiles; on avait recours aussi aux épreuves du fer chaud, de l'eau bouillante et des charbons ardents. Les procès et la querelle des gentilshommes se terminaient par les duels connus sous le nom de jugement de Dieu. Le symbole de l'instrument de toutes les justices se dressait devant le chef-lieu de chaque seigneurie. C'était un gibet composé de trois ou quatre piliers, et d'où pendaient des squelettes. Quant aux droits des châtelains, ils étaient aussi nombreux que variés et bizarres. Il y en avait, par exemple, qui portaient à la messe une baguette d'argent; d'autres recevaient un chapeau de roses, « rendu sur la teste de l'imaige de monsieur saint Georges; » d'autres encore faisaient chanter une chanson à la nouvelle mariée.

La chevalerie, sœur jumelle de la féodalité, s'organisa en Bretagne, comme en France, sous l'inspiration chrétienne, pendant les siècles héroïques du moyen-âge, et elle conserva toujours quelque chose de la grandeur et de la pureté de son origine. On lui doit d'avoir adouci les mœurs des hommes les plus farouches, et donné parfois aux femmes le courage des lions. Les chevaliers possédaient des droits presque égaux à ceux des barons; ils relevaient immédiatement du duc; les barrières des lices, les ponts des châteaux s'abaissaient devant eux. Comme les seigneurs, ils avaient des armoiries, et ils les portaient sur l'écu, la cotte de mailles et la bannière.

« Le soleil, dit le père Maunoir, n'a jamais éclairé canton où ait paru une plus constante et invariable fidélité dans la vraie foi qu'en Bretagne. » Ces paroles, appliquées à des temps qui ne sont plus, seraient encore aujourd'hui l'expression de la vérité : on peut juger par là de l'influence et de l'autorité du clergé au moyen-âge. L'évêque était juge suprême et à peu près maître absolu dans sa ville. En temps de guerre, ses hérauts et ceux du duc faisaient marcher les deux armées sous l'une et l'autre bannière, et la justice de l'évêque était complètement indépendante de celle du duc. Le seul pouvoir qui balançait l'autorité épiscopale était celui du chapitre, sorte de parlement ecclésiastique qui partageait, avec le peuple, l'élection des évêques. Les ecclésiastiques se divisaient en deux classes : les chanoines et les prêtres ou clercs; leurs revenus étaient considérables, et ils ne payaient ordinairement aucun droit pour le transport de leurs meubles et de leurs denrées.

La puissance des moines était aussi très grande; elle était le résultat des richesses que possédaient un grand nombre de monastères. Tandis que les nobles mouraient sur les champs de bataille, les religieux, seuls capables de les remplacer, héritèrent de leurs pouvoirs civils et juridiques, et les abbés devinrent de hauts barons dans leurs opulentes abbayes. Si les monastères étaient nombreux, les hôpitaux ne manquaient pas non plus, et c'était encore un des bienfaits du clergé. Fondés et entretenus par les églises, ils recevaient, les uns les pauvres, les autres les vieillards, ceux-ci les malades, ceux-là les enfants; tous s'ouvraient aux pèlerins qui venaient frapper à leur porte.

Au-dessous des seigneurs et des gens d'église, on trouvait les vassaux nobles, les bourgeois et les paysans.

Presque toute seigneurie avait des vassaux nobles ou vavasseurs. Justiciables de leur seigneur, ces vassaux lui devaient un cens annuel, des services de guerre, et ne pouvaient disposer de leurs terres sans son agrément. Ils payaient les lods et ventes de leurs acquisitions, et, en mourant, le rachat de leurs terres nobles.

La condition des bourgeois était fort peu féodale; suivant D. Morice, ils étaient libres, mais ne jouissaient pas de l'exemption d'impôts. Aussi la plupart s'affranchirent-ils si rapidement, qu'il fallut l'intervention ducale pour les empêcher de s'emparer des fiefs nobles : l'acquisition de ces fiefs ne leur fut pas, du reste, toujours défendue. Les Bretons possédaient donc les priviléges attachés à la commune; le nom de commune, toutefois, ne parut chez eux qu'après la réunion à la France.

Quant au servage, il n'exista jamais en Bretagne, du moins généralement, qu'aux époques de conquête et de sujétion. A partir du dixième siècle, toute trace de servitude effective avait à peu près disparu; depuis ce temps, les vassaux jouirent des libertés et des avantages du colonat.

La première science était la guerre. Le pays, dit Guillaume de Poitiers, fournissait un nombre considérable de soldats. Dans cette province, ajoute-t-il, un seul guerrier en suscitait cinquante. Adonnés de préférence aux armes et à l'éducation des chevaux, beaucoup dédaignaient la culture de la terre, ne mangeaient presque point de pain et vivaient de laitage. Prompts à rompre les rangs des ennemis, difficiles eux-mêmes à enfoncer, ardents et féroces dans le combat, ils dépouillaient les morts après la victoire. Pauvres chez eux, ils ne demandaient qu'à prendre part aux querelles de leurs voisins pour une solde raisonnable.

Les arts les plus cultivés après la guerre étaient la fauconnerie et la chasse. Pour ce qui est des lettres, de l'éloquence et de la poésie, elles résidaient sur la rote des chanteurs populaires, dans les palais épiscopaux et sous les arceaux des cloîtres. L'idiome celtique, dans toute sa pureté, était la langue des chanteurs populaires; les prêtres et les moines faisaient usage du latin. Un grand nombre de personnages éminents sortaient des écoles ouvertes dans les cathédrales et les monastères; des évêques enseignaient eux-mêmes, comme saint Félix, la théologie, la morale, la dialectique, la rhétorique, la géométrie, l'arithmétique, la musique, et souvent la poésie.

Le commerce et la marine avaient leur principal entrepôt à Nantes. L'un et l'autre s'étendaient jusqu'aux pays lointains, car lorsque Charlemagne et sa cour aperçurent les premiers pirates du Nord aux environs de Narbonne, plusieurs les prirent pour une flotte de navires bretons. Dès les croisades, les escadrilles des corsaires malouins étaient proclamées *les troupes légères de la mer*, incommodant l'ennemi, divisant les forces, balayant les croiseurs et butinant de riches cargaisons.

L'industrie n'était pas aussi bornée qu'on pourrait le croire. Outre les armes, qui étaient d'un travail remarquable, on fabriquait pour les églises et les tombeaux des lampes de la plus grande richesse, en forme de couronnes, supportant des vases de faïence ou de métal. Il existait, au sixième siècle, des maisons de poste, placées de distance en distance sur les grands chemins. On cultivait la vigne sur le territoire de Nantes et dans les environs de Malestroit.

Il serait trop long de décrire les mœurs et les usages des Bretons jusqu'au onzième siècle; qu'il suffise d'en effleurer les points caractéristiques. Beaucoup de seigneurs marquaient noblement les bornes de leurs terres avec la lame de leur épée. Le deuil des femmes se portait en jaune et leur douleur se traduisait par des convulsions; il en est encore ainsi dans la Cornouaille. Il y a, il faut en convenir, quelque chose de poétique et de touchant dans cette couleur des feuilles mortes et du deuil de la nature au déclin de l'année, appliquée à celui des épouses sur le déclin de la vie.

Un concile assemblé à Nantes au septième siècle dut régler les pénitences publiques imposées à certaines fautes. Il réprouvait aussi les repas qui terminaient d'habitude toutes les affaires, et dans lesquels les convives oubliaient trop souvent les lois de la sobriété. Un article du même concile montre combien les souvenirs druidiques persistaient opiniâtrément dans les croyances populaires : « Les prêtres, dit-il, mettront tous leurs soins à faire arracher et brûler les arbres auxquels le peuple rend des hommages superstitieux, et dont il n'ose couper une branche ni un rejeton. Il y a aussi des pierres dans les lieux abandonnés et dans les bois, devant lesquelles le même peuple dépose des vœux et des offrandes. Il faut les enlever toutes jusqu'à leur base enfoncée dans la terre, et les éloigner des habitations de leurs adorateurs. »

CHAPITRE VIII.

Conan IV. — Les Plantagenets. — Geoffroy II. — Constance et son fils Arthur. — Mort d'Arthur. — Mariage de la princesse Alix avec Pierre de Dreux.

Conan III avait épousé Mathilde, fille de Henri Ier, roi d'Angleterre; de ce mariage étaient nés un fils et une fille, Hoël et Berthe. Conan, en mourant, désavoua son fils; ce fut la cause d'une guerre civile qui dura un demi-siècle, et livra la Bretagne à l'Angleterre. Nantes et Quimper reconnurent Hoël; Rennes accepta Eudon de Porrhoët, second mari de Berthe. Mais, pendant que les deux rivaux combattaient, Geoffroy d'Anjou, frère du roi d'Angleterre Henri II, franchit les portes de Nantes. Un quatrième compétiteur survint, qui évinça tous les autres : ce fut Conan IV, fils de Berthe et d'Alain-le-Noir, son premier époux. A la suite de plusieurs batailles, il fut proclamé duc de Bretagne.

A peine monté sur le trône, Conan se montra indigne du pouvoir. Il céda lâchement à Henri II le comté de Nantes, et le prince confisqua en outre le comté de Richemont en Angleterre; la Bretagne eût été perdue, si Eudon, réfugié à la cour de France, n'était venu soulever le pays de Vannes et le Cornouaille contre son lâche parent. Conan se vit alors réduit au comté de Rennes. Henri II lui avait enlevé une partie de ses Etats, et le roi de France protégeait le rival qui lui disputait le reste. L'Armorique tout entière était en proie à la dévastation. Conan ne comprit pas que le seul moyen d'échapper à ses ennemis était de les rallier contre Henri II pour le salut commun : il préféra gagner l'Angleterre et se mettre à la merci de son ambitieux protecteur, et il finit par donner sa couronne à Geoffroy, troisième fils de Henri II, en lui fiançant sa fille Constance, âgée de cinq ans; puis il se retira dans le comté de Guingamps, où il mourut ignoré, en 1170.

L'indépendance bretonne eut encore ses héros dans cette crise fatale. L'indomptable Eudon forma une nouvelle ligue contre Henri II, et ce ne fut qu'avec bien de la peine que le prince de la race des Plantagenets parvint à raser les châteaux et à brûler les villes qui lui résistaient. Le roi de France, invoqué par Eudon, ne comprit pas son rôle, ou ne voulut pas le remplir. Il se contenta d'avoir avec Henri II plusieurs entrevues, qui ne furent qu'une comédie, et à la suite desquelles Geoffroy II, à peine âgé de cinq ans, fut couronné à Rennes. Eudon mourut en exil, pauvre seigneur de deux paroisses, lui qui avait possédé le plus grand fief de son pays.

Un prince anglais avait en mains le sceptre de Noménoë, mais le moment n'était pas venu cependant où l'Armorique devait perdre son indépendance. L'œuvre de Henri II s'écroula dans le sang. En 1186, Geoffroi voulut détacher l'Anjou des possessions de son père, et il alla chercher des secours près du roi Philippe-Auguste, son allié. Dans un tournoi, il tomba de cheval, et on l'emporta brisé dans sa maison; tous les soins ne purent l'empêcher de succomber, à l'âge de 28 ans. Philippe-Auguste le fit enterrer à Notre-Dame de Paris; la Bretagne ne réclama pas ses restes. Son règne avait été marqué par la célèbre assemblée de barons connue sous le nom d'*Assise des Geoffroy* (1185), dans laquelle il fut décidé que les héritages nobles appartiendraient à l'aîné, et aussi par le voyage en Palestine d'un nombre prodigieux de seigneurs anglais, normands, angevins, tourangeaux et bretons.

Au mois d'avril 1187, Constance, la veuve du duc, donna naissance à un fils. Henri II ayant voulu conférer son nom au nouveau-né, les barons de Bretagne s'y opposèrent avec énergie, et, aux acclamations de tout le pays, choisirent celui d'Arthur pour l'héritier de Geoffroy-Plantagenet. La mère de l'enfant fut unanimement proclamée régente. Mais, quelques années après, Richard, l'un des fils de Henri II, et son successeur au trône d'Angleterre, chercha à obtenir cette régence, et commit des atrocités dans les campagnes bretonnes; il finit par se faire tuer au siége du château de Châlus, dans le vicomté de Limoges. Comme il ne laissait pas d'enfants, Arthur semblait devoir être appelé à hériter de la couronne d'Angleterre, ainsi que de la Normandie, du Maine, de l'Anjou, de la Touraine et de l'Aquitaine. Il y avait des droits du chef de son père Geoffroy; mais il se les vit contester par Jean-sans-Terre, dernier des fils de Henri II. Jean produisit un testament dont il n'avait jamais été question jusqu'alors, et par lequel Richard lui transmettait ses droits à l'héritage des Plantagenets. L'aristocratie anglo-normande et la Normandie le reconnurent sans difficulté; mais les provinces de l'ouest, l'Anjou, le Maine, la Touraine se déclarèrent pour Arthur, qui fut proclamé roi d'Angleterre. Philippe-Auguste, comptant sur l'appui des Bretons dans sa lutte contre Jean-sans-Terre, prit en mains la cause du jeune duc. Il s'avança jusqu'au Mans, où son protégé lui vint faire hommage, et là, malgré l'extrême jeunesse de ce prince, il lui conféra le grade de chevalier. Mais il n'en mit pas moins très peu d'empressement à lui fournir des troupes pour repousser celles de Jean-sans-Terre, ne voulant pas laisser plus de puissance au duc de Bretagne qu'au roi d'Angleterre, et il finit par abandonner le fils de Constance, quand il eut assez effrayé le prince Jean avec le fantôme d'Arthur. Par le traité conclu entre les deux souverains, en 1200, Jean fut maintenu dans les Etats de son frère Richard, et Arthur se vit indignement déshérité : il fallut qu'il se reconnût lui-même son vassal.

Philippe et Jean se méfiaient trop l'un de l'autre pour demeurer d'accord. Dès l'an 1202, ils recommencèrent à guerroyer, et son intérêt le ramena vers le duc de Bretagne. Il lui rendit toutes les provinces qu'il lui avait enlevées, puis il l'envoya les reprendre, à la tête d'une poignée d'hommes. La petite armée d'Arthur se grossit bientôt de soldats venus de tous les points de l'Armorique, et, comme il n'avait que seize ans, rempli d'ardeur, il commit une faute qui amena sa captivité. Entré dans le Poitou, il mit le siége devant la ville de Mirebeau, où s'était renfermée la reine Eléonore. Cette princesse n'eut que le temps de se réfugier dans une tour. Mais à peine les Bretons avaient-ils occupé la place, que le roi Jean, averti par des espions, accourut avec des forces considérables, et le jeune duc se trouva bloqué par son oncle. Guillaume des Roches, un traître, que le hasard avait conduit dans le camp des Anglais, promit de faire rendre la ville si le roi s'engageait à traiter honorablement son neveu. Jean promit tout ce qu'on voulut; et dès qu'il eut le jeune duc en sa puissance, il donna l'ordre de le mener à la citadelle de Falaise; là tous les moyens furent employés pour contraindre l'infortuné à se désister de ses droits. Comme il refusait d'y consentir, trois serviteurs du roi furent envoyés à Falaise pour le mettre à mort. Deux d'entre eux n'eurent pas le courage de se présenter à la forteresse; le troisième fut honteusement chassé par le commandant du château. Depuis ce jour, Arthur, grâce à l'affection des gardiens, se sentit moins malheureux. Mais, peu de temps après, un messager du tyran apporta l'ordre de transférer le prince de Rouen dans une tour que baignait la Seine.

Une nuit, — le 3 avril 1203, — le prisonnier fut réveillé en sursaut, et on le conduisit au pied de la citadelle; il y avait là un bateau dans lequel avaient déjà pris place Jean-sans-Terre et Pierre de Maulac, son écuyer. A la vue de son oncle, Arthur comprit que sa dernière heure était venue. Le courage qu'il avait montré jusque-là l'abandonna tout-à-coup; jeune et naguère encore plein d'espérance, il se jeta aux pieds du roi, le conjurant par les noms les plus tendres de lui laisser la vie. Ce fut en vain. Jean, le saisissant par les cheveux, le perça de part en part, et le précipita dans la rivière. Le lendemain, des pêcheurs trouvèrent le cadavre du prince, et l'ensevelirent en secret. Jean fit répandre le bruit que son neveu s'était noyé en voulant se sauver de la tour.

Ainsi périt celui sur la tête duquel les populations de l'une et l'autre Bretagne avaient placé tant d'espérances. A la nouvelle de cet attentat, l'Armorique se leva en poussant des cris de vengeance. Nobles, bourgeois, paysans, tout le pays fut à l'instant sous les armes. Les barons réunis à Vannes confièrent le gouvernement du duché à Guy de Thouars, beau-père d'Arthur et veuf de Constance, et envoyèrent une députation au roi de France pour le conjurer de venger la mort de leur duc. Philippe somma aussitôt Jean de comparaître à sa cour pour se justifier de l'accusation portée contre lui. Sur son refus d'obéir à la sommation de son suzerain, le meurtrier, déclaré coupable du crime d'homicide et de félonie, fut condamné à perdre la vie et dépouillé de toutes les terres qu'il possédait en France.

En exécution de ce jugement, Philippe fit envahir l'Aquitaine et la Normandie, pendant que les Bretons emportaient d'assaut le mont Saint-Michel; Jean se décida à retourner en Angleterre, et s'embarqua à la Rochelle. Alors le roi de France, sans tenir compte des droits d'Eléonore, sœur aînée d'Arthur, que les princes anglais retenaient depuis quarante ans au couvent de Bristol, fit épouser à Alix, fille de Guy de Thouars, Pierre de Dreux, arrière-petit-fils de Louis-le-Gros. Mauclerc n'apportait qu'un beau nom sans puissance à l'enfant qui lui donnait le duché de Bretagne et le comté de Richemont; on le dota des seigneuries de Fère-en-Tardenois, de Pontoise, de Brie-Comte-Robert, de Chailly et de Longjumeau. Philippe ne s'oublia pas lui-même dans le contrat de mariage : le nouveau duc fut tenu de faire à la couronne de France l'hommage-lige si opiniâtrément refusé par ses prédécesseurs.

CHAPITRE IX.

La maison de France : Pierre Ier (Mauclerc). — Dernières croisades. — Jean Ier. — Jean II. — Arthur II. — Jean III. — L'ancienne coutume. — Jeanne de Penthièvre et Jeanne de Montfort. — Jeanne de Montfort et les Anglais. — Guerre continuée par Jeanne de Montfort et Jeanne de Penthièvre.

Mauclerc, homme d'un brillant courage, était en outre l'un des plus habiles politiques de son siècle. Mais tous les dons que le ciel lui avait départis ne devaient servir qu'à opprimer le peuple qu'il était chargé de gouverner. Nourri dans les principes de gouvernement absolu, qui déjà, grâce à l'influence des légistes, avaient germé à la cour de France, à peine assis sur le trône de Noménoë, il voulut franchir les bornes assignées par l'ancienne coutume du pays au pouvoir du souverain, et commença à battre en brèche la puissance du clergé et celle de l'aristocratie féodale. La noblesse indignée courut aux armes; elle fut vaincue près de Château-briand : le sang coula dans l'Armorique jusqu'au jour où, accablé sous le poids des foudres de l'Eglise et de la haine publique, le duc se vit forcé d'abdiquer en faveur de son fils Jean. Il partit alors pour la Terre-Sainte sous le nom de Pierre de Braine, chevalier. Par habitude, cependant, on l'appela jusqu'à sa mort comte de Bretagne.

Mauclerc reçut du pape le commandement de la croisade

de 1239. Il s'y couvrit de gloire sans pouvoir épargner à des milliers de braves les horreurs de la captivité. Instruit de ces malheurs au fond de la Bretagne, le comte de Cornouaille engagea ses terres, quêta pour les prisonniers de la Palestine, et parvint à les délivrer du long martyre qu'ils subissaient aux mains des infidèles. Neuf ans après, le 25 août 1248, Mauclerc repartit avec Louis IX pour la Terre-Sainte, en compagnie de nombreux seigneurs bretons; il fut glorieusement blessé au fatal combat de la Massoure. « A nous vint, dit Joinville, le comte Pierre de Bretaingne, et estait navré d'une espée parmi le visage, si que le sang li cheoit en la bouche; sus un bas cheval bien fourni seoit; ses rênes avoit gettées sur l'arçon de la selle et les tenoit à ses deux mains, pour ce que la gent qui restait derrière, qui moult le pressait, ne le gettassent du bas. Bien sembloit que il les prisait pou; car quand il crachoit le sanc de la bouche, il disoit : Vois, pour le chief Dieu, avez veu de ces ribauds? » Pris par les infidèles et racheté par saint Louis, Pierre mourut sur mer en regagnant la France. Le duc Jean, son fils, envoya chercher son corps et le fit inhumer en grande pompe à l'abbaye de Saint-Ived-de-Braine, près de Soissons. Outre ses talents politiques et militaires, Pierre de Dreux composait des chansons qui rivalisaient avec celles de Thibault de Champagne.

Les successeurs de Mauclerc, Jean I*er*, dit le Roux, Jean II et Arthur II, se transmirent paisiblement, pendant près d'un siècle, la couronne que le chef de leur dynastie n'avait pu se conserver. Le calme ne dura pas plus longtemps : funeste avant-coureur, dit M. Aurélien de Courson; il présageait le plus terrible des orages qui eussent encore assailli la Bretagne.

Arthur II était mort en 1313, laissant trois fils de Marie de Limoges, sa première femme, et, de son mariage avec Yolande de Dreux, un fils, Jean de Montfort. Jean III, héritier d'Arthur, avait conçu contre sa belle-mère une haine implacable, dans laquelle il enveloppait Jean, son frère consanguin. Pour ne pas léguer le pouvoir à ce prince, il se mit en devoir d'assurer à la fille de son frère, Guy de Penthièvre, les droits que la coutume du pays lui donnait, à l'exclusion de son oncle, sur l'héritage de Bretagne.

Les Etats, consultés par ce prince, ayant déclaré qu'ils s'en rapportaient à sa sagesse, Jean chercha dans la famille du roi de France un gendre capable de protéger sa nièce contre l'ambition inquiète de Montfort. Son choix tomba sur Charles de Blois, fils de Guy de Châtillon, comte de Blois; mais toutes ces précautions de la sagesse humaine pour prévenir le mal ne firent, comme il arrive trop souvent, que précipiter le moment de la catastrophe. La mort de Jean III fut le signal d'une nouvelle guerre civile.

La Bretagne, théâtre d'obscurs événements depuis plusieurs siècles, voit commencer ici une ère nouvelle. Comme autrefois la Normandie, elle devient le champ de bataille où se débattent les intérêts de la France et de l'Angleterre. La juste réputation de valeur que vont acquérir les guerriers bretons ajoutera plus tard à la puissance de la France : du Guesclin, Clisson, Richemont lui serviront de bouclier contre les invasions anglaises.

Montfort, au premier bruit de la mort de son frère, s'était fait proclamer duc de Bretagne. N'ayant rien à attendre de Philippe de France, protecteur de Charles de Blois, il se tourna du côté de l'Angleterre. Edouard III, qui gouvernait alors ce royaume, avait pris les armes en 1335 pour disputer à Philippe de Valois une couronne qu'il revendiquait du chef de sa mère, fille de Philippe-le-Bel. Dans sa première campagne, le monarque anglais, attaquant la France par la Flandre, était parvenu à reformer la ligue que Philippe-Auguste avait brisée à Bouvines. La querelle de la succession de Bretagne vint à point offrir de nouvelles chances à l'ambitieux Edouard; aussi s'empressa-t-il d'admettre la légitimité des droits du comte de Montfort. Cependant telle n'avait pas toujours été sa conviction; il avait reconnu formellement dans Jeanne de Penthièvre l'héritière du duché de Bretagne, quand, en 1337, il avait sollicité la main de cette princesse pour le comte de Cornwal, son frère; mais maintenant il n'hésitait pas à sacrifier un principe à ses intérêts. De son côté, le roi de France, héritier du trône par exclusion de la race féminine, prit en mains la cause de Charles de Blois, qui tenait tous ses droits de sa femme.

La guerre se poursuivit plusieurs années et n'offrit de part et d'autre que des alternatives de succès et de revers. La noblesse bretonne se jeta dans la mêlée avec l'enthousiasme qui caractérise le génie de cette race; les femmes elles-mêmes, portant le casque et la cuirasse, prirent part aux batailles, mais les masses restèrent froides au milieu de toutes ces scènes de chevalerie. Un sentiment de nationalité semblait leur dire que l'on se battait, non pour les intérêts du pays, mais pour la suprématie de la France ou de l'Angleterre.

L'armée de Charles de Blois prit Carquefou, Châteauroux, et assiégea Montfort dans Nantes, où il avait eu l'imprudence de s'enfermer. La ville fut obligée d'ouvrir ses portes; le comte traita avec le duc de Normandie, mais ce prince, ou plutôt son père, ne l'enferma pas moins à la Tour du Louvre, où il le retint quatre ans. L'opinion publique se tourna dès lors vers Charles de Blois. Il ne restait plus à son rival qu'une femme pleurant sur un enfant au berceau : Froissard et d'Argentré nous apprennent comment cette femme releva la tête.

La comtesse Jeanne de Montfort était à Rennes lorsqu'elle apprit l'infortune de son mari. Au lieu de se laisser abattre, elle entreprit de ranimer le courage de ses partisans, et elle y réussit. Au printemps de 1342, lorsque Charles de Blois reprit les hostilités et s'approcha de Rennes, elle avait renforcé les garnisons dans toutes les villes de son obéissance, et s'était renfermée dans Hennebont. L'armée ennemie vint l'y assiéger, mais les défenseurs de la place, soutenus par l'exemple de la comtesse, résistèrent énergiquement jusqu'au jour où arrivèrent les secours sollicités de l'Angleterre. L'armée franco-bretonne, après un combat sanglant, leva enfin le siége et alla rejoindre Charles de Blois à Auray, qui fut prise, ainsi que Carhaix et Vannes.

Quelque temps après, Charles se décida à aller assiéger pour la seconde fois Hennebont; mais, pour la seconde fois aussi, il se vit contraint de reculer devant une femme, et il se replia sur Carhaix. Jeanne reçut de nouveaux secours d'Edouard, et Robert d'Artois, devenu l'idole du monarque anglais, saccagea Rohan, enleva Pontivy, le Faouet, la Roche-Derrien, Ploërmel, Malestroit, et laissant des troupes devant Vannes, Rennes et Nantes, ravagea tout ce qui se trouvait sur son passage. Charles de Blois, à qui le roi Philippe venait d'envoyer quatre mille armures de fer et trente mille hommes, marcha contre les Anglo-Bretons, et les rencontra dans les plaines de Vannes. Au moment où la bataille allait être livrée, on vit s'avancer entre les deux armées deux vieillards avec des robes et des bonnets rouges, le crucifix au col et le bâton à la main. C'étaient deux légats envoyés par le pape Clément VI pour suspendre cet égorgement de soixante mille hommes. Sur la prière des hommes de Dieu, les plénipotentiaires de Philippe et d'Edouard, réunis au prieuré de la Madeleine de Malestroit, jurèrent sur l'Evangile, au nom de leurs maîtres, une trêve de trois années. (19 janvier 1343.)

Mais ce traité, tout en réservant au pape la décision des différends personnels de Philippe et d'Edouard, ne décidait rien entre Charles de Blois et Montfort, toujours enfermé au Louvre; aussi, à peine les Anglais et les Français se furent-ils retirés, que Charles ralluma cette guerre de partisans qui ne devait finir qu'à la bataille d'Auray.

Philippe s'était engagé à exécuter le traité conclu à Nantes en 1341; il fit donc proposer à Montfort la liberté, mais à la condition qu'il n'irait point en Bretagne, et qu'il renoncerait par serment à ses prétentions sur le duché. Le comte se montra digne de sa femme et de lui-même; il se remit les fers aux pieds pour garder la couronne au front. L'année suivante, Charles de Blois, placé à la tête d'une nombreuse armée, alla assiéger Quimper, et, s'en étant rendu maître, y commit des atrocités. Ces cruautés lui furent plus fatales que la perte de la ville à Montfort. A la nouvelle qu'il en reçut au fond de son cachot, le prisonnier du Louvre se trouva dégagé de tout serment. Il prit des habits de marchand, que lui firent passer ses amis, et parvint à s'évader. Il courut en Flandre et en Angleterre chercher des secours, fit hommage à Édouard pour la Bretagne, et ne tarda pas à expier cette faute en mourant à Hennebont. (1345.) Les geôliers, dit Pitre-Chevalier, avaient usé en trois ans cette vie qui devait encore durer un demi-siècle.

Nommé par Montfort mourant tuteur de son fils, Édouard envoya de nouvelles troupes en Bretagne, et s'avança bientôt lui-même jusqu'aux portes de Paris. L'heure fatale de Crécy sonna pour la France. Au milieu de ce désastre général, les partis de Blois et de Montfort continuèrent avec acharnement leur guerre d'escarmouches, dont les maux furent encore accrus par une famine. (1346.) Et cependant rien ne pouvait abattre le courage de la veuve de Montfort, qui, suivie de ses bas-Bretons, aussi indomptables qu'elle, promenait sur les champs de bataille sa cotte d'armes noire sur son armure de fer.

CHAPITRE X.

Jeanne de Montfort et Jeanne de Penthièvre. — Le combat des Trente. — Le monument de Mi-Voie.

Charles de Blois avait vu le comte de Northampton, capitaine général d'Édouard, enlever un grand nombre de villes. Il eut ensuite à soutenir la lutte contre d'Argworth, qui résista à toute son armée avec une poignée d'hommes, et il fut fait prisonnier, en voulant reprendre aux Anglais la Roche-Derrien, à la suite de divers combats où, des deux côtés, on avait accompli des prodiges de valeur. Transporté d'abord à Vannes, il fut bientôt transféré à Londres.

La captivité de Charles eût terminé la guerre, si Jeanne de Penthièvre n'eût été la rivale de la veuve de Montfort.

cette autre héroïne prit en mains les affaires, et tel fut le nombre des soldats qui grossirent le parti français, que la ville de la Roche-Derrien ne tarda pas à être reprise à l'ennemi.

Philippe de Valois avait renouvelé la trève au mois de juin 1350. Mais il était mort deux mois après, et le duc de Normandie, qui lui succéda sous le nom de Jean II, laissa comme son père les deux partis de Blois et de Montfort ensanglanter la Bretagne.

C'est alors qu'eut lieu le fameux combat des Trente, qu'on peut regarder comme le résumé de toutes les guerres héroïques.

Thomas d'Argworth était convenu avec les principaux chefs franco-bretons qu'on respecterait de part et d'autre les travaux, les maisons et les personnes des laboureurs et des commerçants. Un transfuge du nom de Cahours l'ayant tué, le capitaine Bembroug, commandant pour Édouard et Montfort à Ploërmel, vengea la mort de son compatriote en portant, au mépris des trèves, le fer et le feu dans tout le pays. Le maréchal Robert de Beaumanoir, gouverneur de Josselin pour Charles de Blois, lui demanda un sauf-conduit pour pouvoir conférer avec lui. Il l'obtint et se rendit à Ploërmel. Sur la route, il rencontra des paysans enchaînés et traînés par des soldats anglais. Ému d'indignation, il reprocha vivement à Bembroug cette violation des traités. L'officier anglais lui répondit avec non moins de vivacité. — « Eh bien! repartit Beaumanoir, choisissez un lieu et un jour, afin que les guerriers seuls portent le poids de la guerre; prenez trente Anglais, je prendrai trente Bretons, et nous verrons qui a meilleur cœur et meilleure cause. »

Bembroug accepta le défi. Rendez-vous fut pris pour le samedi suivant au chêne de Mi-Voie, dans les landes de la Croix-Helléan, entre Ploërmel et Josselin, et chaque capitaine s'occupa de choisir ses compagnons. Beaumanoir trouva vite les siens; quant à Bembroug, il fallut qu'il adjoignît aux vingt Anglais seuls dignes de sa confiance six Allemands ou Flamands et, selon Morice de Lobineau, quatre Bretons.

Le jour fixé, chefs et champions entendirent la messe et se

rendirent au lieu convenu, munis, la plupart, d'armes faites pour combattre à pied. Au premier choc, les Bretons eurent le désavantage. L'un d'eux fut pris, un autre mordit la poussière, deux furent gravement blessés. Beaumanoir et les siens multiplient leurs coups, et la lutte continue avec acharnement jusqu'à ce que les deux partis, exténués, à bout de force, sont contraints de s'arrêter pour se rafraîchir. Le combat recommence ensuite, et Bembrough, fondant sur Beaumanoir, le saisit à bras-le-corps et lui crie : « Rends-toi, Robert, je ne te tuerai pas. » Mais, en ce moment, il est renversé d'un coup de lance, et un Breton lui passe son épée au travers du corps. Les rangs se resserrent, et la mêlée devient furieuse. Beaumanoir éperdu demande à boire. — « Bois ton sang, Beaumanoir! » lui répond Tinteniac, ou, suivant quelques-uns, Geoffroy du Bois. A ce mot sublime, le maréchal retrouve son énergie et retombe comme la foudre sur les Anglais. Guillaume de Montauban lance alors son cheval au plus fort des ennemis, et, rompant leur bataillon, assure la victoire à ses compatriotes. La meilleure partie des Anglais resta sur place, avec quatre Bretons. Le combat de Mi-Voie devint si fameux qu'on disait, un siècle après, en parlant des plus beaux faits d'armes : « Ce fut comme au combat des Trente. » Un poème a consacré le souvenir de cette glorieuse journée.

Le voyageur qui va de Ploërmel à Josselin, écrit Pitre-Chevalier, après avoir quitté les riants alentours de la première ville, entre dans une aride et vaste lande, sans verdure et sans arbres, tapissée de cette rude bruyère d'Armorique dont la fleur rend à peine une étincelle rouge aux plus vifs rayons du soleil. Au centre de cette lande, à égale distance des deux cités, s'élevait autrefois le chêne séculaire qui avait ombragé les champions de Mi-Voie. Vers la fin du seizième siècle, la cognée de la Ligue jeta par terre ce vieux témoin du combat des géants. Bientôt après, une croix de pierre remplaça le chêne. Élevée au bord même de la route, elle disait au passant de se découvrir et de prier. Abattue en

3

1775, elle fut relevée par les Etats de Bretagne, et l'on grava sur sa base cette inscription :

A LA MÉMOIRE PERPÉTUELLE
DE LA BATAILLE DES TRENTE,
QUE MONSEIGNEUR LE MARÉCHAL DE BEAUMANOIR
A GAGNÉE EN CE LIEU,
LE XXVII MARS, L'AN MCCCL.

La révolution de 1793 se flatta d'anéantir le souvenir des Trente avec le signe qui le perpétuait ; ce fut en vain. En 1811, le conseil d'arrondissement de Ploërmel demanda qu'une somme de six cents francs fût employée à ériger un monument en l'honneur des combattants de Mi-Voie. Le conseil général du Morbihan applaudit à cette idée, et vota pour le même projet une allocation de deux mille quatre cents francs. La première pierre fut posée le 11 juillet 1819, et M Bausset de Roquefort, évêque de Vannes, voulut lui-même la bénir.

Ce monument consiste en un obélisque haut de quinze mètres, large à la base d'un mètre soixante centimètres, et d'un mètre au sommet. Formé d'assises de granit ayant chacune soixante centimètres, il occupe le centre d'une étoile plantée de pins et de cyprès, dont la plus grande largeur est d'environ cent quarante mètres.

Sur la face de l'est on lit ces mots :

SOUS LE RÈGNE DE LOUIS XVIII,
ROI DE FRANCE ET DE NAVARRE,
LE CONSEIL GÉNÉRAL DU DÉPARTEMENT DU MORBIHAN
A ÉLEVÉ CE MONUMENT
A LA GLOIRE DE XXX BRETONS.

La face de l'ouest porte la même inscription traduite en langue celtique. Au sud sont gravés les noms des combattants ; au nord la date du combat, 27 mars 1350. Auprès du monument on a placé la pierre relevée en 1775 par les Etats de Bretagne.

CHAPITRE XI.

Bertrand du Guesclin. — Le jeune Montfort. — Bataille d'Auray; mort de Charles de Blois.

La victoire des Trente donna un peu de repos à la Bretagne, et les deux partis firent trève jusqu'à l'année suivante. Charles de Blois put recouvrer la liberté, en livrant à Édouard des otages, qui furent conduits à Londres par Beaumanoir, Yves Charruel, Penhouët, Saint-Pern, Martin de Frehières et Bertrand du Guesclin.

Ce jeune écuyer, qui va bientôt remplir la scène où il ne fait que paraître, était le fils de Robert du Guesclin, simple chevalier, seigneur de la Motte-Broon, entre Lamballe et Montauban, et de Jeanne de Mallemains, noble demoiselle de Normandie. « Il estoit, dit une chronique imprimée à Lyon en 1490, de moyenne stature, le visage brun, le nez camus, les yeulx verts, large d'épaules, longs bras et grosses mains; mais pour ce que de grand beaulté n'estoit-il pas plein, fut peu privé en sa jeunesse. »

Sa mère rêva une nuit qu'elle avait une boîte de pierreries, couverte d'un côté d'un caillou brut, de l'autre de trois diamants, de trois émeraudes et de trois perles confusément enchâssés : elle voulait enlever le caillou, estimant qu'il était indigne de la boîte; mais un lapidaire lui avait conseillé d'en prendre soin et de le faire essayer, et cette pierre était devenue la plus belle de toutes. Ce songe s'expliqua dans la suite par le nombre de ses enfants, égal à celui de ces pierres précieuses, et entre lesquels Bertrand du Guesclin brilla davantage; mais, en attendant, son caractère farouche et difficile faisait le désespoir de ses parents. « Or, il advint, à une fête de l'Ascension, que, à la Motte-Broon, vint une converse qui, jeune, avait été et estoit de grant science. Cette converse reparoissoit souvent en l'hostel du sire de Broon, qui débonnairement la recevoit et à ce jour la fit asseoir à sa table. Si regarda la converse que à la table seconde estoient assiz les trois enfants, et tout au dernier bout estoit assiz Bertrand qui estoit l'aisné; mais peu de compte et moins que les aultres en tenoit le chevalier. Elle considéra et advisa la manière de Bertrand, et au lever de la table print l'enfant qui estoit en l'âge de six ans, et après ce qu'elle lui eut regardé les mains et veu sa philozomie, elle demanda au chevalier et à la dame pourquoi on le tenoit si vilainement. La dame respondit : Belle amie, en vérité, cet enfant est tant rude, malicieux et divers en couraige, que oncques son pareil ne fut rien; car jà homme tant soit de haut lignaige ne luy fera ou dira son déplaisir, que tantost il ne soit par luy frappé. Bien sommes monseigneur et moi souventes fois doulens pour les griefs qu'il fait aux aultres enfans du païs, car jà ne cessera de les faire assembler pour les faire battre, luy-même combat avecq eulx, dont monseigneur et moy désirons souvent sa mort ou que oncques ne fust né. A celle parole respondit la converse : Madame, je vous affirme que sur cest enfant je voy un tel signe, que par luy seulement le royaume de France sera essaulcié, ne de son temps ne sera nul qui puisse estre à luy comparé de chevalerie. De ce se commença la dame à esjouyr, et d'illec en avant le tint plus chier. »

Cependant le caractère de Bertrand ne s'amendait guère en grandissant, et s'il sortait le plus souvent vainqueur de ses luttes avec les enfants du voisinage, il rentrait rarement à la Motte sans avoir quelques blessures et ses robes « desrompues. » Pour le guérir de son acharnement à se battre, son père l'enferma dans une tour; mais un jour qu'une chambrière lui apportait à manger, il lui enleva les clefs, l'enferma à sa place, s'enfuit à Rennes et se retira chez son oncle, d'où il se fit bientôt connaître par son adresse dans les joutes et les tournois, préludes de ses entreprises guerrières. Pendant les fêtes célébrées à Rennes, en 1338, à l'occasion du mariage de Jeanne de Penthièvre avec Charles de Blois, il entra en lice, désarçonna les plus brillants chevaliers de la Bretagne. Voici comment l'historien cité plus haut raconte un des premiers exploits du jeune héros :

« Son oncle l'avait rendu à son père un peu plus raisonnable. Celui-ci lui donna un roussin et le mena aux tournois du pays. On se figure les éblouissements du jeune homme au bruit des fanfares et des applaudissements, à la vue des lances volant en éclats, des armures jetant mille étincelles, des casques roulant dans la poussière!...

» Enfin il trouva l'occasion de montrer tout ce qu'il valait. On célébrait à Rennes, par un grand tournoi, le mariage de Jeanne de Penthièvre. Le seigneur du Guesclin faisait partie des tenants. Bertrand assistait à la fête, monté sur son roussin. Triste équipage et plus triste rôle pour tant d'ambition ! Mais qu'y faire ? Agé de dix-sept ans à peine, il n'avait encore ni armure ni cheval de bataille. Quand il vit les belles dames défiler sur leurs palefrois, les chevaliers s'avancer dans la lice, les écharpes et les bannières flotter au vent, les hérauts compter et afficher les armoiries, les juges du camp occuper les échafauds tapissés de haute lice, les concurrents chevaucher les uns contre les autres, les coursiers secouer leurs harnais de velours, les pétillements de l'acier, le chatoiement de la soie, l'éclat de l'or et de l'argent se confondre et se multiplier sous les rayons du soleil, Bertrand oublia son modeste équipage, et se mêla par la pensée aux joutes les plus brillantes... Mais bientôt voilà que les quolibets de la foule le rejettent du ciel sur la terre, c'est à qui raillera sa monture et son costume, son visage et sa tournure... Les bons mots appellent les bons mots... Les insultes se croisent en tout sens, les rires éveillent les rires... Chacun montre au doigt ce pauvre cavalier,

Qui s'en va chevauchant le cheval d'un meunier.

» Comment peindre la honte, la douleur, le désespoir, la rage, le délire de Bertrand ? Oh ! s'il pouvait monter le cheval de ce champion qui se retire, s'il tenait d'une main son écu et de l'autre sa lance !...

» Mais c'est le ciel qui l'inspire ! ce champion est justement un de ses parents. Bertrand fend la presse et suit le gentilhomme. Il arrive sur ses pas jusqu'à son hôtellerie... Il le voit déposer son casque et son armure... Il s'élance et tombe à genoux : « Oh! Monseigneur, ayez pitié de moi! Par tous les saints du paradis, prêtez-moi une heure seulement votre cheval et vos armes, et, pour cette heure, je vous donnerai ma vie entière. » Quel chevalier n'eût été touché d'une prière semblable? « Oui dea, vous armerai, mon ami, dit à Bertrand le bon sire; mais souvenez-vous que jamais combattant n'a vu le dos de ma cuirasse. » Du Guesclin ne put répondre qu'en baisant la main qui lui donnait des armes. L'instant d'après, il traversait au galop les rues de Rennes, et, la lance au poing, la visière basse, il entrait au tournoi. Un des plus rudes champions est le premier qu'il défie. Les trompettes sonnent, et les deux rivaux s'élancent. D'un seul choc, Bertrand tue le cheval et culbute le cavalier. Celui-ci demande le nom de son vainqueur : le vainqueur répond par quinze victoires pareilles. Jamais on n'avait vu tant de force et tant d'adresse. Les plus vieux jouteurs s'enthousiasment, toutes les écharpes volent, toutes les mains applaudissent. Ceux qui raillaient Bertrand tout-à-l'heure le saluent, sans le savoir, de mille acclamations. Cependant qui triomphera du terrible inconnu? Le seigneur du Guesclin, en sa qualité de tenant du tournoi, s'avance en personne pour venger les chevaliers de Rennes. Mais son fils a reconnu l'écusson paternel... Il baisse sa lance jusqu'à terre, et s'incline avec respect sur les arçons. Cette action met l'étonnement au comble; chacun veut absolument connaître le « champion aventureux, » le nom qu'on lui donne. Un chevalier normand, fameux par son habileté, se charge de lui enlever sa visière. Du premier coup, en effet, il décoiffe Bertrand; mais celui-ci se surpasse par un dernier exploit. Passant tout près de son rival, il le saisit du bras gauche, l'enlève de dessus sa selle, et le renverse dans l'arène. A ce tour de force, plus encore qu'à son visage, tout le monde a reconnu le jeune du Guesclin. Son père, ivre de joie, l'embrasse au milieu des applaudissements :

Certes, beau fils, dit-il, je vous acertifie
Que je vous donnerai, ne vous en fauldrai mie,

Or, argent et chevaux, tout à votre baillie,
Pour aller, tout partout, acquérir vaillandie.

Et déclaré d'une voix unanime : le mieux faisant, » Bertrand reçoit le prix des joutes, qui était un cygne d'argent de grandeur naturelle.

A partir de ce jour, il se déclara champion de Charles de Blois : il eut un cheval, des armes, une petite troupe de soixante compagnons plus ou moins nobles, mais tous intrépides comme leur épée, aventureux comme leurs destins. Cette troupe se grossit bientôt et fit beaucoup de mal aux Anglais, tombant sur leurs soldats en toute circonstance, au cri de « Notre-Dame Guesclin! » On le perd de vue pendant plusieurs années, mais il est facile de deviner ce qu'il devint durant cette période de sa vie. Il allait à travers les bois de son pays natal, la hache pendue au cou, l'épée au côté, détroussant et tuant les Anglais et leurs alliés.

Le jeune Montfort parut en Bretagne, avec le duc de Lancastre, cousin germain d'Edouard, au moment même où le mari de Jeanne de Penthièvre reprenait la direction de son parti. La guerre passa ainsi d'une génération à l'autre, menaçant d'être éternelle. Du Guesclin y prit une part très active. Le 3 octobre 1356, il parvint à entrer dans Rennes, et défendit vigoureusement cette ville jusqu'à ce que le duc de Lancastre en leva le siége, à la suite de la trève de Bordeaux. Charles de Blois lui donna en récompense la seigneurie de la Roche-Derrien. L'expiration de la trève fournit à Bertrand une nouvelle occasion de se signaler par la défense de Dinan; ensuite, sans abandonner son seigneur, il s'attacha au service du régent de France. Mais, placé sur un autre théâtre, il eut, en quelque sorte, à recommencer sa carrière, et il n'obtint d'abord que le grade de capitaine de cent hommes d'armes et la place de gouverneur de Pontorson. Vers cette époque, il se maria à Dinan avec Tiphaine Raguenel, et célébra, dit-on, ses noces par un combat contre les Anglais.

Le départ du roi Jean pour Londres, suivi de sa mort, laissa le trône à Charles V, l'un des princes les plus éclairés qu'ait eus la France. La haute intelligence du nouveau monarque se révéla tout d'abord dans le choix qu'il fit de du Guesclin pour seconder ses projets. Un pareil bras, dirigé par une pareille tête, devait sauver le royaume.

Appelé par son nouveau maître, du Guesclin accourt avec ses invincibles soldats, qui le suivaient partout. Il joint le maréchal Boucicaut, digne général d'un tel capitaine, et tous deux enlèvent aux Anglais et aux Navarrois, leurs alliés, Nantes et Meulan; les Bretons s'en donnent à cœur-joie. Puis Bertrand se met aux champs contre le captal de Buch, fameux chevalier gascon, chef des possessions navarroises. Il le rencontre, le 16 mai 1364, sur les hauteurs de Cocherel, à deux lieues d'Évreux, et gagne, avec sa petite armée, une victoire qui lui vaut le titre de maréchal de Normandie et le riche comté de Longueville. En échange de ce domaine, du Guesclin céda au roi les prisonniers de Cocherel.

La guerre, un moment interrompue en Bretagne, se ralluma sur ces entrefaites. Le jeune Montfort, après avoir pris le château de Sucinio et la Roche-Derrien, assiégea Auray. L'illustre Jean Chandos le joignit avec deux cents lances; le reste de son « host » se composait de bas-Bretons, d'Anglais, de Navarrois, et de ces aventuriers de diverses nations qu'on appelait de longue main *compagnies*. L'armée de Charles de Blois s'élevait presque au double, et n'était formée que de cavaliers, sous les ordres de la plus haute noblesse de France et de Bretagne. Du Guesclin la conduisait. Le jour de la bataille fut fixé au 29 septembre. Le théâtre de la lutte s'étendait depuis la ville d'Auray jusqu'au bourg de Sainte-Anne : les Anglo-Bretons occupaient les hauteurs, les Franco-Bretons la plaine; un petit ruisseau les séparait.

Le premier choc eut lieu entre les Bretons de du Guesclin et les compagnons de Robert Knolles, mais bientôt les seigneurs des deux partis s'avancèrent l'un contre l'autre avec les bannières ducales, et la mêlée devint universelle. Toute la noblesse anglaise, française et bretonne était aux prises autour des deux rivaux; d'un bout à l'autre du champ de bataille, on se « navrait, » au bruit des appels et des défis, des cris de guerre et des cris de détresse. Enfin Charles de Blois reçut un coup mortel, et cette nouvelle répandit la consternation parmi les Franco-Bretons. Du Guesclin fut contraint de se rendre à Chandos. Les vainqueurs poursuivirent les vaincus jusqu'au-delà de Vannes.

CHAPITRE XII.

Jean IV, duc de Bretagne. — Traité de Guérande. — Du Guesclin emmène les *grandes compagnies* en Castille. — Sa captivité. — Il devient connétable de France. — Jean IV est chassé. — Charles V veut confisquer le duché.

La cause de Jeanne de Penthièvre périt avec Charles de Blois. Charles V reconnut le jeune Montfort comme duc de Bretagne par le traité de Guérande, signé le 11 avril 1365, et l'année suivante Jean IV se rendit à Paris pour faire hommage à son suzerain. Il revint ensuite en Bretagne, annonça qu'il était en paix avec tout le monde, fit battre monnaie à son effigie, et, assemblant les Etats du duché, remit autant qu'il put les choses en bon ordre.

Un fléau plus terrible que les Anglais et les Navarrois, les *grandes compagnies*, ravageait alors la France. Ces terribles compagnons, repoussés des terres anglaises et bretonnes, refluaient vers les provinces centrales, qu'ils appelaient insolemment leur chambre, et les troupes du roi se joignaient à eux pour s'enrichir. Du Guesclin lui-même ne pouvait plus contenir sa compagnie de Bretons, lorsque Charles V le chargea de détourner le torrent tout entier. Bertrand s'en acquitta avec une habileté parfaite, et alla conquérir avec eux le trône de Castille. Voici dans quelles circonstances.

Don Pèdre-le-Cruel, sorte de fou sanguinaire, odieux à ses sujets et à sa famille, occupait ce trône. L'un de ses frères, Henri de Transtamare, résolut d'en délivrer l'Espagne, et offrit de prendre les routiers à son service, à condition que du Guesclin les commanderait. Charles V et le pape se cotisèrent avec lui pour payer la rançon de l'illustre capitaine, fait prisonnier à la bataille d'Auray, et, peu de temps après, trente mille hommes partaient de Châlons-sur-Saône, sous les ordres du chef breton.

En passant à Avignon, Bertrand obtint du pape pour ses soldats et pour lui l'absolution et deux cent mille florins d'or, après quoi il s'achemina vers l'Espagne. Les routiers franchirent les Pyrénées au cœur de l'hiver, et se trouvèrent réunis à Barcelone dans les premiers mois de 1366. Don Pèdre s'échappa de Séville à l'approche de cette terrible invasion et se réfugia en Aquitaine, auprès du prince de Galles, fils du roi d'Angleterre. Henri de Transtamare créa du Guesclin connétable de Castille, mais il renvoya presque tous ses hommes, qui entrèrent dans l'armée du prince de Galles. Les troupes anglaises livrèrent au nouveau roi et à son général, près de Navarette, une bataille où ils furent pris l'un et l'autre. Rendu à la liberté, quand on eut soldé sa rançon, Bertrand recommença vaillamment la lutte contre don Pèdre, qui périt, le 15 mars 1369, poignardé par son rival.

Non moins glorifié au-delà qu'en-deçà des Pyrénées, le héros breton, rappelé par le roi de France et par les populations, revint offrir ses services à Charles V, qui avait à défendre les seigneurs et les bourgeois d'Aquitaine contre les impôts forcés du prince de Galles. Une rupture s'ensuivit entre la France et l'Angleterre, et la guerre recommença plus acharnée que jamais. (1369.) Mais, tandis que du Guesclin obtenait du roi l'épée de connétable en récompense de ses triomphes sur les Anglais, le duc de Bretagne, allié secrètement à nos ennemis, leur ouvrait le chemin de la France à travers ses propres États. Les seigneurs bretons désapprouvèrent hautement cette conduite, et Olivier de Clisson, abandonnant Jean IV, son ami d'enfance, conclut avec le connétable son fameux pacte de fraternité d'armes, et se rua contre les Anglais avec une rage sans pareille.

Presque tous les barons agirent comme Clisson, et, après avoir inutilement menacé le duc de le chasser, ils se révoltèrent ouvertement, et allèrent se ranger sous les étendards de du Guesclin. Ce dernier, qui venait de battre les Anglais en Normandie et de leur enlever le Poitou, résolut de les poursuivre en Bretagne, jusqu'au pied du trône de Jean IV. Le duc n'en continua pas moins à protéger les intérêts de l'Angleterre, et, sur sa demande, une flotte, partie de Portsmouth, vint jeter des troupes dans Brest et dans Saint-Malo. Du cap Saint-Mathieu à la baie de Cancale, la mer était couverte de voiles. Alors les seigneurs bretons ne gardèrent plus aucune mesure. Fidèles aux anciennes traditions du pays, ils prononcèrent la déchéance de leur souverain, et le forcèrent de se réfugier en Angleterre. Jean IV laissa à Robert Knolles la garde de ce duché, dont la conquête avait coûté vingt ans de combats. (1373.) Il revint ensuite avec le duc de Lancastre et une armée de trois mille hommes, mais il fut banni de ses Etats une seconde fois, et, n'ayant plus pour lui que son courage, brouillé avec le duc de Lancastre, sans équipage, sans argent et sans ressource, il assembla soixante hommes, ses derniers soldats, et précéda avec eux l'armée anglaise en Gascogne. Là, du moins, il honora le nom qu'il portait par des actions d'éclat.

En servant la France, du Guesclin oubliait qu'il était Breton, et, pour être dirigés contre les Anglais, ses coups n'atteignaient pas moins ses compatriotes. Non content d'enlever et d'occuper, au nom de Charles V, les meilleures places de l'Armorique, il appliquait les idées françaises jusqu'à la vieille constitution du pays. Tout cela lui attirait la haine publique; ses parents eux-mêmes le blâmaient d'être ainsi en révolte, et d'amener Picards et Genevois pour combattre son vrai seigneur.

En 1374, Jean IV entreprit de nouveau de reconquérir son duché, mais cette tentative n'aboutit qu'à une trêve qui lui interdisait même le séjour de la Bretagne (1373); on le vit pendant trois ans errer d'Angleterre en Flandre, tandis que Charles V défendait aux Bretons de le recevoir. Tout semblait perdu pour lui, lorsqu'une révolution soudaine vint lui rendre la couronne.

Tant que le roi de France s'était borné à repousser le duc et les Anglais, les seigneurs bretons avaient résolument suivi du Guesclin, Clisson et Malestroit. Mais ils s'arrêtèrent et se mirent à réfléchir, lorsque, non content de protéger la terre de Bretagne, le prince entreprit de la réunir à ses Etats, et réclama de la cour des pairs la confiscation du duché. Cette violence réveilla en sursaut la vieille Armorique, et fut pour elle le signal d'un revirement qui rappela ses plus beaux jours d'indépendance. La popularité de Charles V et des Français s'évanouit en vingt-quatre heures. De toutes parts, les seigneurs s'associèrent pour le salut du pays. Organisée par les sires de Montfort et de Lohéac, la ligue se grossit bientôt de tous les nobles noms de la contrée. Tous les habitants en état de porter les armes se formèrent en compagnies et se lièrent par des serments solennels. On leva un sou par feu dans toutes les paroisses, et jamais impôt ne fut payé plus exactement. Le quartier-général de l'*Union* était à Rennes; de là ses ramifications s'étendaient à tous les châteaux de la Bretagne.

CHAPITRE XIII.

Rentrée de Jean IV. — Du Guesclin et Clisson contre la Bretagne. — Mort de du Guesclin. — Captivité de Clisson; attentat de Pierre de Craon. — Jean V.

Lorsque le roi lut à du Guesclin et à Clisson la sentence qui rayait leur patrie de la liste des nations, le connétable baissa la tête et se mit à sa disposition; Clisson hésita d'abord et garda le silence, mais ensuite il se décida à servir aussi contre son pays.

Charles V se flatta vainement de triompher, par l'épée de son glorieux lieutenant, de la résistance de l'Armorique. Déjà la ville de Nantes avait fermé ses portes au duc de Bourbon, et des envoyés de la noblesse bretonne, partis pour Londres, suppliaient Jean IV de revenir. Le duc s'empressa de reprendre le chemin du trône, après avoir juré à Richard d'Angleterre une alliance plus intime que jamais envers et contre le roi de France (23 juillet 1379), et bientôt il arriva à Dinan, porté sur les bras de son peuple; la veuve de Charles de Blois voulut presser elle-même la main du vainqueur de son époux. Il entra dans Rennes le 17 août, marchant sous le dais, et accompagné de toutes les processions de la ville, croix et bannières en tête. Il traversa ainsi Lamballe, Guérande et Vannes, où il convoqua son host. Tous les gentilshommes accoururent à l'appel. En présence de ces troupes conduites par Montfort et Beaumanoir, l'armée française s'enfuit de Pontorson; pour la première fois, Clisson et du Guesclin virent leur génie les trahir. Vaincu peut-être par le remords, et conseillé par la raison, le connétable pria le roi d'entrer en accommodement avec le duc; des ennemis le rendirent suspect à Charles V, et le loyal soldat offensé renvoya son épée. Mais le prince eut l'adresse de la lui faire reprendre en la tournant contre les Anglais et la Guyenne.

« Sire, lui dit le vieux capitaine en prenant congé de lui, — comme si l'esprit lui eût prédit qu'il n'en retournerait jamais, — vous m'envoyez en Gascogne à mon grand contentement, car il ne faut pas que je vous nie que, pour vous estre et avoir toujours esté très fidelle serviteur, je ne pouvois avec le contentement de mon cœur faire la guerre au lieu où j'estois. C'est ce pays auquel Dieu me fist naître, où sont mes parents et amis de sang. Je ne puis que je n'en retienne quelque chose, qui n'est pas à dire que je n'y eusse fait mon devoir, mais il se peut faire par autre sans moy. Et faut, sire, que je vous die que vous m'avez osté beaucoup de moyens de vous servir, m'ayant naguères osté les Bretons. Mon aigle ne volera plus, ayant perdu ses ailes. » Et baisant la main du roi, il le pria encore de donner la paix à la Bretagne.

Du Guesclin espérait, avant de mourir, chasser les derniers Anglais de la Guyenne. La mort vint le surprendre au moment où il allait achever son œuvre. Il avait, raconte

Pitre-Chevalier, repris villes et châteaux sur son passage, et il assiégeait la forteresse de Château-Neuf de Randon, dans le Gévaudan, lorsqu'il fut atteint d'une fièvre pernicieuse Ses derniers moments furent simplement héroïques comme toute sa vie. « Il appela ses principaux capitaines en sa chambre, et leur recommanda le service du roy, représentant à chacun d'eux ce qu'il leur avoit veu vaillamment faire, et le premier temps qu'il les avoit menez à la guerre, les priant de continuer. Qu'il estoit bien desplaisant passer de ce siècle sans les avoir fait recognoistre au roy comme il avait bien délibéré, et dont il parleroit plus particulièrement aux seigneurs qui estoient là, pour lui faire entendre le mérite de chacun. Ce qu'il avoit à désirer d'eux désormais estoit qu'il les prioit qu'en faisant la guerre ils se souvinssent qu'ils avoient affaire à ceux qui avoient les armes au poing. Que les pauvres laboureurs qui les nourrissoient n'estoient point en faute; qu'à ceux-là, aux femmes ny enfants, ny aux gens d'église, leurs armes ne se devoient adresser; que les différends des princes pour terre ne doivent comprendre que ceux qui se rangent en partie, et les prioyt de considérer cela à l'advenir, bien marry de ne l'avoir tenu dès son jeune âge plus estroictement. Puis leur dict adieu, et appela le sire de Clisson, disant : Messire Olivier, je sens que la mort approcha de près et ne vous puis dire beaucoup de choses. Nous avons esté compagnons d'armes vous et moy, il y a long-temps; le roy vous cognoist pour un grand et vaillant homme, et n'avez nul besoin de ma recommandation, ne pouvant rien adjouster à son affection. Vous direz au roy que je suis bien marry que je ne lui ai faict plus longtemps service, de plus fidèle n'eussé-je pu; et si Dieu m'en eust donné le temps, j'avois bon espoir de luy vuider son royaume de ses ennemis d'Angleterre; il a de bons serviteurs qui employeront de mesmes effets que moy, et vous, messire Olivier, pour le premier. Je vous prie de reprendre l'espée qu'il me commist quand il me donna l'estat de connestable, et la luy rendre. Il saura bien en disposer et faire élection de personne digne: j'ay les bienfaits qu'il m'a faicts. D'avantage je luy recommande ma femme et mon frère, et adieu, je n'en puis plus. » Il baisa son épée de connétable, la remit à Clisson, et rendit le dernier soupir. Il n'avait que soixante-six ans. Le lendemain, le commandant de Châteauneuf déposa les clefs de sa forteresse sur le cadavre du héros. (1380.)

Du Guesclin, ajoute le même écrivain, ne fut pas seulement le premier capitaine de son siècle, il fut aussi un profond politique, et c'est là ce qui l'excuserait, s'il devait être excusé, d'avoir porté les armes contre sa patrie. Son génie droit et fin sentait venir l'irrésistible unité française, et voyait la Bretagne attirée par son centre comme l'aimant par l'étoile polaire; voilà pourquoi, dans toute sa vie et dans toutes ses œuvres, il sembla plus Français que Breton. Il ne faut pas croire cependant que, dans sa vie privée comme dans toutes ses œuvres, son esprit l'emportait sur son cœur. Il ne négligeait pas, sans doute, suivant l'usage du temps, de recueillir les fruits de la guerre et les riches produits de son épée ; mais c'était pour prodiguer les uns et les autres à sa famille, à ses amis, et surtout à ses frères d'armes. Sa générosité était si connue, que Bretons et Français ne l'appelaient que le bon connétable. Les Anglais eux-mêmes, ses seuls ennemis, louaient souvent ses plus rudes coups. Enfin son joyeux et franc visage, sa belle et cordiale humeur, et jusqu'à ses boutades de malice et de forfanterie, semblaient annoncer le seul homme qui devait surpasser un jour le Béarnais Henri IV.

Le corps du connétable fut déposé dans l'église des Jacobins du Puy, et embaumé pour être transporté à Dinan, où il avait lui-même choisi sa sépulture. Charles V fit arrêter le convoi au Mans, et ordonna de le conduire à Saint-Denis, dans la sépulture des rois. Il voulut qu'on célébrât pour lui un service avec une pompe extraordinaire. L'évêque d'Auxerre prononça l'oraison funèbre du guerrier, qui avait constamment travaillé à l'affranchissement de la France, et méritait d'être compté parmi les fondateurs de l'unité française.

En-dehors de son importante politique, du Guesclin fut aussi extrêmement remarquable par l'originalité de sa physionomie. Ce rude compagnon, laid, presque difforme, n'avait gardé des anciens chevaliers que le courage, le respect de sa parole, sans ce profond dédain du peuple qui caractérisait les héros du moyen-âge. Il avait l'instinct de la tactique moderne, et, malgré sa violence de soldat, il fut digne d'être le bras et l'épée de Charles-le-Sage, qui, au quatorzième siècle, sauva par sa prudence la nationalité française.

Clisson échoua dans le comté nantais comme du Guesclin avait échoué dans le comté de Rennes. Les Anglais, appelés de nouveau par Jean IV, remportèrent quelques succès ; enfin le duc ouvrit les yeux, et il signa avec les députés du nouveau roi, Charles VI, le second traité de Guérande, en 1381 ; les Anglais gardèrent le port de Brest.

Du Guesclin, jusqu'à sa mort, s'était montré l'adversaire de la maison de Montfort ; le duc eut à combattre Clisson dans les dernières années de son règne. Engagé avec son frère d'armes dans le parti des Français, après avoir servi longtemps dans les rangs opposés, Olivier de Clisson reportait sur le duc de Bretagne la haine qu'il avait vouée aux Anglais. Il ne pouvait pardonner à son ancien ami de lui avoir refusé la terre de Gavre, après la bataille d'Auray, pour la donner à Chandos, et il était allé incendier le château de l'Anglais. Devenu connétable de France, il chercha tous les moyens de susciter des embarras à son suzerain. Il fit proposer au fils de Charles de Blois, captif en Angleterre, de lui rendre la liberté s'il consentait à épouser l'héritière de Clisson ; le comte de Penthièvre n'hésita pas. Jean IV craignit alors que le connétable ne cherchât à renouveler la querelle de Charles de Blois, et n'employât le crédit que lui donnait sa charge à la cour de France pour placer la couronne ducale sur la tête de son gendre. Vivement préoccupé du péril qui le menaçait, il s'arrêta, suivant sa coutume, à un parti extrême, et résolut de se débarrasser de son ennemi. Prenant avec lui le masque de l'amitié, il l'invita à venir siéger aux États qui devaient se tenir à Vannes.

Divers historiens ont rapporté de quelle manière Clisson

fut la victime d'un guet-apens infâme. Jeté dans une tour, chargé de fers, il croyait entendre à tout instant les pas des assassins qui devaient lui arracher la vie. Et, en effet, le duc avait chargé l'un de ses gentilshommes de poignarder le connétable. Mais le courageux serviteur osa désobéir à son maître. Grâce à l'intervention du seigneur de Laval, Olivier sortit de prison, après s'être engagé à payer cent mille francs de rançon et à livrer toutes ses places. Il se rendit aussitôt à la cour de France et remit au roi son épée, qu'il ne pouvait plus conserver, disait-il, après un tel affront. Le roi intervint entre lui et le duc, et, à la suite de nombreux pourparlers, tout semblait terminé, lorsqu'un nouvel événement excita plus que jamais la haine du connétable contre Jean IV. Pierre de Craon, l'ancien favori de Charles VI, avait été exilé de la cour. Persuadé que c'était Clisson qui l'avait desservi auprès de son maître, il ne balança pas à attaquer le connétable, un soir que celui-ci rentrait fort tard à son hôtel. Surpris avant d'avoir pu porter un coup mortel à son ennemi, le meurtrier laissa sa victime noyée dans son sang et s'enfuit précipitamment de Paris. Ne trouvant pas d'asile en France, il se réfugia en Bretagne, et Jean IV lui accorda sa protection, sans songer, comme le dit M. Aurélien de Courson, que défendre un assassin, c'est avouer son crime, et même donner à croire qu'on l'a inspiré.

Clisson, guéri de ses blessures, en appela de nouveau à la justice du roi, qui donna l'ordre au duc de Bretagne de livrer Pierre de Craon. Ce gentilhomme était passé depuis longtemps en Espagne. Mais Jean, trop fier pour descendre jusqu'à une justification, refusa d'indiquer la retraite du meurtrier. Indigné d'un tel refus, Charles VI, quoique atteint d'une maladie cruelle, se mit à la tête de son armée et marcha vers la Bretagne. Il était à un quart de lieue de Sablé, lorsque tout-à-coup un délire frénétique s'empara de lui : premier symptôme de cette folie qui devait causer tant de maux à la France. Attaché demi-mort sur un chariot, le prince fut conduit au Mans, et l'armée française, plongée dans la stupeur, reprit le chemin de Paris.

La lutte se prolongea, acharnée, implacable, durant plusieurs années, entre Jean IV et Clisson. Enfin, accablé par l'âge, sentant de plus en plus la nécessité de pacifier son duché, de peur de compromettre les droits futurs de ses enfants à l'héritage de Bretagne, le duc écrivit à son ennemi une lettre affectueuse, en lui proposant la paix. Cette démarche était faite pour surprendre le connétable. Redoutant un piège semblable à celui dans lequel il avait failli succomber naguère, il refusa de se rendre à l'endroit indiqué, à moins que le duc ne lui remît son fils en otage. Jean consentit volontiers à lui donner cette marque de confiance absolue; l'héritier de Bretagne fut immédiatement conduit au château de Josselin. A la vue de ce jeune prince, des larmes s'échappèrent des yeux du vieux connétable. Trop chevaleresque pour se montrer moins généreux que son souverain, il se transporta près de lui en lui ramenant son fils. Les deux rivaux s'embrassèrent, et signèrent un traité de paix le 20 octobre 1395, près de Redon.

Quatre ans après, Jean IV mourut à Nantes, empoisonné ou envoûté. — L'envoûtement consistait à former en cire l'image de celui qu'on voulait tuer, et à poignarder cette image au cœur et à la tête, avec des mots cabalistiques. — Malgré toutes ses fautes, qu'on pourrait appeler des crimes, et peut-être à cause de tous ses malheurs, comme guerrier, sinon comme politique, il a gardé dans l'histoire une place honorable. Ce n'est pas un petit honneur, en effet, que d'avoir triomphé de deux ennemis tels que du Guesclin et Clisson. Marié trois fois, il laissa de sa dernière femme, Jeanne de Navarre, quatre fils, dont l'aîné, âgé de onze ans, lui succéda sous le nom de Jean V. Le second frère de Jean V était le célèbre Arthur de Richemont, qui deviendra successivement connétable et duc.

Épuisée par soixante ans de guerre et de révolution, la Bretagne avait besoin d'un médecin habile et compatissant; elle le trouva dans le pacifique Jean V, surnommé le Sage. Ce prince eut d'abord sa mère pour tutrice; mais bientôt cette princesse épousa le roi d'Angleterre Henri V. Craignant alors la politique anglaise, le duc de Bourgogne, comme grand-oncle du mineur, se fit déclarer régent de Bretagne, en dépit des barons, et il emmena le duc et ses frères à Paris.

L'année suivante (1403), la guerre recommença entre la France et l'Angleterre. Clisson embarqua douze cents hommes à sa solde sur trente vaisseaux bretons conduits par l'amiral de Bretagne, Penhouët, et par le seigneur de Blois et Guillaume de Chastel. Ils battirent la flotte anglaise et lui enlevèrent quatre navires avec mille prisonniers. En 1404, Jean V, devenu majeur, et marié à la fille de Charles VI, fit hommage à ce prince et fut délivré de la tutelle de Philippe de Bourgogne. Au milieu des débats qui survinrent entre Jean-sans-Peur et Louis d'Orléans, il sut se conduire de manière à préserver son duché de toute invasion, et resta pur des crimes qui déshonorèrent ses alliés. Mais il commit la faute de réveiller des ressentiments endormis, et de laisser empoisonner les derniers jours de Clisson par des accusations absurdes, comme celle de sorcellerie. Le connétable se vit obligé d'acheter encore sa liberté et peut-être sa vie, en donnant cent mille livres au duc. Il mourut peu de temps après, en 1407, dans son château de Josselin.

Le duc Jean avait flotté prudemment entre les Armagnacs et les Bourguignons; pendant ce temps-là, ses deux frères, le prince Gilles et le comte Arthur de Richemont, se distinguèrent, l'un en combattant courageusement sous les drapeaux du duc de Bourgogne, l'autre en faisant des prodiges de valeur dans l'armée royale du guerrier qui allait accomplir l'œuvre de du Guesclin.

Cependant les Anglais envahissaient de nouveau la France. Après quatre années de négociations, Jean V se décida à envoyer six mille hommes à Charles VI; mais il était trop tard, le roi d'Angleterre Henri V venait de gagner la bataille d'Azincourt. (25 octobre 1415.) Quelques années après, la couronne échappait au défaillant monarque, et le dauphin proscrit, qui bientôt serait Charles VII, commençait la conquête de son royaume avec les fidèles populations de la Loire. Un grand nombre de Bretons marchèrent avec lui contre les Anglais. Quant au duc, après la mort de Henri V, il traita avec le duc de Bedfort, régent de la France anglaise, puis il entra dans le parti de Charles VII, son beau-frère. Le duc de Bedfort, pour se venger, envoya des troupes sur les frontières de l'Armorique, et Jean V, dont les soldats furent battus en diverses rencontres, promit l'hommage à Henri VI. (1427.) L'année suivante, il retourna de nouveau à Charles VII.

CHAPITRE XIV.

Fuite de Jean V. — Arthur de Richemont. — François Ier. — Histoire de Gilles de Bretagne. — Pierre II. — Arthur III.

Marguerite de Clisson avait résolu de recommencer la guerre de succession et de placer un de ses quatre enfants sur le trône de Bretagne. Cherchant des alliés parmi les ennemis de Jean V, elle maria son fils Olivier de Blois avec la fille de Jean-sans-Peur, au moment même où le duc passait aux Armagnacs. Jean envahit les terres des Penthièvre. La cour de France calma ce premier feu; mais lorsque le duc abandonna le dauphin, Marguerite et son fils promirent au prince de lui livrer le traître, et, l'attirant avec son frère Richard dans leur terre de Chantoceaux, ils les enfermèrent un et l'autre dans une tour.

Le duc montrait peu de courage dans sa captivité. La duchesse appela les Bretons aux armes, et ils répondirent noblement à sa voix. Les forteresses de Marguerite et d'Olivier furent prises, et bientôt les geôliers des captifs se virent assiégés à Chantoceaux. En vain ils forcèrent Jean à ordonner la retraite de ses défenseurs; les soldats de la duchesse refusèrent d'obéir, et les deux prisonniers furent rendus à la liberté le 6 août 1420. Chantoceaux fut rasé, et Jean distribua les terres des Penthièvre aux seigneurs qui l'avaient délivré. Cette grande maison ne se relèvera plus;

mais les rois de France achèteront plus d'une fois ses droits au poids de l'or, et les Bretons se grouperont encore, pendant la Ligue, autour de son dernier rejeton.

Arthur de Richemont, — l'un des vaillants capitaines qui réussirent à expulser les Anglais de France, — était né au château ducal de Succinio, sur la côte du Morbihan. Son premier exploit fut la répression d'une révolte dans la ville de Saint-Brieuc. Dans les démêlés des Armagnacs et des Bourguignons, il embrassa le parti d'Orléans, comme Jean V; plus tard, il fut pris au désastre d'Azincourt, et emmené à Londres, où il retrouva sa mère, qui avait épousé le roi d'Angleterre à la mort de Jean IV. Devenu libre, il reçut de Charles VII l'épée de connétable, et se fit remarquer par des faits d'armes qui, malheureusement, à cause de la folie du roi, n'auraient nullement sauvé le royaume, si Dieu ne lui eût envoyé Jeanne d'Arc.

Est-il besoin de rappeler comment cette jeune fille entreprit de faire lever aux Anglais le siége d'Orléans et de conduire le dauphin à Reims pour y recevoir le sacre? Charles la reçut au milieu de sa cour, et lui donna le sire de Raiz et plusieurs autres capitaines pour introduire des vivres dans la place. Elle en vint à bout, et les Anglais levèrent le siége. (1429.) Richemont, réconcilié par elle avec le prince, qui avait retiré momentanément sa faveur au connétable, ouvrit les portes de Beaugency, délivra Meaux, battit les Anglais à Patay, et fraya ainsi au roi le chemin de Reims. Mais il n'assista pas à son sacre; La Trémouille avait payé ses victoires par un nouvel exil. L'année suivante, Jeanne était brûlée à Rouen comme sorcière.

La querelle entre La Trémouille et de Richemont avait fini par une guerre ouverte. Le connétable fit arrêter son ennemi près de Chinon, puis il retomba sur les Anglais avec toutes ses forces et ramena le roi dans Paris. (1436.) Ce fut surtout aux Bretons qu'on dut la reprise de cette ville, qui avait été seize ans la capitale de la monarchie anglaise, ainsi que l'expulsion des étrangers de toute l'Ile de France. Plusieurs conspirations signalèrent la fin du règne de Jean V en

France et en Bretagne ; en France, la conspiration de la *Praguerie*, où entra le dauphin, depuis Louis XI, contre Charles VII, et que déconcerta la fermeté de Richemont ; en Bretagne, les derniers complots tramés contre le duc par les débris du parti de Blois. Le duc faillit être empoisonné par ses varlets ; il saisit cette occasion de s'assurer, pour lui et pour ses héritiers, de la fidélité de tous les seigneurs, chevaliers et écuyers de Bretagne, dont il envoya ses commissaires recueillir les serments dans tout le duché. Il mourut au manoir de la Tousche, près de Nantes, en 1442.

La première vertu de ce prince était la dévotion ; il fit beaucoup de pieuses fondations, entre autres Notre-Dame-du-Folgoët, dont la chapelle est un chef-d'œuvre d'architecture gothique. S'il ne fut ni très brave ni très fidèle à ses alliés, il se concilia l'affection de ses sujets, et mérita le nom de Sage, en réparant les fautes de ses prédécesseurs, et en maintenant la prospérité de son pays au milieu des guerres allumées tout alentour. Il ne se rendit pas moins cher à sa noblesse et à son clergé qu'à son peuple, et se montra très habile dans son administration. Sous lui, le commerce de la Bretagne s'étendit considérablement, grâce à des traités conclus avec les peuples de la Hollande, de la Zélande et de la Frise. Cela valait mieux que des conquêtes.

Il restait trois fils de Jean-le-Sage. François, l'aîné, fut proclamé duc de Bretagne ; Pierre devait lui succéder. Une fin cruelle était réservée à Gilles.

François Ier venait de prendre pour seconde femme Isabeau d'Ecosse, lorsqu'il fit son entrée à Rennes. Les fêtes de son couronnement durèrent huit jours. Il fut fait chevalier dans cette ville par le connétable de Richemont, son oncle, et reçut l'hommage de ses barons, dont quelques-uns allaient encore guerroyer au service de la France, et lutter avec elle contre l'étranger. Le nouveau duc, après quatre ans de pourparlers et d'ambassades, fit hommage à Charles VII, ainsi que ses prédécesseurs, et se maintint, comme Jean V, en paix armée vis-à-vis de l'Angleterre.

En 1448, les Anglais surprirent Fougères et la livrèrent au

pillage. Le duc, ne pouvant obtenir satisfaction, se ligua avec Charles VII contre Henri VI, et Bretons et Français, conduits par Richemont, tombèrent comme un torrent sur les Anglais de Normandie, à qui ils enlevèrent plusieurs places. Le connétable leur donna le coup de grâce à Formigny, en 1450, et bientôt il ne leur resta plus, avec la Guyenne, que quelques rochers de la frontière, où ils se cramponnèrent pendant plusieurs siècles. François Ier prit une part honorable à cette guerre, mais il souilla sa gloire par un fratricide qui abrégea sa vie.

Le duc et Gilles étaient depuis longtemps ennemis. En vain le vieux connétable s'efforçait-il de les réconcilier; François résolut de s'emparer de la personne de son frère, et il chargea le roi de France de l'arrêter. Charles VII, heureux d'enlever aux Anglais un homme qui leur était dévoué, envoya quatre cents lances au Guildo, château-fort près de Matignon, où il s'était retiré avec des seigneurs et des archers étrangers, « lesquels, le 26 juin 1446, arrivèrent au dit Guildo, où Gilles de Bretagne jouait pour lors à la paume avec ses escuïers. Aussitôt qu'il entendit que ces gens de guerre s'advouaient au roi son oncle, il leur fit ouvrir la porte, disant qu'ils fussent les bien-venus, et leur demanda des nouvelles du roi. Celles qu'il apprit furent bien différentes de celles qu'il attendoit; ils lui dirent qu'ils estoient venus de sa part pour l'arrester. Ils se saisirent des clefs du château, de toute la vaisselle d'or et d'argent, et des joïaux, sans avoir égard au respect qu'ils devoient à son épouse et à sa belle-mère; et s'estant rendus maistres de sa personne, ils le menèrent à Dinan, au duc son frère. »

Richemont accourut et força le duc à voir son frère; mais ni les larmes du captif ni celles du connétable ne purent le fléchir, et il fit traîner Gilles de château en château, jusque devant les Etats assemblés à Redon. Là, les ennemis de Gilles faillirent le sauver par leurs violences; sous l'influence des nobles paroles du connétable et de la haute loyauté d'Olivier du Breil, procureur général de Bretagne, les Etats sursirent à la condamnation. Mais on poussa François à bout, en lui présentant une fausse lettre de Henri VI, qui menaçait d'envoyer trente mille hommes au secours du prisonnier, et, sur le désir qu'il exprima de se voir débarrassé de son frère, le chancelier de Rohan dressa un ordre comme émané du duc pour faire mourir le prince.

Les bourreaux de Gilles furent ses propres gardiens. Après l'avoir transféré de prison en prison, ils le tenaient enfermé au château de la Hardouinaye, quand il leur fut enjoint de se mettre à l'œuvre. Ils essayèrent d'abord du poison, mais ce fut en vain ; alors ils se décidèrent de lui refuser toute espèce d'aliments. Le prince, en proie aux tortures de la faim, poussait des cris lamentables, implorant la pitié de ceux qui passaient sous les fenêtres de son cachot. Mais nul n'osait secourir la victime. A la fin pourtant, une pauvre femme, émue de compassion, eut le courage de lui porter un peu de nourriture. Cette obscure bienfaitrice prolongea de quelques jours la vie du frère de son souverain. Toutefois, Gilles, comprenant que sa dernière heure était proche, supplia la noble femme de lui amener un prêtre pour recevoir ses derniers vœux. En effet, dès que la nuit fut venue, un cordelier descendit dans les fossés du château, et reçut la confession du fils de Jean V, à travers le soupirail de la chambre basse où il gisait mourant. Le prince, après avoir fait l'aveu de ses fautes, disent les chroniques du temps, pria le bon moine d'aller trouver son frère et de l'appeler de sa part, dans cinquante jours, au tribunal de Dieu. Le cordelier promit d'exécuter fidèlement cette recommandation.

Cependant les gardes, étonnés de voir que l'infortuné vivait toujours, entrèrent dans sa chambre, le matin du 25 avril. (1430.) « Ils le trouvèrent au lit, très affoibli de sa longue disette : ils lui mirent une serviette autour du cou, et s'efforcèrent de l'étrangler. Le prince, quoique languissant, se défendit quelque temps avec une grosse fluste, dont il blessa l'un de ses bourreaux ; mais ils consommèrent leur crime en l'étouffant entre deux matelas. Aussitôt qu'ils lui eurent ôté la vie, ils lui bouchèrent le nez et les oreilles de peur qu'il ne sortist du sang de son corps, et l'ayant couché dans un beau lit, comme s'il estoit décédé de sa mort naturelle, allèrent chasser le lièvre avec quelques gentilshommes qu'ils avaient invitez exprès à ceste partie de plaisir, afin de prouver leur absence quand on apprendroit la mort du prince. En effet, pendant qu'ils chassoient, un garçon, qu'ils avoient instruit de ce qu'il avoit à dire, vint leur apprendre que monseigneur Gilles avoit esté trouvé mort dans son lit. Ils en parurent très affligez, et prièrent la compagnie de venir au chasteau. Mais on les connoissoit assez pour deviner d'abord que ceste chasse n'avoit esté qu'un jeu pour couvrir leur crime : on en eut horreur, et tout le monde les quitta comme d'infâmes parricides. L'abbé de Boquien, ayant appris ceste mort, alla lever le corps avec les moines de son abbaïe, et l'y enterra le plus honorablement qu'il put. Geoffroy de Beaumanoir et quelques gentilshommes des environs assistèrent aux obsèques. On couvrit le lieu de la sépulture d'une tombe de simple ardoise, sur laquelle on mit la figure de Gilles de Bretagne en relief de bois. »

François Ier apprit la mort de son frère en Normandie, où il guerroyait contre les Anglais. Richemont accabla son neveu de reproches mérités. Le duc, poursuivi par les remords, quitta Avranches, dont il faisait le siége, et prit la route du mont Saint-Michel. Lorsqu'il fut au milieu de ces grèves désertes que la mer envahit deux fois par jour avec des fureurs si soudaines, un cordelier, qui l'attendait au passage, l'aborda en relevant son capuchon, et lui parla ainsi : « François, duc de Bretagne, mon seigneur, j'ai ouï en confession monseigneur Gilles de Bretagne, votre frère, peu de jours avant son trépas, lequel me chargea de vous annoncer que, de par lui, comme appelant de vous, de défaut de droit, des cruels traitements et injustices dont il n'a pu demander raison, et de la mort horrible dont vous l'avez fait mourir ou avez souffert qu'il mourût par faute de justice, j'eusse vous à assigner du jour d'hui en quarante jours, à comparoir en personne par-devant Dieu le Créateur, pour voir réparer en sa terrible justice les torts et griefs que j'ai dits. Au nom de Gilles, votre frère, lâchement assassiné,

François, duc de Bretagne, au nom de Dieu je vous appelle je vous appelle! je vous appelle!... » Le moine, à ces mots, rabattit son capuchon et disparut . on ne put le trouver nulle part. Frappé comme par un coup de foudre, le duc se rendit à Vannes et de là à son château de Succinio, où il expira le 17 juillet, le jour même, dit-on, que Gilles avait indiqué au cordelier. Il se repentit, d'ailleurs, et dit à ses gens, en leur demandant pardon : « Que l'estat où je suis vous serve d'exemple : j'ai été votre prince, et je ne suis plus rien. » (1451.)

Pierre II, proclamé duc de Bretagne, ne fit que passer sur le trône. Son règne, sauf plusieurs irruptions des Anglais, fut tout pacifique; on n'y signale d'autres événements que ses ambassades, ses libéralités, diverses ordonnances utiles et quelques démêlés avec la noblesse. Il fit poursuivre les assassins de Gilles, et il y en eut qui eurent la tête tranchée. Pierre mourut en 1457, sans laisser aucun héritier de sa couronne.

Le connétable de Richemont succéda à son neveu. Certains barons, obéissant à un sentiment de fierté patriotique, lui firent observer, à son avénement, que sa charge de connétable de France était au-dessous de sa dignité actuelle. Il y avait du vrai dans cette observation ; mais Arthur répondit qu'il « voulait faire honneur, dans sa vieillesse, à l'épée qui l'avait honoré dans sa jeunesse. » Richemont avait, pour garder l'épée de connétable, un motif tout politique dont il ne parlait pas. En conservant sa charge, il espérait que le roi de France lui accorderait le secours d'une armée française dans une expédition qu'il projetait contre l'Angleterre, à l'exemple de Guillaume-le-Conquérant. Ce projet, pendant longtemps, avait été le rêve d'Olivier de Clisson. Quant à Richemont, il comptait tellement sur la réussite de cette expédition, qu'il avait distribué d'avance, par des chartes revêtues de son sceau, les terres et les châteaux d'Angleterre aux seigneurs qui devaient l'accompagner à la conquête. La mort vint mettre obstacle à l'exécution de ce projet, dont le succès paraissait certain à tous ceux qui avaient pu apprécier les talents militaires du connétable et qui savaient l'état d'anarchie dans lequel se trouvait alors l'Angleterre.

Ainsi que la plupart des grands hommes, Arthur de Richemont était de petite taille; ses gros membres et son rude visage n'avaient rien de distingué. Comme capitaine, son mérite est incontestable; il fut presque toujours vainqueur; comme politique, le traité d'Arras fut son ouvrage; comme connétable enfin, nul ne fut plus constamment persécuté ni plus constamment fidèle, et si la France a élevé une statue à Jeanne d'Arc, elle lui en doit une aussi, car si Jeanne rendit l'espoir à Charles VII et aux Français, le connétable leur rendit la France.

CHAPITRE XV.

François II. — Politique de Louis XI. — Ligue du Bien public. — Pierre Landais, tailleur de Vitré, remue l'Europe. — Les fiancés d'Anne de Bretagne. — Bataille de Saint-Aubin-du-Cormier. — Mort de François II, dernier duc de Bretagne.

Les rapports continuels qui, depuis plus d'un siècle, n'avaient cessé d'exister entre l'aristocratie bretonne et la chevalerie française, les usurpations continuelles des rois de France et surtout la faiblesse des ducs de Bretagne, dont la plupart des conseillers s'étaient laissé gagner par l'or des princes capétiens, toutes ces causes réunies menaçaient le duché d'une entière soumission, à la mort d'Arthur de Richemont. A partir de cette époque, la Bretagne cesse d'exercer aucune influence sur la politique européenne; elle n'est plus appelée, comme dans le passé, à faire pencher la balance du côté de ses alliés. La rivalité de la France et de l'Angleterre, leurs luttes continuelles avaient été jusque-là la sauvegarde de l'indépendance armoricaine. Délivrés de la crainte des Anglais, grâce au courage et au dévouement des Bretons, les rois capétiens n'eurent d'autre pensée que de ravir à la Bretagne son antique indépendance. Les annales de ce duché n'offrent plus jusqu'à son annexion que le tableau d'une lutte d'un demi-siècle entre la puissante monarchie française et le petit royaume fondé par les Bretons, à l'extrémité de la Gaule, près de cent ans avant le baptême de Clovis.

François II, comte d'Etampes, neveu d'Arthur et fils de Richard de Bretagne, succéda à son oncle, dont il était l'héritier. Ce prince (comme si, prévoyant les malheurs de l'avenir, il eût désiré léguer à l'histoire un dernier exemple d'indépendance bretonne) ne voulut prêter au roi de France qu'un hommage simple, et il le rendit l'épée au côté, sans consentir à la quitter. « Pauvre prince estoit et disetteux, dit La Marche : du reste, beau, valeureux et de grande apparence. » Malheureusement, le fond ne répondait pas à la forme. Il eût fallu à François II une fermeté inébranlable, et tout son règne ne fut qu'une suite de témérités et de faiblesses. Cependant, toutes les fois qu'il fut bien conseillé, il prit et fit prendre par les Etats des mesures utiles. Sous lui, le pays étendit ses relations jusque dans le Levant; des traités de commerce furent conclus avec l'Angleterre, l'Espagne, le Portugal et les villes anséatiques; Vitré et Rennes eurent une manufacture, l'une de soieries, l'autre de tapisseries; les côtes et les ports furent fortifiés contre les Anglais.

Un ennemi redoutable devait bientôt l'attaquer. Charles VII était mort du chagrin que lui avait causé la révolte de son fils aîné, et celui-ci était monté sur le trône sous le nom de Louis XI. C'était un prince qui possédait ce qui constitue, à certaines époques, le talent du politique, et si la nature ne lui avait pas départi cette élévation de caractère, ce besoin des grandes choses qui font les Louis XIV et les Napoléon, la passion du pouvoir n'était pas moins profonde chez le compère d'Olivier-le-Daim que chez le grand roi ou chez le vainqueur des Pyramides et d'Austerlitz.

Dès les premiers jours de son avénement, Louis XI s'était proposé d'abattre toute seigneurie assez puissante pour résister à son autorité, et comme, parmi les petits Etats indépendants de l'ancienne Gaule, le plus considérable et le plus à craindre était la Bretagne, il résolut de réunir à sa couronne un territoire qui formait un *royaume dans un royaume,* et dont les princes avaient plus d'une fois vaincu les rois de France. Une circonstance favorisait ses plans. Le connétable de Richemont, au milieu de la terreur que les Anglais avaient répandue dans la plupart des provinces, avait décidé Charles VII à établir des troupes permanentes, à l'exemple des ducs de Bretagne. Maître de disposer à son gré d'une armée contre laquelle ne pouvait lutter la milice féodale, le roi était désormais en mesure d'écraser les grands vasseaux, à la première révolte. Louis XI était trop habile pour ne pas profiter de cette institution nouvelle.

Peu de temps après la mort de son père, Louis avait fait un voyage en Bretagne, cachant, sous le prétexte d'un pèlerinage à l'abbaye de Saint-Sauveur de Redon, un vif désir de s'assurer par lui-même de l'état des choses dans le duché. Trouvant le pays presque complètement dégarni de troupes, il n'attendit plus qu'un motif plausible pour attaquer les Bretons. Des démêlés survenus entre le duc et l'évêque de Nantes lui fournirent bientôt l'occasion de faire marcher des troupes vers le Poitou; mais François sut gagner du temps et parvint à former contre le roi la *Ligue du Bien public,* dans laquelle entrèrent le duc de Berry, le duc de Bourbon et le comte de Charolais. Louis se hâta de conclure une trêve avec le duc de Bourbon, et se retourna aussitôt contre son impétueux cousin, Charles-le-Téméraire. Les deux armées se rencontrèrent à Montléry. La victoire resta indécise; toutefois, pendant la nuit, le roi battit en retraite sur Corbeil. Au lieu de marcher droit sur Paris, le comte de Charolais s'arrêta à Etampes, où les Bretons le joignirent deux jours après l'affaire. Les traités de Conflans et de Saint-Maur donnèrent satisfaction aux princes coalisés. (1465.)

Louis était loin d'avoir abandonné ses projets sur la Bretagne. Aussi François II s'efforça-t-il de rechercher l'appui de plusieurs puissances étrangères. Quand il crut pouvoir compter sur le duc de Bourgogne, ainsi que sur Edouard IV d'Angleterre et sur le Danemarck, au lieu d'attendre son ennemi, il entra en Normandie. Louis XI le força à se retirer et envahit lui-même la Bretagne; mais, à l'approche de Charles-le-Téméraire, il signa la paix d'Ancenis, le 17 septembre 1468. Un peu plus tard, Charles ayant été tué sous les murs de Nancy, François II chercha à négocier à la cour d'Angleterre un traité d'alliance offensive et défensive contre la France; mais le roi surprit la correspondance, et l'affaire ne réussit pas. La mort de Louis XI prolongea de quelques années l'agonie du petit royaume qui, depuis deux siècles, défendait son indépendance contre les Français, les Normands et les Anglais.

A peine délivrée des dangers de la guerre étrangère, la Bretagne faillit retomber dans la guerre civile. Le duc, depuis plusieurs années, s'était placé, en quelque sorte, sous la tutelle d'un de ses ministres. Fils d'un tailleur de Vitré, Pierre Landais était parvenu à capter si bien l'affection de son souverain, que François II l'avait élevé à la dignité de chancelier. La noblesse, indignée d'un pareil choix, se plaignit, mais ce fut inutilement, et Landais ne craignit pas d'accuser le chancelier Chauvin, chez qui il rencontrait de la résistance, d'avoir pris part à la machination qui avait livré à Louis XI la correspondance du duc avec l'Angleterre. François II fit arrêter le vertueux Chauvin, et laissa son ministre signer l'ordre de saisir ses biens. Le trésorier fut enfermé au château d'Hennebont, et, comme les Etats réunis à Vannes, par crainte de Landais, n'osèrent juger la cause, il en conçut une telle douleur, qu'il expira au bout de deux jours, en gémissant sur le sort de ses enfants. Les seigneurs se révoltèrent aussitôt, et, ne pouvant réussir à renverser Landais, ils proposèrent au roi de France de le reconnaître comme souverain à la mort de leur duc, à la condition seule de les aider à se débarrasser du ministre qu'ils abhorraient.

François II conçut de vives inquiétudes, mais Landais le rassura en promettant un allié. Voici quel était son plan : Louis XI avait confié la régence du royaume à sa fille **Anne de Beaujeu**, au préjudice **du duc d'Orléans; la main de la** duchesse Anne, héritière du duché, serait le prix de l'appui accordé à François II par le duc d'Orléans. En attendant, il réussit à faire envahir la France par les Autrichiens, et il envoya l'armée du duc assiéger les seigneurs coalisés dans Ancenis. Mais, des deux côtés, les soldats, en apercevant l'hermine de leurs enseignes communes, sentirent leur haine s'évanouir, et tous ensemble s'avancèrent sur Nantes, pour châtier le ministre prévaricateur; peu de temps après, Landais fut pendu au milieu des cris d'enthousiasme du peuple.

Sur ces entrefaites, le duc d'Orléans et les seigneurs ses partisans s'étaient réfugiés en Bretagne. Sur leur refus de revenir à la cour, où les mandait la régente, une armée française fut dirigée contre l'Armorique. Beaucoup de villes furent prises; le roi et madame de Beaujeu vinrent eux-mêmes encourager les troupes par leur présence. Toute la noblesse bretonne était sous les armes lorsque Louis de La Trémouille, qui, à vingt-sept ans, passait pour le premier capitaine de son siècle, arriva avec douze mille hommes, et se porta sur Saint-Aubin-du-Cormier. Une bataille terrible fut livrée en cet endroit; les Bretons perdirent six mille hommes, et le duc d'Orléans fut fait prisonnier.

Le lendemain, une partie de l'armée française, tout enflée de ses succès, se présenta sous les murs de Rennes et somma les habitants de se rendre sans conditions, sous peine d'être passés au fil de l'épée. Les Rennois furent admirables de courage. Réunis dans la cathédrale, les notables de la cité s'engagèrent à défendre jusqu'à la fin les droits de leur souverain et l'indépendance du pays. Trois députés furent chargés de porter cette résolution au général français. L'un d'eux, Jacques Bouchard, greffier du Parlement, excita l'admiration des Français par la mâle énergie de son langage en face de tant de calamités, et par cette noble fermeté de l'homme libre et du citoyen, qui, comme le fait observer M. de Courson, est le plus beau et le plus rare des héroïsmes.

« Ne pensez pas, dit le généreux Breton, que vous soyez déjà seigneur de la Bretagne et que vous ayez aussi facilement le surplus; vous devez premièrement considérer que votre roi n'a aucun droit sur ceste duché. Vous savez comment il en print du roi Philippe de Valois, à Crécy, en 1346! quand lui, qui accompagné estoit de cent mille hommes, fut défait par dix mille Anglois; et aussi du roi Jehan, près Poitiers, où les François, par leur fierté, perdirent leur roi. Vous autres, François, ferez assez d'entreprises de guerres et de batailles, tant qu'il vous plaira; mais celui qui sans fin règne là sus donne les victoires. Ne vous en attribuez pas la gloire; c'est à lui qu'elle appartient. Le roi ne demandoit pour obtenir la paix que la ville de Fougères : or avez-vous maintenant Fougères, et demandez encore Rennes, seigneur; je vous fais assavoir que, en ceste bonne ville de Rennes, il y a quarante mille hommes dont les vingt mille sont de telle résistance que, moyennant la grâce de Dieu, si le seigneur de La Trémouille et son armée viennent l'assiéger, autant y gagnerait que devant Vannes. Nous ne craignons le roi de France ne toute puissance. Partant, retournez au seigneur de La Trémouille, et lui faites part de la joyeuse réponse que nous avons faite, car de nous n'aurez autre chose pour le présent. »

Cette réponse si fière, et en même temps si simple, produisit une vive impression sur La Trémouille, et il n'osa assiéger Rennes : Dinan et Saint-Malo lui ouvrirent leurs portes.

Charles VIII n'ayant plus, depuis la prise du duc d'Orléans, aucun prétexte pour guerroyer en Bretagne, délibéra, assure-t-on, s'il ne s'emparerait pas tout de suite de ce duché. Le chancelier de France, Guillaume de Rochefort, soutint que le roi très chrétien ne devait pas abuser des droits de la victoire pour saisir les Etats d'un voisin, et Charles VIII, convaincu par ces raisons, ou craignant peut-être de pousser à bout les *sangliers de Bretagne*, ainsi que le comte de Foix appelait alors les Bretons, se résolut enfin à retirer ses troupes. « Comme roi, dit-il orgueilleusement aux envoyés du duc, je puis faire justice ou grâce; mais, en prince chrétien, je me contente de vaincre. Je remets la vengeance à Dieu, et je pardonne au duc de Bretagne, mon vassal. »

La paix fut conclue au Verger, en Anjou, le 20 août 1468. Le roi, qui en dictait les conditions, réserva tous ses droits sur le duché, si le duc mourait sans héritier mâle. Le duc s'engagea à renvoyer de la cour tous les ennemis du prince, à ne marier ses filles qu'à son gré, et à lui livrer, comme nantissement, les villes de Fougères, de Saint-Malo, de Dinan et de Saint-Aubin-du-Cormier. Trois jours après avoir signé la déchéance de son pays, François II mourut de douleur à Coiron, près de Nantes, à l'âge de cinquante-trois ans.

CHAPITRE XVI.

Anne de Bretagne. — Son mariage avec Charles VIII. — Elle épouse Louis XII. — La Cordelière et Portzmogues. — Mort et funérailles de la reine Anne. — Union de la Bretagne à la France.

On aurait pu, dit Pitre-Chevalier, enterrer la couronne ducale avec François II, aux Carmes de Nantes, si elle n'était tombée sur une tête faite pour la relever quelque temps encore. Cette tête était celle d'une jeune fille de onze ans, mais cette jeune fille s'appelait Anne de Bretagne, et elle méritait de porter ce nom glorieux.

Anne fut proclamée duchesse de Bretagne, en sa qualité de fille aînée de François II. Mais Charles VIII s'opposa à ce qu'elle prît ce titre avant d'avoir consenti aux trois engagements suivants : le roi, comme parent le plus proche de la princesse, serait déclaré son tuteur; des commissaires respectifs procéderaient à la vérification d'un acte de cession faite à la France; toutes les troupes étrangères employées dans le duché comme auxiliaires seraient licenciées immédiatement. Anne ne voulant pas consentir à ces engagements avant la convocation des États, une armée française, conduite par l'ambitieux Rohan, entra en Bretagne. Le maréchal de Rieux avait été nommé tuteur de la princesse par François II. Sacrifiant sa pupille à des vues intéressées, il essaya de la contraindre à épouser le seigneur d'Albret, que le duc avait choisi pour gendre, mais pour qui elle n'éprouvait que de la répulsion. Sur son refus, un détachement de troupes françaises s'approcha de Redon pour l'enlever, et elle s'enfuit à Rennes, où elle fut reçue avec enthousiasme.

Trop faible pour résister seule au roi, la duchesse avait cherché des secours à l'étranger. Maximilien, roi des Romains, se mit en devoir d'attaquer la France par le nord, tandis que Ferdinand d'Aragon obligeait Charles VIII à garnir ses frontières du midi, et que Henri VII envoyait dans l'Armorique un corps de six mille hommes. Grâce à ces diverses circonstances, les Bretons purent reprendre l'offensive, et bientôt le maréchal de Rieux se réconcilia avec sa pupille. Peu de temps après, le mariage de la duchesse et de l'empereur Maximilien fut conclu, par procuration, avec l'assentiment de l'Angleterre.

A la nouvelle de ce grand événement, la régente comprit qu'un changement de politique pouvait seul lui donner le duché, et elle conçut l'idée d'obtenir l'annulation du mariage de la duchesse avec Maximilien, et de la faire asseoir ensuite sur le trône de France. En attendant, Rohan et La Trémouille entrèrent en Bretagne avec une armée française. Anne fut assiégée dans Rennes, et, malgré la désertion de ses sujets les plus fidèles, elle était résolue à opposer à l'ennemi une défense vigoureuse, quand, sur les représentations de la plupart des membres de son conseil, qui déclaraient qu'il n'y avait pas pour elle d'autre moyen d'assurer le repos du pays que d'accepter la main du roi de France, elle se laissa fléchir, et permit de commencer les préliminaires, qui furent signés le 15 novembre 1491. Charles VIII eut alors avec la princesse une courte entrevue à Rennes; et, quand toutes les conditions du mariage furent arrêtées, il quitta la Bretagne et alla s'établir au château de Langeais en Touraine. Quinze jours après, Anne s'y rendit, accompagnée d'une partie de sa cour; les noces royales furent célébrées le 6 décembre.

De Langeais, la cour alla au Plessis-lès-Tours, « et de là pour les autres villes jusqu'à Saint-Denis, où la nouvelle reine fut couronnée en présence du roi. L'on avoit dressé dans le chœur de l'église un échaffaut sur lequel étoit posé le fauteuil de la reine. Cette princesse, coiffée en cheveux et vêtue d'une robe de damas blanc, attiroit tous les yeux par sa beauté et par sa modestie. La reine étoit accompagnée, dans cette cérémonie, par la duchesse de Bourbon et par quantité de princesses et de dames, qui portoient sur leur tête la couronne de duchesse ou de comtesse, selon leur titre et qualité. Le prélat officiant fit les onctions ordinaires; la reine communia, et pendant la messe le duc d'Orléans lui soutenoit la couronne sur la tête. Le lendemain la reine partit de Saint-Denis, et fit son entrée à Paris. Le parlement, la chambre des comptes, les maîtres des requêtes du palais, le prévôt des marchands, les échevins et tous les corps de la ville furent au-devant de cette princesse. La foule étoit si grande, que depuis la Chapelle jusqu'à Paris, on eut toutes les peines du monde à faire passer la reine. Elle étoit accompagnée de tous les princes et de toutes les princesses, et fut reçue aux acclamations d'un peuple immense. »

La reine Anne et ses sujets voulurent montrer à leur nouveau maître qu'ils n'entendaient point se courber sous le joug, et qu'ils tenaient à rester Bretons tout en faisant partie de la France. Les Etats de Nantes firent signer à Charles VIII le maintien de leurs franchises et de leurs coutumes; les bourgeois de Rennes reçurent le droit d'acheter des fiefs nobles sans être obligés à l'arrière-ban; les Malouins furent exemptés de tout impôt, moyennant une rente annuelle de trois cents livres. Les populations qui n'avaient guère connu la paix depuis plusieurs siècles, sentirent que l'agriculture, le commerce et l'industrie allaient refleurir sous le sceptre de la duchesse-reine, à l'abri des violences et des exactions forcées de la guerre, et l'union se trouva consommée sans protestation et sans révoltes ouvertes.

On sait comment Charles VIII, poussé par le désir de la gloire, entreprit la vaine et brillante expédition d'Italie, qui si elle illustra nos armes à Fornoue, prépara les désastres du règne de François I*er*. Pendant que le monarque guerroyait au-delà des monts, sa femme se faisait remarquer sur le trône par la sagesse de sa conduite et les lumières de son intelligence, soutenant avec vigueur, en toute circonstance, contre madame de Beaujeu, les droits de la Bretagne et des Bretons. Elle perdit successivement trois fils et une fille. En 1498, le roi mourut des suites d'un coup qu'il s'était donné à la tête, et la reine, en proie à une douleur profonde, quitta la France pour retourner dans son duché. Anne parut oublier alors qu'elle était montée sur le trône de saint Louis. Elle convoqua les ordres de la province, comme autrefois, publia des édits et fit battre monnaie. Les Bretons se crurent revenus aux beaux jours de l'indépendance nationale. Les bandes recommencèrent leurs chants, les tailleurs d'images reprirent leur ciseau; de toute part on se mit à élever des églises, des chapelles, des oratoires. Mais l'illusion fut courte; le 18 août 1498, quatre mois après la mort de Charles VIII, la duchesse promit sa main à Louis XII, roi de France. Le mariage fut célébré le 8 janvier 1499, dans la chapelle du château de Nantes, où la reine exigea qu'on la vînt chercher solennellement. Il fut stipulé dans le contrat, où Anne s'intitulait « vraye duchesse de Bretagne, » que si elle décédait la première, le roi jouirait du duché jusqu'à sa propre mort, mais qu'après cette mort il retournerait « aux véritables héritiers. » Le roi devait, en outre, ne rien innover dans le gouvernement de la Bretagne.

C'est que la princesse n'était plus cette femme qui, sous Charles VIII, enfermée à l'hôtel des Tournelles, devisait avec ses femmes sur les devoirs du sexe, et se contentait de défendre l'antique simplicité du goût et des mœurs nationales contre les raffinements du luxe apporté d'Italie; elle était devenue un diplomate consommé, décidée non-seulement à reprendre le gouvernement de la Bretagne, mais aussi à s'immiscer dans les affaires de la France. Le roi, qui appréciait ses qualités, cédait le plus souvent à ses conseils.

Il arriva, en 1513, que le roi d'Angleterre Henri VIII,

ligué avec la cour de Rome contre Louis XII, lança une flotte sur les côtes de l'Armorique. La reine Anne et les Bretons retrouvèrent leur énergie. Les Etats votèrent des subsides pour la guerre. L'amiral Thenouenel et Botderu passèrent la revue des capitaines et des navires. Un énorme vaisseau, la *Cordelière*, fut équipé aux frais de la reine, armé de cent canons et de douze cents hommes, et confié au capitaine Hervé de Primoguet ou de Portzmogues. Ce hardi marin, dans le combat des deux flottes en vue de Saint-Mahé, coula successivement plusieurs bâtiments; puis, assailli par douze vaisseaux à la fois, il jeta les grappins à l'amiral anglais, la *Régente*, qu'il fit sauter avec lui. La double explosion couvrit la mer de débris et dispersa deux mille cadavres. Les navires du Croisic achevèrent la déroute des ennemis, que les Bretons poursuivirent jusque dans les parages de l'Angleterre. Les Anglais s'en vengèrent en venant incendier Penmarc'h. La *Cordelière*, suivant Pitre-Chevalier, avait été mise à l'eau sur le canal de Morlaix.

La reine exigea qu'on lui rendît le comte d'Etampes, en récompense des exploits de ses braves Bretons. Elle mourut l'année suivante, le 9 janvier 1514, à l'âge de trente-sept ans. La Bretagne entière pleura sa perte; les gentilshommes regrettaient en elle « le miroir de toutes les vertus de sa race, » les pauvres leur mère, les bonnes villes la protectrice de leurs priviléges, le clergé la fille dévouée de l'Eglise romaine, qu'elle défendit jusqu'à son dernier jour, comme tous les souverains ses aïeux, à l'exception de Mauclerc, contre les attaques de l'ambition. « Le roi prit le deuil en noir, et huit jours durant ne fit que larmoyer. »

La savante princesse laissa aussi dans la douleur les littérateurs et les artistes, car elle prépara la renaissance des lettres et des arts qu'allait immortaliser le nom de François Ier. La cour de Blois ou des Tournelles était à la fois une école de vertus, une tribune politique, une académie, où les conversations roulaient sur les sujets les plus élevés.

La Bretagne ancienne et moderne contient, au sujet des funérailles de la reine Anne, les détails suivants :

« Le soir du 15 janvier, le corps fut mis dans le cercueil devant les dames de Mailli, dame d'honneur; de Soubise, de Liré, dames d'atours; de la Guerche; et les seigneurs de Menou, du Pardo, d'Ogny, de la Guerche, de Beton, de Montauban, etc. Quand il fallut couvrir la face, chacun des assistants, la regardant pour la dernière fois, fondait en larmes et poussait des cris de douleur d'une manière si lamentable, que ceux qui ensevelissaient la reine en étant troublés dans leurs fonctions, on fut obligé de mettre dehors la plupart de ces personnes, qui ne pouvaient mettre fin aux regrets qu'elles témoignaient de la perte d'une si bonne maîtresse, ni se résoudre à ne plus la voir.

« Le 16, la salle d'honneur fut changée en salle de douleur, c'est-à-dire entièrement tendue et ornée de noir, sauf le drap d'or du cercueil. Le corps fut veillé aussi jusqu'au 3 février, et toute la famille en grand deuil le vint arroser de larmes. Le 3 février, on leva le corps, et les funérailles commencèrent. Jamais on n'en avait vu de plus magnifiques ni de plus solennelles. La reine fut d'abord portée à l'église Saint-Sauveur, hors du château, par François de Broon, son panetier, Charles d'O, son premier échanson, et tous les grands officiers de sa cour. Les seigneurs de Penthièvre, de l'Aigle, de Châteaubriand, de Candolle et de Montafilnant soutenaient les bâtons du dais. Suivait le deuil, conduit par François de Valois, puis une foule de princes, de prélats, d'abbés, de gentilshommes, de dames et demoiselles. « Les huissiers, ayant leurs chaperons abattus sur leurs épaules, faisoient faire voie. Le capitaine Gabriel de la Chastre, avec un certain nombre d'archers, et quelques autres qui servoient de maistres des cérémonies, marchoient sur les ailes afin de faire tenir chacun à son rang... Le concours de la multitude étoit tel qu'il fallut deux haies de suisses pour maintenir l'ordre. Arrivé à Saint-Sauveur, le corps fut placé dans une chapelle ardente, ornée de cinq clochers de bougies et de croix recroisettées; chacun prit place selon son rang, et le cardinal de Bayeux célébra l'office. Les hérauts et les officiers de la feue reine demeurèrent toute la nuit auprès du catafalque.....

» Après ces cérémonies, le corps fut mis sur un chariot et acheminé vers la capitale, au milieu de quatre cents torches aux armes de Bretagne, et de cinquante aux armes de France. Enfin il fut porté à Saint-Denis; l'évêque du Mans officia, et l'abbé Parvi prononça l'oraison funèbre de la reine; c'était la troisième fois qu'il faisait son panégyrique. Quand il eut terminé, le corps fut déposé dans les caveaux, près de la place réservée à Louis XII. Bretagne, roi d'armes, fit les proclamations ordinaires, en criant trois fois : « La reine très chrétienne et duchesse, notre souveraine, dame et maîtresse, est morte! » Le même héraut reçut du chancelier d'honneur la main de justice, le sceptre des mains du grand-maître d'hôtel de Bretagne, la couronne de grand-écuyer, et les posa sur le cercueil de la reine. Toute la compagnie alla dîner. A la fin du repas, M. d'Avaugour, comme grand-maître de Bretagne, dit aux officiers de la feue reine, en rompant son bâton, que la reine était morte, et qu'ils pouvaient se pourvoir ailleurs. Le héraut Bretagne répéta la même chose... Et ainsi finirent ces obsèques fastueuses, que la maison de France devait bien à la reine qui l'avait le plus enrichie.

» La reine Anne avait désiré rejoindre son père et sa mère dans l'admirable tombeau qu'elle leur avait fait élever aux Carmes de Nantes; mais, n'ayant pu donner son corps à ses chers Bretons, elle voulut du moins qu'ils possédassent le cœur qui les avait tant aimés. Par la permission du roi, cette illustre relique fut transportée et reçue à Nantes avec la plus grande solennité. Toutes les rues étaient tendues de noir sur le passage du cortège, les fenêtres de chaque maison étaient éclairées par deux cierges aux armes de la princesse; un crieur, vêtu de velours noir et portant quatre écussons sur sa robe, ouvrait la marche... Il sonnait à chaque carrefour des deux sonnettes qu'il tenait à la main, criant à haute voix : « Dites vos patenostres à Dieu, c'est pour l'âme de très chrétienne reyne la duchesse, notre souveraine dame naturelle et maîtresse, de laquelle on porte le cœur aux Carmes. »

Quatre cents bourgeois suivaient; leurs robes et leurs chapeaux étaient noirs; ils portaient à la main des torches du poids de cent livres. Le convoi venait ensuite... Les Bretons avaient voulu surpasser les Français en allumant plus de quatre mille cierges. Il y eut, comme à Paris, service, oraison funèbre, transport solennel du cœur au tombeau, et messes pendant plusieurs jours dans toutes les paroisses et communautés de Nantes. »

Lorsqu'on ouvrit, deux siècles après, le tombeau des Carmes, on y trouva un petit coffre en plomb, renfermant une boîte en fer, et, dans cette boîte, une boîte d'or avec une couronne royale. Il n'y avait plus, à la place du cœur de la reine, qu'un peu d'eau et les restes d'un scapulaire. Sur le cercle de la couronne, était écrit en relief :

CŒUR DE VERTUS ORNÉ
DIGNEMENT COURONNÉ...

On lisait sur la boîte d'or :

En ce petit vaisseau de fin or pur et munde
Repose un plus grand cœur qu'oncque dame eut au monde;
Anne fut le nom d'elle, en France deux fois royne,
Duchesse des Bretons, royale et souveraine.
Ce cœur fut si très haut, que de la terre aux cieux,
Sa vertu libérale accroissait mieulx et mieulx;
Mais Dieu en a repris sa portion la meilleure,
Et cette part terrestre en grand deuil nous demeure.

« Quand les paysans des Côtes-du-Nord, poursuit Pitre-Chevalier, traversent la *lieue de grève* de Saint-Michel, tant qu'ils aperçoivent le calvaire de granit qui s'y élève, ils disent : « La croix nous voit, » et ils ne craignent pas que la marée les engloutisse. De même, tant que les Bretons avaient vu sur le trône la ferme et bienveillante figure de la reine Anne, ils s'étaient dit : « Notre souveraine veille sur nous, » et ils avaient espéré que la domination française n'achèverait pas de les envahir. Mais lorsque le cri du roi d'armes : la duchesse Anne, notre dame et maîtresse, est morte! fut arrivé des caveaux de Saint-Denis à la cathédrale de Nantes, cette dernière espérance se brisa sur le cercueil royal comme le bâton du dernier grand-maître de Bretagne.

Louis XII n'avait eu de son mariage avec la reine Anne que deux filles : l'une d'elles, madame Claude, épousa François d'Angoulême, qui régna sous le nom de François Ier. Ce prince fondit irrévocablement le duché de Bretagne dans le royaume de France.

CHAPITRE XVII.

Ducs. — Clergé. — Noblesse. — Art militaire. — Bourgeois. — Paysans. — Commerce. — Marine. — États de Bretagne. — Parlement. — Sciences. — Lettres. — Beaux-arts. — Mœurs et usages.

Depuis Pierre de Dreux, les ducs de Bretagne s'entouraient à leur cour des mêmes officiers que les rois de France, et ces officiers avaient, à Rennes et à Nantes, les mêmes costumes et les mêmes priviléges qu'à Paris : ils étaient choisis dans la plus haute noblesse. Quand les ducs donnaient des gouvernants, ils exigeaient le serment, le scellé et souvent la caution. L'ancienne loi leur défendait d'acquérir les biens de leurs barons; mais, depuis Mauclerc, ils se jouèrent de cette loi, en réunissant à leur domaine de nombreux fiefs, et, centralisant dans leurs mains le pouvoir des seigneurs, ils finirent par substituer le régime monarchique au régime aristocratique. Leurs armes furent toujours les hermines sans nombre avec la devise : *A ma vie!* Leur cri de guerre était : *Malo!* abréviation de *Malo ou potuis mori quàm fœdaris! — J'aime mieux la mort qu'une souillure!* La reine Anne mit à la mode, non-seulement en Bretagne, mais dans toute la France, le fameux emblème de la cordelière ou cordeliée, et la devise en jeu de mots : *J'ai le corps délié*, qui figurait sur tous les monuments de l'époque.

Depuis la fin du douzième siècle et la déchéance de l'archevêque de Dol, la Bretagne n'eut plus d'église nationale et fut pays d'obédience soumis à la cour de Rennes; cette cour nommait aux bénéfices vacants pendant les huit mois de l'année appelés mois apostoliques. Mais les évêques ne se courbèrent pas aussi facilement sous le pouvoir temporel, et, au quinzième siècle, l'Église avait encore, à peu de chose près, dans ce pays, la prépondérance politique qu'elle avait perdue en France.

La plaine d'Auray fut, en 1264, le tombeau de l'aristocratie bretonne. Il n'y eut plus, à partir de cette époque, que des seigneurs avec des titres honorifiques, sans aucun des pouvoirs souverains d'autrefois.

Les gentilshommes bretons ne pouvaient prendre les armes, surtout hors du pays, sans l'aveu du duc. Au commencement du quatorzième siècle, leur armure était celle avec laquelle on représente presque tous les guerriers de ce temps. François II développa les milices nationales créées par Jean V sous le nom d'arbalétriers, de francs-archers et de bons corps; ces milices étaient choisies dans les villes et les villages, et commandées par des cadets de famille. Ce fut du Guesclin qui réduisit la guerre en art, en introduisant parmi les troupes la discipline et la tactique; il devint, dit-on, plus facile d'attaquer les tours et les châteaux fortifiés, entourés de fossés profonds et larges, et dans lesquels l'ennemi résistait avec une vigueur dont on ne triomphait souvent qu'après un siége meurtrier.

Quand la vieille aristocratie eut disparu, la bourgeoisie s'éleva, et les ducs, pour achever de dominer les châteaux, se liguèrent tacitement avec les villes en leur prodiguant les franchises et les priviléges. A partir de Jean IV, les roturiers commencèrent à acquérir les fiefs des nobles sans argent; on les vit s'enrichir par le commerce, forcer les portes du conseil ducal, faire parler leurs représentants aux Etats, recevoir la pique et l'épée pour protéger leurs cités et mourir en défendant le pays qui n'avait appartenu qu'aux nobles. Quelques-uns d'entre eux, au quinzième siècle, avaient leur sceau et leurs armes. Les communes, du reste, se montrèrent dignes de leur élévation pendant l'agonie de la Bretagne sous François II et la régence. Les paysans, écrasés par tous les partis, ne profitèrent pas des dépouilles de la noblesse; mais ils étaient loin de se laisser réduire à la servitude, et ils se vengeaient parfois cruellement de l'oppression.

Le commerce s'était considérablement accru dès le treizième siècle. Les négociants des ports infestés par les Anglais se firent tous corsaires, et, grâce à l'artillerie maritime, ils possédèrent bientôt de grandes richesses. L'application de la boussole, comme l'usage de la poudre à canon, contribua puissamment au développement de la marine. L'industrie agricole occupait presque seule les habitants au quatorzième siècle; quant aux industries de luxe, elles ne devinrent florissantes que plus tard.

Les Etats de Bretagne se composaient du clergé, de la noblesse et du tiers-état; le duc les ouvrait presque toujours en personne. Il s'y rendait en grande pompe, et siégeait sur un trône couvert d'un dais, entre les princes et le chancelier, ayant à ses pieds le président de Bretagne, ses ministres et ses grands officiers. Les trois ordres votaient séparément, et leur unanimité était de rigueur; le président du clergé proclamait le résultat des délibérations. Depuis le règne de François Ier jusqu'à celui de Louis XVI, les commissaires du roi ou le gouverneur de la province remplaçaient les ducs aux Etats; le roi lui-même alla les présider deux fois. La cour de magistrature et de justice, érigée par Alain Fergent, était nommée parlement: Rennes finit par absorber les deux chambres, établies, l'une dans cette ville, l'autre à Nantes.

De nombreux écrivains se produisirent durant le douzième, le treizième, le quatorzième, le quinzième et le seizième siècle; on peut citer parmi eux Abailard, Bertrand d'Argentré et le chanoine Moreau, de Quimper. Le règne de la duchesse Anne fut par excellence l'époque de la poésie et des arts: la littérature nationale des bardes se rajeunit en empruntant à la France ses mystères et ses drames bibliques. Ce fut alors aussi que l'architecture et la sculpture, prenant un essor miraculeux, couvrirent la Bretagne de cette multitude d'églises, de chapelles, de calvaires, de fontaines et de statues qui frappent partout le voyageur. Ces chefs-d'œuvre sont presque tous dus aux Lamballays, vaste association de « tailleurs d'images » qui avait ses lois et ses règlements, ses chefs et ses soldats : leur maître souverain était Michel Columb, auteur du tombeau de François II et de Marguerite de Foix, connu à Nantes sous le nom de tombeau des Carmes. Au quinzième et au seizième siècle, d'autres artistes ornèrent aussi les églises de peintures merveilleuses sur bois et sur verre.

On ne peut que rappeler quelques exemples entre les milliers d'usages publics et particuliers qu'offrent les mœurs bretonnes du douzième au seizième siècle. — La recherche des noyés sur les côtes se faisait, comme aujourd'hui, au moyen d'un cierge lancé à la mer avec un pain noir. — Au treizième siècle, on choisissait le lundi pour faire dire des messes aux défunts, parce que leurs peines recommencent ce jour-là dans le purgatoire, après le soulagement du dimanche. — Le mercredi des Cendres, on portait à la procession des cierges allumés pour rappeler l'épée flamboyante qui chassa nos premiers parents du paradis terrestre. — Au quatorzième siècle, on condamnait les faux monnayeurs « à être bouillis en eau chaude, jusqu'à la mort endurée. » — Bien que l'année ne commençât qu'à Pâques, les étrennes se distribuaient dès le premier janvier : c'était une journée de grandes largesses pour les riches, et de grande liesse pour les pauvres.

Les rois et les ducs battaient monnaie comme souverains, à leur coin et à leur effigie, spécialement à Rennes, à Nantes et à Redon. La livre bretonne valait un cinquième de plus que celle de Tours; il ne fallait donc que quatre livres bretonnes pour faire cinq livres tournois. La plus ancienne fabrique de monnaie dont parlent les actes de la Bretagne est celle de Rennes.

CHAPITRE XVIII.

La réformation et la Ligue. — François II. — Charles IX. — Henri III. — Le duc de Mercœur. — Henri IV. — Pacification de la Bretagne. — Louis XIII. — Louis XIV.

Ce qui fit le succès du calvinisme en France, c'est qu'il promit à la noblesse « un gouvernement à principautés fédérales, » c'est-à-dire une sorte de renaissance de la féodalité. A cette promesse, les gentilshommes se levèrent en masse, les princes du sang se firent huguenots, et la lutte de l'aristocratie et de la royauté recommença sous forme de guerre religieuse. Si la Ligue pouvait être sincère et pure quelque part, ce devait être en Bretagne, pays du vrai catholicisme. Elle y eut du moins un caractère différent de celui qu'elle prenait en France ; elle y fut nationale.

Henri II et François II avaient succédé à François Ier sur le trône. A la mort de ce dernier prince, le calvinisme, dont Catherine de Médicis, s'était follement flattée de se servir comme d'un docile instrument politique, se posa hardiment en face de l'Eglise et de la royauté. La guerre avait commencé par s'allumer dans les esprits ; elle éclata bientôt sur la place publique, et toutes les provinces de France prirent parti pour ou contre la foi catholique. La réforme pénétra aussi en Bretagne, et, en présence des profanations commises dans plusieurs églises par les huguenots, les populations se jetèrent avec ardeur dans la *sainte-union;* tout le monde, sauf quelques magistrats, devint plus ou moins ligueur. A la mort de Henri III, le nombre des membres de l'association continua de s'accroître. La multitude comprenait instinctivement que ceux qui faisaient si bon marché des croyances religieuses ne pouvaient être que les séides du despotisme royal. De là, en partie, la presque unanimité avec laquelle les Bretons se rangèrent sous l'étendard de la sainte-union.

Le chef de la Ligue dans la province était Mercœur, marié à la dernière héritière des Penthièvre, et qui, lié aux Guises par l'intérêt non moins que par le sang, rêvait le détachement de la Bretagne. Quand Henri III fut assassiné devant Paris, il se flatta que Rennes ne reconnaîtrait pas le roi huguenot, et il envoya le maréchal de Fougères annoncer au parlement la mort du prince. Mais le parlement, croyant la nouvelle fausse, donna l'ordre de pendre l'émissaire ligueur et prêta serment à Henri IV, le 22 octobre 1589, « à la condition que la religion catholique serait maintenue, et que le nouveau roi serait supplié d'abjurer le calvinisme. » Mercœur s'en vengea en faisant pendre à son tour un juge de Laval qui était en son pouvoir, puis il leva le masque et afficha ses prétentions à la souveraineté de la Bretagne. Tout rapprochement fut dès lors impossible entre les deux partis, et la province fut plus déchirée que jamais par la guerre civile.

Les habitants de Saint-Malo jouèrent à cette époque un rôle des plus glorieux. A la première nouvelle du meurtre du roi de France, ils signifièrent au comte de Fontaines, leur gouverneur, que, connaissant son inclination pour les huguenots, ils allaient aviser eux-mêmes aux moyens de remettre en sûreté la ville contre les entreprises des hérétiques. Un conseil extraordinaire fut élu à cet effet, et son chef investi d'une sorte de dictature dans la cité. Les choses n'en restèrent pas là. Apprenant que le comte de Fontaines entretenait des intelligences avec les *royaux*, les Malouins, dans une assemblée générale, décidèrent qu'une attaque serait tentée contre le château. Cinquante jeunes gens furent désignés, et, malgré les dangers que présentait l'escalade, le château fut emporté par ces hardis marins.

Dès que le bruit de cette expédition se fut répandu, le parlement lança un arrêt foudroyant contre les Malouins; mais ils ne s'en inquiétèrent pas plus que des propositions du duc de Mercœur, qui leur offrait des secours et un autre gouverneur. Ils surent ainsi, pendant plusieurs années, défendre leur ville contre toutes les attaques, équipant des flottes, traitant de la paix ou de la guerre, en un mot, se gouvernant tout-à-fait en république catholique. Ce n'est qu'après la conversion de Henri IV qu'ils consentirent à écouter les propositions de ce prince, lequel, tout victorieux qu'il fût alors, n'hésita pas à signer avec eux une capitulation.

La ville de Lamballe s'était aussi déclarée pour la Ligue. Le prince de Dombes, lieutenant-général du roi en Bretagne, se présenta en 1590 pour l'assiéger. Il s'empara de la place sans difficulté; mais il décampa avant d'avoir pu se rendre maître du château, sur la nouvelle que le duc de Mercœur arrivait au secours des habitants. Au mois d'août de l'année suivante, il voulut prendre sa revanche, encouragé d'ailleurs par la présence de La Nouë, surnommé Bras-de-Fer, à cause du bras par lequel il avait remplacé celui qu'il avait perdu au siége de Fontenay. C'était le compagnon bien-aimé de Henri IV, le digne continuateur des Clisson et des Richemont. En partant pour la Bretagne, il avait dit à ses amis qu'il allait, comme un bon lièvre, mourir à son gîte. »

Voyant que le prince de Dombes n'avait pour toute artillerie que deux canons traînés par des bœufs, il lui représenta qu'il y avait peu d'apparence qu'on pût se rendre maître de la ville. Ces représentations n'ayant point été écoutées, les deux pièces furent mises en batterie, et firent une étroite brèche à la muraille, mais sans entamer le rempart. La Nouë s'élança le premier sur cette brèche; il reçut une balle à la tête, et mourut quelques jours après. Henri IV, sensiblement touché de sa perte, honora sa mémoire en disant que c'était un grand homme de guerre, mais un plus grand homme de bien, et qu'on ne pouvait assez regretter qu'un si petit château eût fait périr un capitaine qui valait toute une armée. La postérité a ratifié ce jugement.

La fortune du prince de Dombes sembla le quitter avec La Nouë, et bientôt il fut remplacé par le maréchal d'Aumont. Une trêve de trois ans fut signée en 1593 entre le roi et les chefs de la Ligue; mais Mercœur, agissant en souverain, n'en poursuivit pas moins les hostilités, et cependant la France commençait à respirer à la nouvelle de l'abjuration du roi. Enfin les troupes royales soumirent Saint-Malo et d'autres villes, et le maréchal de Brissac, successeur de d'Aumont, ouvrit une campagne sérieuse contre le plus terrible brigand de la Cornouaille, Guy Eder de La Fontenelle, cadet de la maison de Beaumanoir, et l'un des derniers ligueurs.

La Fontenelle s'était emparé de l'île Tristan, et, de ce repaire, il dominait la terre avec ses bandes et la mer avec ses navires. Il avait pour lieutenant un cordonnier, nommé La Boulle, avec qui il s'élançait sur tous les points de la contrée, brûlant les villes et les villages, rançonnant les bourgeois et exterminant les paysans. Brissac ne put parvenir à le forcer dans l'île Tristan.

Pendant ce temps-là, Mercœur attendait un événement qui devait décider de son sort : c'était l'arrivée de cent vingt voiles et d'une nouvelle armada espagnole. Le 1er novembre 1597, les paysans de la pointe Saint-Mathieu, près de Brest, virent se déployer à l'horizon la formidable flotte. La terreur était partout dans les chaumières, quand, dans la nuit, une furieuse tempête se leva, qui dispersa les bâtiments et les brisa sur les récifs : le lendemain matin, il ne restait plus de ces cent vingt navires, portant des bataillons de soldats et des milliers de canons, que des débris et quelques cadavres. Une telle catastrophe enlevait la Bretagne à Philippe II d'Espagne et à Mercœur.

Peu de temps après, Henri IV, voyant que Mercœur seul était encore sous les armes dans la province, et qu'il ne voulait accepter de lui aucune condition, s'avança avec une nombreuse armée, dans l'intention d'assiéger Nantes, où le duc avait sa principale retraite. Il venait d'arriver à Angers, lorsque Mercœur envoya vers lui sa femme, accompagnée de sa fille, âgée de six à sept ans, pour traiter de la paix. La capitulation fut promptement signée : elle portait que le duc se retirerait avec tous les siens dans ses terres de Lamballe, Montcontour et Guingamp, et que sa fille épouserait le duc de Vendôme, qui deviendrait gouverneur de la Bretagne. Mercœur quitta la France et alla guerroyer contre les Turcs.

Le roi reçut aussi en grâce le baron de La Fontenelle ; il

lui pardonna ses crimes comme faits de guerre, et lui laissa même son repaire de Douarnenez, d'où il n'avait pu être débusqué par aucun général. Quelques années après, ce misérable, enveloppé dans le complot de Biron, mourut sur la roue en place de Grève. Le nom de La Fontenelle est aujourd'hui encore aussi redouté dans la Cornouaille que celui de la Barbe-Bleue dans le pays de Nantes.

Henri IV entra à Nantes en grande pompe, et, pour achever la pacification du royaume, il y donna le célèbre édit qui réglait le sort des protestants. Il ne voulut pas quitter la Bretagne sans honorer la bonne ville de Rennes. En traversant les landes qui la séparent de Nantes, apercevant partout les traces de la guerre civile, il s'écria : « Où ces pauvres Bretons prendront-ils l'argent qu'ils m'ont promis ? » Il répondit aux acclamations des Rennois en faisant cesser la levée de quarante mille écus par mois ordonnée pour les frais de la guerre, en remettant tous les arrérages d'avant 1597, et en réduisant de moitié l'impôt des boissons. Les Etats rendirent au roi générosité pour générosité ; ils lui votèrent huit cent mille écus de secours, et offrirent à Sully dix huit mille livres, qu'il refusa noblement. Le roi ordonna de démolir tous les châteaux qui servaient de repaire aux brigands.

La Bretagne jouit d'un repos profond durant tout le règne de Henri IV. Mais en 1632, sous Louis XIII, le vieil esprit d'indépendance se réveilla tout-à-coup, à l'occasion d'une ordonnance provoquée par messieurs du conseil du roi. L'orgueil et la puissance de Louis XIV eurent aussi à lutter contre cet esprit. Pendant les guerres soutenues par la France contre une partie de l'Europe, un impôt avait été établi sur le timbre, et un autre sur le tabac, sans le consentement des Etats. Cette mesure arbitraire causa une sédition générale, dont le signal partit de Nantes. Sept mille paysans marchèrent sur Fougères et sur Rennes, et incendièrent les nouveaux bureaux de perception. Dans cette dernière ville, le duc de Chaulnes ayant voulu dissiper l'émeute, fut repoussé à coups de pierres et insulté de la manière la plus grave. Le gouvernement, craignant que la révolte ne se propageât dans toute la province, envoya six mille hommes de troupes d'élite pour étouffer la rébellion. La Bretagne fut traitée en pays conquis.

L'Armorique devait être encore, sous la minorité de Louis XV, le théâtre d'événements non moins douloureux. Le duc de Montesquiou reçut mission de demander aux États réunis à Vannes le vote par acclamation d'un million de livres à titre de don gratuit, et, sur le refus de l'assemblée d'accorder aucun don gratuit avant de connaître leur situation financière, il insista, avec la morgue hautaine des courtisans du dix-huitième siècle, et fit même des menaces. Le duc d'Orléans, régent du royaume, ordonna la dissolution des États de Bretagne et la levée des subsides au nom du roi. La noblesse, réunie à Dinan, adressa au conseil de régence une plainte, et le parlement y joignit ses remontrances; le gouvernement y répondit en échelonnant trente mille hommes de Nantes à Rennes et à Dinan. Cette mesure porta jusqu'à l'exaspération l'irritation des nobles. Un cri d'indignation retentit bientôt des bords de la Loire aux grèves de Saint-Malo, et tout gentilhomme dut prendre part à la fédération qui se forma, sous peine de se voir dépouiller de ses armes, de son titre et de sa nationalité; des milices s'organisèrent dans toutes les paroisses.

A la nouvelle de ces projets d'insurrection, le régent dirigea vingt mille hommes sur la Bretagne, et des colonnes mobiles reçurent l'ordre de battre le pays. Les dragons des Cévennes devaient traquer au fond des bois les bandes que pourchassait l'infanterie française, et une cour martiale fut établie pour poursuivre et condamner les rebelles. La résistance ne fut pas longue; elle n'était pas possible. Les bandes cachèrent leurs armes et se dispersèrent; quant aux chefs, une partie réussit à gagner les côtes et à s'embarquer pour l'Espagne. Là, ces malheureux exilés, en proie à une mortelle nostalgie, passaient de longs jours à pleurer la patrie absente; on les rencontrait dans les églises de Madrid, pâles, défaits, portant sur le visage les traces de cette maladie cruelle qui souvent dépeuple les armées.

Pendant qu'ils mouraient ainsi sur la terre étrangère, les échafauds se dressaient sur les places publiques de Nantes, et la chambre royale poursuivait l'instruction commencée contre cent quarante-huit gentilshommes ou paysans. Mais la justice n'avait pu mettre la main que sur quatre accusés : le marquis de Pontcalec, M. de Montlouis, le sire de Talhouët et le chevalier du Couëdic. Les débats furent très longs : la sentence, prononcée à quatre heures du soir, n'était pas encore connue du public, quand, à la nuit tombante, on vit le grand prévôt de Nantes se diriger vers le couvent des Carmes, d'où il ramena quatre religieux. Tout fut alors révélé. On apprit bientôt avec stupeur que, dans la crainte d'un mouvement populaire, la cour avait donné l'ordre d'exécuter immédiatement l'arrêt rendu. A neuf heures, en effet, à la lueur des torches de résine, les quatre condamnés, entourés d'une triple haie de soldats, furent conduits à la place Bouffay, et, quelques instants après, la volonté du régent était accomplie. Mais les Etats ne fléchirent pas pour cela; réunis à Ancenis, ils persistèrent dans leur refus de voter le *don gratuit* par acclamation. Quant aux classes populaires, elles honorèrent comme des *pères de la patrie* les quatre martyrs de la liberté bretonne.

Moins de dix ans après ces événements, les Etats de la province donnèrent une nouvelle preuve d'indépendance. Un impôt illégal avait frappé, dans tous les ports et hâvres de la Bretagne, *tous les navires à l'entrée et à la sortie indistinctement*. (1730.) Les Etats ne manquèrent pas, suivant leur coutume, de protester contre cette mesure fiscale. L'assemblée décida qu'un de ses membres serait chargé de rédiger *un mémoire au roi*. Ce fut à M. de Bois-Billy qu'échut cet honneur, et le vieux gentilhomme ne faillit pas à sa noble mission.

Plusieurs marins illustrèrent la Bretagne au dix-huitième siècle. René du Guay-Trouin, de Saint-Malo, qui se distingua comme corsaire et gagna vaillamment son brevet de lieutenant-général, en détruisant le commerce anglais jusqu'au bout du monde; — le Nantais Jacques Cassard, qui se battit en 1709 avec son vaisseau l'*Eclatant* contre cinq vaisseaux anglais, et qui, chef d'escadre en 1712, soumit dans une seule campagne Santiago, Surinam, Berbiche, Saint-Eustache et Curaçao; — Coëtlogon, digne compagnon de navigation de Tourville, et qui surpassa l'amiral lui-même à la fatale journée de la Hogue.

CHAPITRE XIX.

Origines de la révolution en Bretagne. — Le duc d'Aiguillon. — La Chalotais. — Louis XVI. — Les états-généraux. — La Constituante. — La Convention. — La Terreur. — La Vendée. — La Chouannerie. — Quiberon. — Pacification de l'ouest. — La Bretagne française.

On peut dire que la révolution de 1789 date, en Bretagne, du règne de Louis XV. Le duc d'Orléans s'efforça sainement de faire oublier les quatre victimes de l'indépendance; l'indignation des Bretons trouva bientôt encore l'occasion d'éclater à propos de certaines rigueurs du fisc. Le duc d'Aiguillon, gouverneur de la province, en tant que mandataire du gouvernement, ne put s'empêcher de se rendre odieux; malgré ses utiles travaux et ses ordonnances pour la défense et l'armement des côtes, le parcours des routes et le développement des communications, le peuple ne vit là que des corvées et des dépenses de plus, des abus de pouvoir et des projets d'asservissement.

La descente des Anglais à Saint-Cast, en 1758, vint cependant donner raison aux mesures prises par le gouverneur. Les Bretons retrouvèrent leur courage contre l'étranger, et se rangèrent autour du duc d'Aiguillon pour remporter un de leurs plus beaux triomphes. Une poignée de paysans et de gentilshommes renouvela, au Guildo, la lutte des Thermopyles, et arrêta toute une armée d'Anglais. Mais, après la victoire, on accusa le duc d'avoir failli dans le combat : il se vengea par des rigueurs. La demande du « sol par livre, » augmentation d'un vingtième sur l'impôt, mit le comble au mécontentement. Les États, après quatorze jours de silence, le refusèrent.

Le parlement de Rennes prit connaissance des plaintes qui s'élevaient contre le gouverneur, et, n'obtenant aucun appui de la cour, la plupart de ses membres donnèrent leur démission. Le procureur-général la Chalotais, qui s'était prononcé à l'égard du duc avec véhémence, fut arrêté et conduit, ainsi que son fils et trois conseillers, dans la citadelle de Saint-Malo. Une commission fut formée pour les juger, mais le duc de Choiseul renvoya l'affaire devant ses juges naturels. Les prisonniers furent transférés ensuite à la Bastille, et l'on finit par les exiler. Le duc d'Aiguillon devint dès lors plus hardi que jamais ; le roi cependant dut consentir au rétablissement du parlement, et tous les membres, sauf la Chalotais, furent rendus à leurs fonctions.

Le premier soin de l'assemblée fut de faire son procès au gouverneur, accusé d'abus de pouvoir. Conseillé par le chancelier Maupeou, qui avait résolu d'humilier la magistrature, le roi décida que le duc d'Aiguillon serait jugé par la cour des pairs; mais, un peu plus tard, en 1770, il convertit une séance des pairs en lit de justice, et ordonna que toute la procédure fût anéantie. Il s'en suivit un arrêt du parlement qui entachait le duc d'Aiguillon dans son honneur; le roi le cassa, et fit enlever du greffe toutes les pièces du procès; dans un autre lit de justice, du 7 décembre, il défendit à l'assemblée de suspendre le service pour quelque cause que ce fût, et de donner sa démission. Les remontrances faites au sujet de cet édit furent méprisées, et le parlement cessa ses fonctions. Peu de temps après, quand le duc d'Aiguillon devint ministre, tous les parlements furent dissous. Rétablis à l'avénement de Louis XVI, ils recommencèrent aussitôt la lutte.

La monarchie jeta son dernier éclat dans la guerre d'Amérique, où le Breton du Couëdic s'immortalisa par le combat de la *Surveillante*. On vit alors la philosophie descendre des palais dans les chaumières, et l'on sentit se creuser de plus en plus la mine qui allait faire explosion. Le roi, dans ces circonstances difficiles, voulut consulter son peuple. Les notables furent réunis, puis les états-généraux. Cette dernière assemblée, la plus importante des temps modernes, ouvrit la nouvelle ère, le 5 mai 1789 ; ce fut le dernier jour du régime féodal, qui avait duré dix-huit cents ans.

Les Etats de Bretagne avaient pour procureur-général syndic un homme de courage, le comte de Botherel. Dès longtemps, ce magistrat s'était fait connaître par sa fermeté et son amour pour le pays. C'était lui qui, en 1798, avait protesté le premier contre l'impôt désastreux que le gouvernement voulait établir en Bretagne. Avec non moins de courage, il s'était opposé aux édits tendant à changer les formes de la justice, et la province entière avait applaudi à son dévouement aux libertés publiques. Mais l'année suivante un revirement complet s'opéra dans les esprits. Des émissaires envoyés de Paris dans une contrée dont ils ignoraient la coutume et les usages, semèrent la discorde et la haine parmi les populations jusque-là étroitement unies. Des libelles incendiaires armèrent l'une contre l'autre la noblesse et la bourgeoisie, et, dès ce moment, le rapprochement entre les ordres fut impossible.

Le langage du procureur-général avait d'abord excité à Rennes un orage terrible. Le gouverneur Thiard força l'entrée du parlement à la tête de ses grenadiers. Le peuple le lapida en pleine rue, ainsi que l'intendant ; mais le président de Catoëlan et ses conseillers ne furent pas moins arrêtés. Bientôt après tout était changé, par suite des efforts du ministère, et le comte de Botherel se voyait insulté à Quimper. Un jeune Rennois alla soulever les bourgeois de Nantes, qui vinrent en armes assiéger les gentilshommes aux Cordeliers. La session des Etats fut close ; le signal de la révolution était donné. A l'exemple de Rennes et de Nantes, les villes s'enflammèrent de proche en proche, et la Bastille fut démolie Des clubs se formèrent partout, le tiers-état se déclara Assemblée nationale, la Constituante commença ses travaux de nivellement par la division du territoire en départements, l'abolition de la noblesse et la constitution civile du clergé; puis vinrent la fuite et l'arrestation du roi, les journées d'émeute et de massacre, la proclamation de la République par la Convention, le jugement et la condamnation de Louis XVI, la disgrâce des Girondins, enfin le régime de la Terreur.

Après l'attentat du 21 janvier 1793, l'Europe indignée prit les armes d'un accord unanime. La Révolution, dès-lors, eut pour ennemis déclarés l'Angleterre, la Hollande, l'Espagne, toute la confédération germanique, la Bavière, la Souabe, l'électeur palatin, Naples et le Saint-Siége, ensuite la Russie. En même temps, des troubles éclatèrent dans cette partie de la Bretagne et du Poitou presque toute boisée, sans route, sans commerce, où le défaut d'industrie, en arrêtant le développement de la classe moyenne, fermait tout accès aux lumières. Le 10 mars, jour fixé par le tirage au sort des conscrits appelés par la République, le tocsin sonna dans plus de six cents villages de Bretagne et d'Anjou. A Saint-Florent, sur la Loire, les villageois enlevèrent aux gendarmes leurs fusils et leurs sabres, et, se donnant pour chef le voiturier Cathelineau, ils se joignirent à une autre troupe conduite par le garde-chasse Stofflet, et prirent Chollet à la garnison républicaine. D'un autre côté, Machecoul, Challans et Pornic tombèrent au pouvoir des insurgés de la côte. Au sud, deux mille quatre cents républicains furent battus à Saint-Vincent; les Sables-d'Olonne subirent un siége de cinq jours. En moins d'un mois, tout le pays entre la Loire, la mer, la Thoué et la route de Thouars aux Sables était en pleine insurrection. Cent mille paysans avaient pris les armes, commandés par les seigneurs qu'ils avaient mis de gré ou de force à leur tête. Dans les marais, c'était Charette; dans le Bocage, d'Elbée, Lescure, La Rochejacquelin; dans la plaine, Beauchamp. Sans autre uniforme que leurs costumes nationaux, tenant d'une main le sabre et de l'autre le crucifix, ou portant sur la poitrine un cœur surmonté d'une croix, ces soldats improvisés se divisèrent en trois corps, dirigés par un conseil supérieur. Ils marchaient par paroisses, emportaient des vivres pour quelques jours, et regagnaient leurs foyers après chaque expédition. Inhabiles aux exercices militaires, mais excellents tireurs, ils avaint adopté d'instinct une tactique d'autant plus redoutable qu'ils n'eurent affaire d'abord qu'à des gardes nationales mal aguerries; à l'approche de leurs ennemis, ils se dispersaient en tirailleurs, et, à l'aide des mouvements du terrain, ils les ébranlaient par un feu juste et continu, puis ils s'élançaient sur eux avec de grands cris, et les enfonçaient. Tout pliait devant leur fougue intrépide. C'est ainsi que les généraux Murée, Gauvilliers, Guétineau, Ligomier, furent culbutés tour à tour.

Le soulèvement général et les premières victoires de l'ouest effrayèrent la Convention. Elle décréta une armée nationale et lança sur la Vendée dix mille volontaires, sans compter la gendarmerie. Mais d'Elbée battit les uns à Coron et à Beaupréau, et les rejeta au-delà de la Loire; La Rochejacquelin défit les autres près des Aubiers, et les força dans Thouars après un combat furieux. Ces nouvelles enflammèrent les républicains du midi, qui se levèrent en masse. La Convention ordonna une levée de douze mille hommes; mais Santerre ne put rassembler à Paris que le rebut de la populace : ces soldats ensanglantèrent la haute Bretagne. A partir de ce moment, la guerre bretonne et vendéenne fut un véritable massacre. Traqués et fusillés comme des bêtes fauves dans les marais, les paysans se vengèrent en tuant à Machecoul cinq cents prisonniers.

La Vendée, au nom du trône et de l'autel, soutint longtemps cette lutte terrible. Repoussés à l'attaque de Nantes, où ils perdirent l'intrépide Cathelineau, les Vendéens se replièrent derrière la Loire, et battirent successivement les généraux républicains Biron, Rossignol et Canclaux. Enfin dix-sept mille hommes de l'ancienne garnison de Mayence, réputés l'élite de l'armée, furent transportés en Vendée; Kléber les commandait. Léchelle fut nommé généralissime, et les royalistes, après avoir, dans une bataille, vaincu Kléber et les Mayençais, éprouvèrent quatre défaites consécutives à Châtillon et à Chollet; leurs principaux chefs Lescure, Bonchamp, d'Elbée, reçurent des blessures mortelles dans ces sanglantes journées. Cernés de toute part dans la Vendée, les insurgés demandèrent du secours à l'Angleterre, qui, avant de les seconder, exigea qu'ils s'emparassent d'un port de mer. Quatre-vingt mille Vendéens sortirent de leur pays dévasté, et se dirigèrent sur Granville; repoussés devant cette place, faute d'artillerie, mis en déroute au Mans, ils furent détruits en essayant de passer la Loire à Savenay. Charette continua la guerre, mais l'île de Noirmoutier lui fut enlevée. L'Achille de la Vendée, ainsi que M. de Bonnechose nomme l'héroïque La Rochejacquelin, fut tué par un soldat qu'il avait épargné; sa mort rendit les républicains maîtres du pays, et l'on commença aussitôt un système d'extermination. La Vendée vaincue fut entourée par le général Thureau de seize camps retranchés, et douze colonnes mobiles, connues sous le nom de *Colonnes infernales*, parcoururent cette malheureuse contrée, portant partout le fer et la flamme. Les débris de l'armée vendéenne n'étaient plus que des bandes indisciplinés; mais il leur restait deux chefs habiles, Stofflet et Charette, qui, bien que rivaux, surent tenir tête avec leurs camps volants aux *Colonnes infernales*.

La Terreur, surtout après la soumission de la Vendée, écrasa la France. La reine, les Girondins, Philippe-Egalité, montèrent à l'échafaud. Chaque province eut son proconsul, et Carrier, à Nantes, se fit remarquer par une sévérité inouïe à l'égard de la population; la Loire absorba tant de cadavres qu'il fut interdit de boire son eau corrompue. Ce n'était encore que la petite Terreur. Sous Robespierre, les têtes, suivant l'expression de Fouquier-Tainville, tombèrent comme des ardoises. On vit une mère et ses cinq filles, condamnées sans jugement, attendre une demi-heure leur tour au pied de l'échafaud, puis y monter en s'appuyant les unes sur les autres, et en chantant un cantique. La foule s'émut jusqu'aux larmes; les plus farouches soldats détournèrent les yeux. Le bourreau éperdu fit tomber les six têtes, mais il fallut l'emporter défaillant, et il mourut d'horreur le surlendemain.

Cependant, depuis le commencement de 1795, un intrépide aventurier du Maine, Jean Cottereau, dit Jean Chouan, avait donné son nom à l'insurrection de la basse Bretagne. Les gars lui obéirent d'amitié jusqu'à sa mort, mais ils ne reconnurent après lui que les chefs qui leur convenaient, car l'indépendance sauvage du caractère breton se trouva tout entière dans la chouannerie, et c'est ce qui la distingue si fortement de la Vendée. Là surtout, on fit la guerre rude et terrible, par tous les moyens et par toutes les armes, à l'antique façon de Warok et de Morvan. Les Francheville, les Puisaye et tant d'autres, étaient « des têtes de granit servies par des bras d'acier. » Si on ne leur avait opposé que la force et la bravoure, on serait difficilement parvenu à les abattre. Mais on les affaiblit lentement en leur opposant l'adresse et la modération, dans la personne du général Hoche. Charette et Stofflet se soumirent ou feignirent de se soumettre les premiers; les Chouans tinrent bon plus longtemps. Hoche n'en vint à bout qu'en déployant contre eux les talents qui avaient assujéti les Vénètes à Jules-César. Encore fallait-il, pour vaincre les Chouans, comme pour vaincre leurs aïeux, les éléments déchaînés sur les flots de Quiberon. Voici en quels termes l'illustre auteur de l'*Histoire des Français*, M. Lavallée, raconte ce désastre :

« Le premier comité de l'insurrection royaliste siégeait à Paris et s'entendait avec Stofflet et Cormatin; le second, rival de l'autre, siégeait à Londres et s'entendait avec Charette et Puisaye. Hoche fit échouer les projets de l'agence de Paris. Mais Pitt, sollicité par Puisaye, prépara un grand armement. Une flotte portant trois mille six cents émigrés, quatre-vingt mille fusils, des uniformes, des canons, de l'argent, mit à la voile. Elle rencontra et battit une escadre française à la hauteur de Belle-Isle. Puis, au lieu de se porter dans la Vendée, où Charette avait pris les armes, elle se dirigea sur la Bretagne. Elle débarqua dans la presqu'île de Quiberon, s'empara du fort Penthièvre, et fut jointe par neuf à dix mille chouans. La Bretagne fut vivement agitée; mais elle détestait les Anglais, elle se défiait de l'absence du comte d'Artois : elle ne prit pas les armes. Pourtant il y avait chance de la soulever, si l'on s'était jeté hardiment sur la route de Rennes. Pendant le temps qu'on perdait, Hoche rassembla des troupes; il marcha sur Quiberon, refoula les avant-postes des émigrés dans la presqu'île, et la ferma par une ligne de retranchements. Alors Puisaye, se voyant avec quinze à seize mille hommes dans une langue de terre, sans abri et sans vivres, résolut de reprendre l'offensive et assaillit les retranchements républicains; mais les deux troupes royalistes avaient été détournées de leur marche par les ordres de l'agence de Paris. Puisaye fut ramené par un feu épouvantable dans la presqu'île. Aussitôt Hoche escalada le fort Penthièvre, les émigrés furent repoussés jusqu'à la côte; l'escadre anglaise, battue par une tempête, ne pouvait avancer, à l'exception d'un vaisseau qui, — soit fatalité, soit trahison, — balayait de son feu royalistes et républicains Tout se jeta dans la mer, où la moitié des embarcations périt; il ne resta qu'un millier d'hommes, débris de notre vieille gloire monarchique, qui se défendaient avec désespoir, lorsqu'un cri de : Rendez-vous! partit des rangs républicains Sur ce cri, — qu'ils pouvaient regarder comme une capitulation, — les émigrés posèrent les armes, et Hoche référa du sort des prisonniers au gouvernement. Mais la Convention trahit la parole de son général et de ses soldats, en donnant ordre d'exécuter la loi contre les proscrits, et Tallien, envoyé en mission auprès de Hoche, fit fusiller les sept cent onze émigrés qui s'étaient rendus. Cette horrible exécution eut lieu près d'Auray, dans un champ qui s'appelle encore aujourd'hui le Champ des Martyrs. » (Juin, juillet et août 1795.)

L'Angleterre tenta un nouvel effort pour soutenir la guerre civile dans l'ouest; la flotte anglaise portait un prince français, le comte d'Artois, et plusieurs régiments. A la voix de Charette, tout le littoral de la Bretagne avait repris les armes, dans l'attente du débarquement du prince, et ce grand mouvement pouvait changer, dans ces contrées, la face de la guerre. Mais, après un séjour de quelques semaines à l'île Dieu, le comte d'Artois retourna en Angleterre sans toucher le continent. Tout le fruit attendu de l'expédition fut dès lors perdu : la flotte anglaise, contrariée par les vents, ne fut d'autre secours aux chouans, et Charette, qui, en sacrifiant tout pour assurer le débarquement, avait attiré sur lui l'ensemble des forces républicaines, resta exposé, seul avec Stofflet, aux coups de Hoche. Le général républicain triompha d'eux en les isolant, et en enveloppant la haute Bretagne d'un réseau de postes qui amenèrent une pacification complète. Charette, traqué comme un lion dans les bois, fut pris et fusillé à Nantes; lui-même, sans sourciller, commanda le feu. Stofflet avait fini pareillement à Angers. Les officiers vendéens et bretons se retirèrent dans leurs manoirs, et les soldats dans leurs chaumières, en attendant le retour des princes pour qui ils avaient combattu.

Le système de Hoche, transporté dans le Morbihan, obtint les mêmes résultats, et la Bretagne se trouva de nouveau incorporée à la France, après avoir laissé cette fois sur le champ de bataille ses dernières franchises ensevelies avec leurs derniers défenseurs.

CHAPITRE XX.

Coup d'œil sur la Bretagne actuelle. — Mœurs. — Coutumes. — Langue. Conclusion.

Les cinq départements de la Bretagne française, la Loire-Inférieure, l'Ille-et-Vilaine, les Côtes-du-Nord, le Morbihan et le Finistère, correspondent à peu près aux anciens comtés de la Bretagne indépendante : ceux de Nantes, de Rennes, de Vannes, de Cornouaille, de Léon, etc. Il serait difficile de décrire toutes les curiosités que renferment les 1,444 communes de ces départements; Pitre-Chevalier, qui a fait une étude si intéressante de la vieille Armorique, cite particulièrement, dans la Loire-Inférieure, comme digne de fixer l'attention du touriste, Nantes, avec sa cathédrale, son château en ruines, son Bouffay et son tombeau de François II ; — Ancenis, jadis la clef de la Bretagne, très coquettement située sur la Loire, et dans le voisinage de laquelle on trouve, avec la célèbre tour octogone d'Oudon, d'où la vue est immense, le bourg de Varades, où les Vendéens passèrent le fleuve en 1793 ; — Chateaubriant, qui remonte à la domination romaine, et non loin de laquelle il faut voir Derval, où Knolle, assiégé par du Guesclin, se défendait en lui jetant des têtes de prisonniers, ainsi que la Trappe de la Meilleraye, dont les religieux sont ouvriers et agriculteurs, comme les moines chrétiens ; — Paimbœuf, l'entrepôt et le chantier de Nantes ; — Savenay, qui honore les ombres des Vendéens immolés dans la tourmente révolutionnaire ; — Bais, dont le château, commencé par Alain Fergent et continué par les Clisson et les Rohan, n'a plus qu'une aile et deux tours ; — Montoire et les marais de la Grande-Brière, où toute une population dispute aux dessécheurs la tourbe volcanique dans les débris d'une forêt antédiluvienne ; — Saint-Nazaire et le bourg de Bath, colonie saxonne qui seule a conservé, dans la haute Bretagne, les mœurs, la langue et le costume de ses aïeux.

L'antique Condate, Rennes, dans l'Ille-et-Vilaine, est la ville des grandeurs déchues : si elle est fière de son Thabor, de son Mail, de son Champ-de-Mars et de ses beaux quartiers, il ne lui reste plus un seul monument des temps anciens, et sa cour, ainsi que ses Facultés, la consolent à peine de la perte de ses ducs et de son parlement. Les vestiges du passé disparaissent aussi peu à peu sur les autres points du département. Il faut remarquer cependant les ruines des forteresses de Hévé, de Saint-Aubin-du-Cormier, du Fougeray ; — Fougères, qui élève ses vieilles tours au milieu d'un site charmant ; — Redon, avec le clocher hardi et le rond-point à jour de Saint-Sauveur, qui domine les mâts des navires retenus dans son port ; — Vitré, entouré de remparts gothiques, et dans le voisinage duquel le voyageur aime à visiter le château des *Rochers*, rempli du souvenir de madame de Sévigné; — le château de Combourg, habité par Châteaubriand; — Dol, le boulevard de la Bretagne contre les Normands, et dont l'église, chef-d'œuvre du gothique sévère, mériterait encore d'être une cathédrale; — Saint-Malo, patrie de Jacques Cartier, de la Bourdonnaye, de du Guay-Trouin et de Surcouff, et qui a vu naître dans des temps plus récents Broussais, Lamennais et l'immortel auteur du *Génie du Christianisme*.

Le département des Côtes-du-Nord renferme trois parties distinctes : le pays de Saint-Brieuc, celui de Lannion et de Tréguier, et le territoire de Dinan et des environs : l'un tient à la haute Bretagne, l'autre à la basse; la troisième partie a été nommée moyenne Bretagne. Saint-Brieuc est une ville éminemment bourgeoise et presque champêtre; peu célèbre dans l'histoire de la province, elle ne l'est pas davantage par ses monuments. A peu de distance, sur la hauteur qui domine l'entrée du Gouët, se dressent les ruines de la tour de Cesson, l'une des dernières forteresses que posséda Mercœur. — Lamballe, ainsi qu'il a été dit, vit mourir La Noüe Bras-de-Fer; c'est là que prit naissance l'ordre des religieuses de Saint-Thomas de Villeneuve. — Lanleff a un temple circulaire, attribué successivement aux druides, aux Romains, aux chrétiens et aux templiers. — Broons possède le monument élevé à du Guesclin. — Dinan, l'une des jolies villes de la Bretagne, conserve, dans son église Saint-Sauveur, le cœur du vaillant connétable. On visite encore avec plaisir Guingamp, qui relevait des Penthièvre; — Lannion et Tréguier, encore bras-bretons, et où l'on chante toujours les chansons d'autrefois.

Le Morbihan est rempli de monuments druidiques. A Erdevern, comme à Carnac, à Loc-Mariaker comme à Gavr'innis, on est étonné du nombre des menhirs et des peulvens, des dolmens et des grottes de fées que l'on rencontre. On y trouve aussi beaucoup de monuments romains et du moyen-âge : la formidable tour d'Elven; le château de

Josselin, l'un des bijoux de la féodalité ; — Ploërmel, avec ses tombes ducales de Jean II et de Jean III ; — Sainte-Anne d'Auray, le plus célèbre pèlerinage de la Bretagne ; le champ des martyrs d'Auray ; — Hennebont, où Jeanne de Montfort fit des prodiges ; — Lorient, créé par la compagnie des Indes, et que protége Fort-Louis, restauré par Vauban ; — la Roche-Bernard, avec un pont rival de celui de Fribourg ; — enfin Vannes, l'adversaire de l'invincible César.

Le département religieux par excellence est le Finistère ; c'est le pays des croix sculptées et des clochers à jour. Les monuments s'y comptent par milliers, et les campagnes n'en offrent pas moins que les villes. Il faut voir Quimper, avec sa belle cathédrale ; — Concarneau, le petit Saint-Malo de la Cornouaille ; — Douarnenez, avec ses six cents bateaux pêcheurs de sardines ; — l'île de Sein, qui communique à peine avec notre monde ; — Quimperlé, qui s'étage gaiement sur un coteau, et où l'on admire la curieuse église de Sainte-Croix. — L'arrondissement de Châteaulin a Carhaix, à la fois ville et bourgade, patrie de La Tour d'Auvergne ; — Châteaulin, qui travaille dans son val, au pied du vieux château de Budic ; — le Huelgoat et Poullaouen, qui occupent une armée de mineurs, et où l'on extrait chaque année plus de douze millions de minerai brut ; — Morlaix, qui montre encore de vieilles maisons et de vieux quartiers dignes de remarque, à côté du viaduc monumental dont on admire les gigantesques proportions ; — Saint-Pol-de-Léon, la cité bretonne entre toutes, si fière de son clocher-merveille. — Brest, pensée de Richelieu, œuvre de Louis XIV, est une colonie française au fond de l'Armorique ; — Landerneau sourit au milieu de ses fabriques, pendant que Lesneven pleure ses couvents, et le Conquet son ancien commerce. Notre-Dame du Folgoët enfin, ou l'église du Fou-des-Bois, l'un des bijoux de l'architecture gothique, continue d'attirer chaque année de nombreux pèlerins, désireux de voir, avec ses deux clochers, ses portiques élégants et son jubé, regardé comme le plus beau après celui de Saint-Etienne-du-Mont, à Paris.

Il reste, pour achever cet abrégé rapide, à retracer les

mœurs privées des Bretons ; M. Aurélien de Courson a écrit à ce sujet des pages excellentes qu'on aimera à lire, et qu'il convient de reproduire en partie ici :

« L'éducation, chez les anciens habitants de l'Armorique, dit le savant auteur de l'*Histoire des peuples bretons*, était profondément religieuse, et c'était toujours au foyer paternel qu'on la recevait. Chaque clan avait ses bardes, ses druides, ses ovates, chargés d'élever l'enfance, d'instruire la jeunesse et de soutenir l'âge mûr dans la voie de la justice, de la vérité et de l'honneur. Jusqu'à l'âge de sept ans, l'enfant restait entièrement confié aux soins du prêtre. A partir de cette époque, jusqu'à l'âge de quatorze ans, il suivait, sous l'œil de ses parents, les écoles bardiques. Pour l'enfance comme pour la jeunesse, l'enseignement était tout religieux. Telle était l'austérité de ces prêtres païens, que le christianisme put s'implanter sans aucun obstacle sur la terre britannique. La plupart des saints de l'Armorique avaient été les disciples des prêtres de Hu-ar-Bras. Cette double empreinte religieuse ne s'est jamais effacée dans la Bretagne. Adorateurs fervents du Dieu crucifié, les Bretons ont pourtant conservé, avec la ténacité qui les distingue, comme une teinte de druidisme. Le cœur est tout entier à Jésus, mais l'imagination erre souvent sur la montagne de Menez-Bré, avec les ombres de Taliessin et de Guenc'hlan. De là ces contrastes si tranchés du caractère national. Sous l'empire de ses croyances catholiques, ce peuple fera éclater toutes les vertus que l'Evangile a révélées au monde : sa charité n'aura plus de bornes, son dévouement n'aura pas de mesure. Mais qu'une circonstance lui fasse oublier momentanément les préceptes du divin maître, aussitôt se réveillera en lui le génie sauvage qui semble planer encore autour des monuments de Carnac et de Gavr'innis.

» Ce qui frappe tout d'abord l'étranger qui visite la Bretagne, continue M. Aurélien de Courson, c'est cet esprit de conservation, cette vénération pour les traditions paternelles qui éclate dans tous les actes de la vie du Breton. Tandis que les populations n'aspirent partout qu'à changer de position, le Breton se cantonne, pour ainsi dire, dans ses mœurs nationales, et nourrit au fond de son cœur cette passion du sol natal qui fut toujours l'un des traits les plus caractéristiques des races celtiques. Sous le plus beau ciel du monde, au milieu de tous les enchantements de la civilisation, il regrette son pauvre village, et aspire à la *barbarie* qui l'a bercé, enfant, dans ses bras forts et généreux. L'exil est presque toujours pour lui la mort. On raconte que l'ancienne compagnie des Indes, frappée des pertes nombreuses qu'éprouvaient les équipages de ses vaisseaux, presque tous composés de matelots nés dans la Bretagne, et qui, loin du pays, étaient en poie à une nostalgie mortelle, prit le parti d'embarquer sur chacun de ses navires un joueur de *biniou*. Cette mesure fut couronnée d'un plein succès. Les sons de l'instrument national, en rendant aux pauvres marins les airs et la danse de la patrie, adoucirent les longueurs de l'exil et ranimèrent les âmes abattues. Et pourtant, bien misérable était la condition de la plupart de ces hommes dans le pays après lequel ils soupiraient. Mais tous, comme aujourd'hui leurs descendants, acceptaient leur condition sans envie contre leurs voisins; tous, sans doute, répétaient ces paroles touchantes de la chanson des montagnes d'Arez :

« Les pauvres seront toujours pauvres : bien fou qui a cru
» que les corbeaux deviendront colombes... Chers pauvres,
» consolez-vous, vous aurez un jour, au lieu de lits de bran-
» chages, des lits d'ivoire dans le ciel. »

» Le paradis du bon Dieu, telle est leur espérance, telle est la pensée qui sert de baume à leurs souffrances. « Mes parents étaient malheureux et je le suis comme eux, notre condition est de chercher notre pain. » Voilà ce qu'ils vous répondent lorsque vous vous apitoyez sur leur misère profonde. Le pain noir de chaque jour, parfois quelque morceau de lard fumé, des crêpes ou de la bouillie de sarrazin, une écuelle d lait, du beurre, il n'en faut pas davantage au Breton pour vivre content. Arrivé au terme de sa carrière, il voit venir la mort avec le calme et la sérénité du juste. Le prêtre, assis à son chevet, n'a nul effort à faire pour qu'il supporte patiemment les douleurs qui le torturent, et se résigne à la volonté de Dieu. Il meurt en invoquant le nom de Jésus et celui de la bonne dame Marie, — *Itron Varia*, — dans le lit de chêne vermoulu où sont morts ses parents et où mourront ses enfants.

» Tel est le paysan au point de vue religieux. Sous le rapport des mœurs sociales, il se montre essentiellement aristocrate. Il existe dans les campagnes des rangs non contestés, des supériorités de position qui n'excitent ni les réclamations ni l'envie. En première ligne viennent les propriétaires, classe très nombreuse et qui tend à s'accroître d'année en année. Les *domaniers* marchent immédiatement après les propriétaires. Le troisième rang appartient aux fermiers, — *mereour*; — le quatrième aux *pen-ty*, sorte de sous-fermiers ainsi nommés parce qu'ils occupent à loyer quelque dépendance de la ferme et une petite portion de terrain insuffisante pour qu'ils puissent y trouver l'entretien et la subsistance de leur famille. Ces *pen-ty* sont généralement très pauvres, ce qui les oblige à se louer comme journaliers aux paysans de la classe supérieure. Toutefois, en leur qualité de *travailleurs de la terre*, — expression bretonne, — ils ont droit à la considération qui s'attache en Bretagne à la classe des cultivateurs.

» Il est encore, parmi les paysans, une autre sorte de distinction. Les familles les plus respectées sont celles qui datent dans la paroisse de temps immémorial. Etre propriétaire et surtout être de vieille souche, voilà la noblesse du paysan breton, et les Rohan n'étaient pas plus fiers de la leur. Fort au-dessous se placent les gens de métiers. Cependant le forgeron, le maréchal et les *travailleurs en fer*, — artisans privilégiés chez les Gallois, — occupent un rang distingué. Les meuniers, qui sont hâbleurs; les tailleurs, qui se servent de l'aiguille, à la manière des femmes, ne méritent pas d'estime; ces derniers ne sont bons qu'à exercer les fonctions de *bass-valen*, — entremetteur de mariage. Il faudrait qu'une famille fût bien déchue pour donner sa fille à un *couturier*.

» L'idée de l'association a été réalisée en Bretagne depuis des siècles, grâce à l'influence du christianisme. Une famille de cultivateurs veut-elle faire sa provision de toile? elle annonce qu'il y aura tel jour une *filerie* à telle ferme. A l'époque désignée, toutes les voisines accourent armées de leur quenouille et de leur rouet. Le chanvre est distribué aux travailleuses : on se met à la besogne en chantant de vieilles ballades bretonnes. Le lendemain, avant le coucher du soleil, la provision de fil est faite et elle n'a coûté que peu de chose à la maîtresse du logis : quelques bassins de bouillie d'avoine, des crêpes de blé noir, du laitage composent en effet tout le repas des fileuses. Les choses se passent à peu près de même s'il s'agit d'exploiter une taille et d'élever quelque bâtisse. Au sortir de la grand'messe, le dimanche, le *crieur* monte sur les marches de la croix du cimetière, et de là il annonce aux habitants de la paroisse qu'il y aura tel jour un grand charroi chez Lemeur, du village de Kersalie, ou à Plouesec, chez Nedelek. Fallût-il trois cents voitures, elles se trouveront à l'heure indiquée, à la porte de celui auquel on doit prêter assistance. Le bois ou la pierre est chargé, voituré et déchargé en un tour de main. Pendant ce temps, des montagnes de crêpes, des terrines pleines de lard et de pommes de terre sont placées par la maîtresse de la ferme et par ses servantes sur des tables formées de longues planches. Dès que la besogne est terminée, les travailleurs accourent; le repas commence aussitôt : le cidre pétille dans les verres, les joyeux propos se croisent, les railleries répondent aux railleries. Mais le *biniou* se fait entendre, la joie est au comble. Hommes et femmes mariés, jeunes garçons et jeunes filles, vieillards et enfants, tous se mettent à danser. Les sonneurs, — *musiciens*, — montés sur des tonneaux, s'essoufflent à jouer les airs nationaux les plus vifs et les plus aimés; les mendiants de la paroisse, sans lesquels il n'est pas de fêtes, vocifèrent à tue-tête les vieux chants traditionnels du pays, et toute la paroisse est en liesse.¹ Cependant le soleil va disparaître à l'horizon : à la voix d'*un ancien* les danses cessent. La fête se termine comme elle avait commencé, par un *De profundis* pour le repos de l'âme des parents trépassés de l'amphytrion. »

Pitre-Chevalier a également peint les mœurs, les usages et les costumes des Bretons; voici ce qu'il dit des anciens évêchés de Tréguier, de Vannes, de Quimper et de Léon :

« Les paysans de Tréguier sont les Allemands de la basse Bretagne : figures avenantes et naïves, caractères insouciants, cœurs placides, esprits sociables, que la civilisation gagne rapidement. Mœurs et coutumes vont s'effaçait de jour en jour sur cette marche bas-bretonne, à peine défendue par la langue que chantent les Kloer.

» Les Morbihannais ont gardé les mâles et rudes figures, les mœurs sévères et belliqueuses, les habits sombres et flottants de leurs aïeux. Ils offrent quelques belles races d'hommes. Il n'y a pas au centre de ce pays une pierre, une fontaine, un carrefour, un arbre, un brin d'herbe, qui n'ait son esprit surnaturel et sa légende plus ou moins druidique. L'habit du paysan de Vannes est à peu près l'habit à la française; la dimension ou l'absence des basques marque la diversité des cantons. Les couleurs foncées dominent presque partout. Le pantalon détrône de jour en jour la braie gauloise; mais le grand chapeau tient bon; c'est le sombrero national. Les marins ont le costume de leur état.

» La Cornouaille compte autant d'usages, de types et de costumes que de paroisses; il faut renoncer à les détailler. Les montagnards y sont vifs et parleurs, petits et infatigables comme leurs chevaux; les hommes des côtes, silencieux et farouches comme l'aspect de leurs horizons. Le paysan de Carhaix, méfiant et sauvage, se révolterait encore volontiers comme au temps du chanoine Moreau. De Quimper à la côte, la réserve sournoise des figures contraste avec l'éclat des habits. Dans les douces campagnes de Quimperlé, le Kernewote est plus souriant et plus expressif. Il se laisse aller à la lutte et surtout à la danse. Quand le hautbois retentit pour une noce, toutes les oreilles se dressent de joie et tous les pieds sont piqués de la tarentule. Le jeune gars tire de l'armoire sculptée le petit chapeau à chenilles, l'ample bragow-bras, les vestes et les guêtres brodées, le pen-bas (bâton) à nœuds, la ceinture de cuir ou de laine, et le voilà parti pour le plaisir. Les communes de Fouesnan, de Concarneau, de Pontaven, etc., renferment les plus beaux costumes qu'on puisse voir.

» L'habitant du pays de Léon est généralement grand et majestueux. Il a la figure allongée, la démarche solennelle, la parole lente, les habits noirs et flottants sur une ceinture rouge. Son large chapeau laisse à peine entrevoir son regard calme et sévère. Personne en Bretagne ne porte les cheveux plus longs. Les femmes sont vêtues de noir et de blanc, et leur deuil est bleu de ciel. Les Léonais, comme dit M. Souvestre, portent plutôt le deuil de la vie que de la mort. Chez eux, tout est profondément chrétien : ils ne cessent de prier depuis le berceau jusqu'à la tombe, dans leurs joies comme dans leurs peines, dans leur maison comme dans celle de Dieu. Il faut que le prêtre bénisse pour eux le toit qui s'élève, la grange et l'aire neuve, le champ défriché, les trésors de la récolte et de la moisson.

» A partir de Roscoff, en suivant la côte, on rencontre ces populations sauvages de pilleurs de mer, qui ont renoncé si difficilement aux aubaines du droit de bris. On les reconnaît à leurs jambes nues et nerveuses, à leur jupon de berlingue, à leurs larges braies, à leur petite culotte bleue, et surtout au regard de faucon qu'ils jettent encore sur la mer aux approches de la tempête. Les habitants des îles semées autour de ces côtes mal semées sont célèbres, au contraire, par la douceur de leurs habitudes patriarcales.

» Le caractère général des Bretons, ajoute Pitre-Chevalier, se compose de cinq vertus et de trois défauts. On voit que le bien l'emporte presque de moitié. Les vertus sont : l'amour du pays, la résignation devant Dieu, la loyauté devant les hommes, la persévérance et l'hospitalité. L'amour du pays, — qui comprend le culte du passé, — est dans le sang de tous les enfants de l'Armorique. Il fait périr le conscrit ou le matelot de douleur, loin de la terre natale, avant que les balles l'atteignent ou que les vagues l'engloutissent. Il épanouit les visages et les cœurs bretons, qui se reconnaissent sur tous les points du monde. Il leur arrache des larmes et des cris de joie, comme au sauvage de l'Inde, dès qu'un bruit, un mot, un parfum les fait songer à la patrie. Et le Breton n'aime pas seulement ainsi sa province, mais son clocher, son champ, son foyer, le lit où il veut mourir après ses aïeux, à côté de ses enfants. La loyauté bretonne est proverbiale, mais c'est à tort qu'on en fait le synonyme de la franchise. Cette qualité, dans le sens d'ouverture de cœur et d'esprit, n'appartient qu'au Breton civilisé, qui la pousse, il est vrai, jusqu'à l'audace et la contradiction la plus opiniâtre. Quant au paysan, il est droit et loyal, mais nullement ouvert. Il ne ment pas, mais il ne dit ni oui ni non. Il est aussi difficile de lui faire dire ce qu'il pense qu'impossible de lui faire dire ce qu'il ne pense pas. Voyez ses champs, ils sont clos d'énormes talus surmontés de plus d'énormes haies. Voyez sa maison, elle est fermée à double porte et à double serrure; le jour y entre à peine par une lucarne étroite. Voyez son lit clos, si digne de ce nom; ne pourrait-on pas même l'appeler un coffre ou une armoire? Voyez enfin ses vêtements multiples, qui l'enveloppent des pieds à la tête, comme autant de cuirasses impénétrables. Eh bien! son âme n'est pas moins close que ses champs, moins barricadée que sa maison, moins mystérieuse et sombre que son lit, moins cuirassée que sa personne, vis-à-vis de l'étranger qui ne lui parle point sa langue maternelle. Cette réserve lui fait appliquer la pudeur jusqu'aux sentiments les plus naturels. C'est dans le même orgueil qu'il puise cette ténacité nationale qui a résisté tant de siècles à toutes les dominations, qui arme encore les paysans de l'Armorique contre les formes de la civilisation, et fait de ses soldats et de ses marins des hommes infatigables, les derniers debout contre le fer de l'ennemi et contre les assauts de la tempête. L'hospitalité est si naturelle au Breton, qu'éviter son seuil et sa table est une insulte mortelle. Cette vertu préside aux noces patriarcales, aux travaux en commun, aux secours mutuels dans les épreuves, à mille usages empreints de la charité la plus ardente.

Les vices des Armoricains sont, chez beaucoup, l'avarice; chez presque tous, le défaut de considération pour la femme; chez tous, l'intempérance. Mais il faut savoir être indulgent pour des hommes qui ont tant de vertus étrangères aux autres paysans.

» Il est reconnu aujourd'hui que la langue bretonne est celle que parlaient les Celtes-Gaulois, premiers habitants de l'Armorique. Après avoir résisté aux langues latine, germanique et française, elle est maintenant confinée dans la basse Bretagne et le pays de Galles, en Angleterre; une ligne s'étendant de l'embouchure de la Vilaine à Châteaulin sépare les populations bretonnantes de celles qui usent de l'idiome français. On y distingue différents dialectes : ceux de Vannes, de Léon, de Tréguier et de Cornouaille.

» Les premiers poètes de la langue celtique furent les bardes, insulaires et armoricains. Après la chute du druidisme, ces bardes devinrent peu à peu des chanteurs attachés à la personne des grands, puis de simples chanteurs populaires, continués de nos jours par les mendiants et les kloër,— écoliers poètes, — qui exercent toujours par leurs chants une grande influence morale. »

Tels sont les usages de la basse Bretagne. Sans doute, dit M. Willermé, il est encore en France des contrées où les mœurs sont peu françaises; mais quand, au milieu de ces montagnes d'un aspect si noir et si nu, de ces sites sauvages si communs dans l'intérieur de l'Armorique, on vient à rencontrer un habitant de ces lieux déserts portant de larges braies serrées par des cordons au-dessous du genou et retenues par les hanches à l'aide d'une ceinture de cuir qu'attache une énorme boucle de cuivre, les jambes enveloppées dans des espèces de bas également en cuir, les épaules couvertes de longs cheveux flottants, et que l'on entend sortir de sa bouche des mots inconnus, il est difficile de croire que cette étrange figure et ce langage inintelligible aient quelque chose de moderne... Tels sont encore les Bretons de nos jours, dans la plus grande partie des Côtes-du-Nord, du Finistère et surtout du Morbihan. Peuple à part, que le cours des siècles a modifié assurément, depuis son établissement dans les Gaules, mais qui ne semble pas moins défier la main du temps, à voir les traits nombreux qu'il a su garder de son caractère primitif, de sa physionomie des anciens âges.

Cet état de choses se prolongera-t-il encore durant plusieurs siècles? M. Aurélien de Courson ne croit nullement à la réalisation des vœux de ceux qui pensent que les Bretons, avant cinquante ans, seront aussi civilisés que les populations de l'Ile-de-France. « Il y a plus de six cents ans, dit-il, que les Gallois furent subjugués par Henri Plantagenet; le protestantisme domine dans la Cambrie depuis Henri VIII, et pourtant langage, mœurs, traditions, tout est resté breton dans le pays de Galles. Chose étrange! ajoute M. de Courson, le génie saxon a eu si peu de prise sur la civilisation de ce peuple, qu'il pourrait adresser aujourd'hui à ses vainqueurs ces paroles mémorables qu'un Gallois du douzième siècle jetait à l'oppresseur de sa race :

« Cette nation, ô roi, pourra être opprimée, détruite même en grande partie par vous ou par d'autres; mais détruite entièrement, jamais! A moins que Dieu ne le décide dans sa colère, aucune autre langue que la langue bretonne ne répondra au jour du jugement pour la plupart de ses enfants! »

On peut ne pas partager entièrement l'opinion de M. de Courson, et ne pas regretter avec lui de voir l'instruction et le progrès pénétrer dans l'Armorique; on n'aimera pas moins à connaître les sages conseils que donnait, il y a quelques années, à son troupeau, l'un des enfants les plus dévoués de l'antique Cornouaille, l'héritier du siége de saint Corentin, lorsqu'il lui recommandait de s'estimer comme Breton. « Ce nom, disait-il, quand il est bien porté, est un gage d'attachement aux vieilles croyances, de fidélité aux pratiques saintes, de constance dans le sentier du devoir. D'autres peuples présenteront une apparence moins inculte, un habit moins grossier, une parole moins rude; qu'importe, et qu'avez-vous à leur envier, si vous conservez un esprit plus convaincu, un cœur plus dévoué, une volonté plus énergique? Vous avez besoin, dit-on, d'être polis par la civilisation avancée du siècle, nous ne disputerons pas; mais prenez garde qu'à force de vous polir, la civilisation ne vous use, ne vous amoindrisse, n'efface l'empreinte de votre caractère religieux... Voilà pourquoi nous voyons avec un contentement réel que vous teniez à vos vieux usages, à vos vieux costumes, à votre vieille langue; et nous ne parlons pas ici en littérateur préoccupé de questions philosophiques, en artiste épris de formes pittoresques, mais en évêque convaincu par l'expérience et la raison de l'étroite liaison qui existe entre la langue d'un peuple et ses croyances, entre ses usages et ses mœurs, entre ses habitudes et ses vertus. »

Ces paroles de l'évêque cornouaillais aux enfants de l'antique Domnonée, quelques semaines après, des missionnaires bas-Bretons, sollicités par leurs frères de Galles, allèrent les redire à la Domnonée cambrienne. Le poète disait donc vrai quand il s'écriait :

> Oui, nous sommes encor hommes de l'Armorique,
> La race courageuse et pourtant pacifique,
> La race sur le dos portant de longs cheveux,
> Que rien ne peut dompter quand elle a dit : « Je veux ! »
> Nous avons un cœur franc pour détester les traîtres ;
> Nous adorons Jésus, le Dieu de nos ancêtres ;
> Les chansons d'autrefois, toujours nous les chantons;
> Oh ! nous ne sommes pas les derniers des Bretons !
> Le vieux sang de tes fils coule encor dans tes veines,
> O terre de granit recouverte de chênes !
>
>   (BRISEUX, poëme de *Marie.*)

APPENDICE.

HOMMES ILLUSTRES DES TEMPS MODERNES.

Après avoir retracé rapidement pour nos jeunes lecteurs l'histoire de la vieille Armorique, il convient de signaler les hommes qui, dans les temps modernes, ont le plus contribué à son illustration.

Avec La Bourdonnais, Duclos, Lanjuinais, La Chalotais, Broussais, La Motte-Piquet, du Couëdic, Châteaubriand, Lamennais, La Tour d'Auvergne et tant d'autres qui se sont distingués par leur mérite ou leur génie, il faut citer : Le Brigaut, le patient linguiste, qui fut le collaborateur du premier grenadier de France ; — Perrin, le dessinateur de la charmante *Galerie bretonne* ; — le voyageur Cambry ; — les historiens Daru, Richer et Roujoux ; — les légistes Carré, Touiller, Le Graverand, Baudouin de Maison-Blanche ; — le critique Geoffroy ; — le médecin Laënnec ; — Le Gonidec, le conservateur de la langue celtique. Nommons encore M. Hersart de la Villemarqué, dont les aïeux vendaient leurs terres pour se racheter à la croisade ; — MM. Le Huërou, de Carné, de Courson, de Freminville, Pitre-Chevalier, de Kerdanet, Pol de Courcy, Alfred de Courcy ; — des poètes de talent, tels que MM. Brizeux, Boulay-Paty, Turquety, Violeau, du Clézieux ; — MM. de Lacrosse et de La Rochejacquelin ; — les généraux Lamoricière et Bedeau ; — Jobert (de Lamballe), le chirurgien célèbre, dont la science regrette la mort prématurée ; — Elisa Mercœur, enlevée à la poésie avant l'âge ; — Elleviou le chanteur, etc., etc.

Nous voudrions pouvoir consacrer une page à chacun de ces glorieux Bretons. L'espace nous manque, et nous devons nous borner à résumer la biographie de quelques-uns de ceux qui ont laissé les souvenirs les plus durables par leurs œuvres ou leurs services.

BEDEAU.

Le général Bedeau naquit à Vertou, près de Nantes, le 10 août 1804. Fils d'un officier de marine, il entra à la Flèche en 1817, et en 1820 à Saint-Cyr, d'où il sortit sous-lieutenant d'état-major. Lieutenant le 1er octobre 1826 et détaché au 5e de ligne, il fut nommé capitaine le 12 juillet 1831 : il fit, de 1831 à 1832, la campagne de Belgique, comme aide-de-camp des généraux Gérard et Schramm, et se distingua au siége d'Anvers. Envoyé en Algérie en 1836, il y passa les dix années qui composèrent surtout sa vie militaire : il se fit remarquer au siége de Constantine et fut nommé commandant de la place, puis lieutenant-colonel de la légion étrangère. Sa belle conduite contre les Kabyles lui valut, en décembre 1839, le grade de colonel du 17e léger, dans lequel il eut pour successeur le duc d'Aumale. Blessé dans l'expédition de Cherchell, s'étant signalé encore au col de Mouzaïa, à Medéah et à Milianah, il fut promu, en 1841, au grade de maréchal de camp. En 1842, il parvint à repousser les Arabes de la province de Tlemcen, sur les frontières du Maroc, et il s'occupa avec activité de l'organisation de cette contrée. En 1844, à la suite de la bataille d'Isly, il fut nommé lieutenant-général, puis commandant supérieur de la province de Constantine. En 1847, après avoir été un instant gouverneur d'Alger, il fut remplacé par le duc d'Aumale, et revint en France.

Quand éclata la Révolution de février, il fut chargé de combattre l'insurrection; sous le gouvernement provisoire, il reçut le commandement de la 1re division de l'armée des Alpes. Envoyé à l'Assemblée constituante par le département de la Loire-Inférieure, il devint vice-président : au moment des affaires de juin, il fut blessé au Petit-Pont. Il fut également élu vice-président à la Législative. Eloigné temporairement de France après le coup d'Etat de 1851, il se retira en Belgique.

BOULAY-PATY.

Cyprien Boulay-Paty, fils du jurisconsulte qui fut successivement sénéchal, commissaire du roi, procureur-syndic, et commissaire national de la ville de Paimbœuf, naquit à Donges, en Bretagne, le 19 octobre 1804. Il fit ses études au collége de Rennes, fut reçu avocat en 1824, et plaida plusieurs fois avec succès. Mais ses goûts littéraires le conduisirent à Paris, où il publia dès 1825 le *Charme*, pièce de vers couronnée par l'Académie des Jeux Floraux, et des *Poésies sur les Grecs*. Casimir Delavigne et Dupin aîné le présentèrent, en 1829, au duc d'Orléans, qui l'attacha à son secrétariat. Héritier des sentiments de son père, il publia, en 1830, un volume d'*Odes nationales*. Quand Alexandre Dumas donna sa démission comme l'un des bibliothécaires du Palais-Royal, il fut nommé à cette place. En 1834, il fit paraître, sous le pseudonyme d'Elie Mariaker, un second volume de poésies qui eut du succès. L'Académie française le couronna, en 1837, pour son poème sur l'*Arc de triomphe de l'Etoile*, et le prix fut doublé. En 1844, l'Académie des arts et belles-lettres de Paris décerna le prix et la médaille d'or à un volume d'odes qu'il venait encore de publier. Un prix Montyon lui fut enfin accordé par l'Académie française, en 1851, pour ses sonnets (*de la vie humaine.*)

BROUSSAIS.

François-Joseph-Victor Broussais, célèbre médecin, chef de l'école physiologique, naquit à Saint-Malo, le 17 décembre 1772, et mourut le 17 novembre 1836. Il fit ses études au collége de Dinan, fut d'abord chirurgien pendant six ans dans la marine militaire, puis médecin aux armées de l'Empire et fit les campagnes de Hollande, d'Allemagne, d'Italie et d'Espagne. Nommé, en 1814, médecin ordinaire et second professeur à l'hôpital militaire du Val-de-Grâce, où il remplaça, en 1820, le baron Desgenettes comme premier professeur, il obtint, en 1839, la chaire de pathologie et de thérapeutique générales à la Faculté de médecine, entra à l'Académie des sciences morales en 1832, et fut inspecteur général du service de santé des armées. Un monument lui a été élevé au Val-de-Grâce en 1841. On a de lui de nombreux et importants ouvrages. Dans les dernières années de sa vie, Broussais soutint avec chaleur les idées de Gall.

BRISEUX.

Auguste Briseux était un enfant de Lorient. Il naquit dans cette ville, le 12 septembre 1806, d'une ancienne famille bretonne, et fut élevé, sur les bords du Scorff et de l'Ellé, par un prêtre qui était de ses parents. Le goût de la poésie se développa vite en lui. Arrivé à Paris en 1828, il y donna, avec M. Ph. Busoni, la comédie de *Racine*, en un acte et en vers, qui eut peu de succès. A la suite d'un voyage en Italie, en 1832, il alla faire un cours de littérature à l'Athénée de Marseille; l'année suivante, en 1833, il publia, dans la *Revue des Deux-Mondes*, des poésies qui furent remarquées. Il voulut ensuite consacrer tout un poème à son enfance et à la Bretagne; ce poème fut *Marie* (1836), dont la grâce mêlée de tristesse fut très goûtée.

Briseux fit un second voyage en Italie en 1841. A son retour, il publia les chants mystiques intitulés : *les Ternaires, ou Fleurs d'or*, et alla chercher dans son pays des inspirations plus profondes. Il en revint en 1846 avec son poème des *Bretons*, tableau de la vie rustique, qui fut couronné par l'Académie française. Le 6 mai de la même année, il fut décoré de la Légion-d'Honneur.

Il donna plus tard : *Primel et Nola, Pêcheurs, les Bains de mer, Telen Arvor, ou Harpe d'Armorique*, poésies en langue celtique, populaires en Bretagne; *Histoires indo-armoricaines*, *Histoires poétiques*.

Briseux s'occupa aussi de recherches relatives au vieil idiome de son pays. Elève de Legonidec, auquel il fit faire, au moyen d'une souscription, des funérailles honorables, il l'imita dans ses derniers travaux, et publia sur lui une notice en tête de la *Grammaire celto-bretonne*. Il travailla longtemps à un *Dictionnaire topologique et historique des noms de lieux de la Bretagne*. En 1841, il donna une traduction en prose de la *Divine Comédie*, de Dante. Il mourut à Montpellier, en mai 1858.

CHATEAUBRIAND.

François-René de Châteaubriand, né à Saint-Malo en 1768, erra, tout enfant, sur les grèves battues par la tempête, et fut bercé par la grande voix des flots. Ainsi que le dit M. René Muller, son génie poétique s'éleva devant les beautés d'une nature imposante et sévère, devant les colères de l'Océan, et se mûrit au milieu des forêts du Nouveau-Monde. C'est le grand poète de notre époque : il a peu écrit en vers, mais la poésie peut exister sans l'harmonie de la mesure et de la rime.

La jeunesse de Châteaubriand se passa dans l'étude et la rêverie, tant au collége que dans ce vieux manoir de Combourg, dont ses écrits nous ont transmis le souvenir. La tristesse de cette demeure agit tellement sur son imagination, qu'il tomba dangereusement malade, et aussitôt après son rétablissement il devint nécessaire de l'en éloigner. Il entra au service, sans toutefois renoncer aux lettres, et quelques pièces de vers, publiées alors, commencèrent sa réputation. Attiré vers l'inconnu, il partit bientôt pour l'Amérique. Au milieu des savanes et des mystérieuses harmonies des forêts vierges, il se sentait plus à l'aise que dans la société des hommes; mais sachant tout sacrifier à son devoir, dès qu'il apprit la captivité de Louis XVI, il se hâta de revenir en France, et passa dans l'armée des princes. Blessé et malade, après la dispersion de cette armée, il gagna Londres, et y vécut quelque temps de sa plume; puis, cette ressource venant à lui manquer, il eut à subir les tortures de la faim.

Sa mère ayant exprimé, avant de mourir, le désir de voir son fils bien-aimé revenir à la religion qui la consolait, Châteaubriand étudia cette religion, et la foi rentrant dans son cœur, il commença à écrire l'ouvrage qui a pour titre : *Génie du Christianisme*. Il l'acheva en France, après sa radiation de la liste des émigrés, et le dédia au premier consul, qui venait de relever les autels. Le succès de ce livre fut immense : il ramena les hommes à l'étude des vérités éternelles, et leur prouva que le christianisme, loin d'être l'ennemi des arts et de la poésie, leur offre des richesses inépuisables.

Châteaubriand avait apporté d'Amérique *Atala* et *les Natchez*, qu'il inséra d'abord dans le *Génie du Christianisme*. Il voulut voir Rome, et le Colysée lui inspira le poème des *Martyrs*. De Rome, il alla en Grèce, pour évoquer sur cette terre, patrie de toutes les gloires, l'ombre des grands hommes de l'antiquité.

Le poète chrétien qui avait tenu à visiter la Grèce, devait souhaiter plus ardemment encore de voir Jérusalem. Il publia, dans son *Itinéraire de Paris à Jérusalem*, le récit de ce pèlerinage, et accepta quelque temps après la place laissée vacante à l'Académie par Marie-Joseph Chénier.

La restauration fit de Châteaubriand un homme politique. En 1830, il passa en Suisse, et s'occupa à traduire le *Paradis perdu*, de Milton. Après la révolution de 1848, il revint à Paris, mais sa carrière touchait à sa fin. La perte de madame de Châteaubriand avait achevé de briser les liens qui l'attachaient à ce monde. Il vit venir la mort avec toute la sérénité d'une âme qui a placé ses espérances au-delà du tombeau. Un prêtre et une sœur de charité recueillirent son dernier soupir, le 4 juillet 1848. Selon son désir, on l'inhuma près de sa ville natale, sur un rocher que chaque marée isole de la côte.

Châteaubriand avait employé ses dernières années à mettre en ordre ses *Mémoires d'outre-tombe*. Il a laissé aussi diverses poésies.

CAMBRY.

Jacques Cambry, né à Lorient en 1749, mort le 31 décembre 1807, fut préfet de l'Oise, et remplit successivement différentes fonctions administratives jusqu'en 1803, époque où il se retira des affaires pour se vouer tout entier à l'étude. Il fut l'un des fondateurs de l'Académie celtique, qui le choisit pour son premier président. On a de lui :

Essai sur la vie et les tableaux du Poussin ; — Notice sur les troubadours ; — Catalogue des objets échappés au vandalisme dans le Finistère, ou état de ce département en 1794 et 1795 ; — Description du département de l'Oise, avec un atlas ; — Monuments celtiques, ou Recherches sur le culte des pierres, précédés d'une notice sur les Celtes et sur les druides, et suivis d'étymologies celtiques ; — Notice sur l'agriculture des Celtes et des Gaulois.

DE CARNÉ.

Le comte de Carné, né à Quimper, en 1804, d'une famille qui occupe une place distinguée dans l'histoire de la province, entra au ministère des affaires étrangères en 1825, puis dans la diplomatie, où il obtint les titres d'attaché et de secrétaire d'ambassade. Il se retira de cette carrière en 1831, fut nommé membre du conseil général du Finistère en 1832, et député en 1839. Il se mêla alors activement aux débats extérieurs et intérieurs. La question d'Orient attira d'abord son attention; il la plaça sur son véritable terrain, lors de la discussion au sujet de l'augmentation des forces navales. M. de Carné s'occupa aussi de la liberté de l'enseignement au point de vue catholique, et, dans ce but sans doute, il proposa d'affranchir du certificat d'études les aspirants au baccalauréat ès-lettres. Après la révolution de 1848, il reprit ses travaux de publiciste. Outre de nombreux articles publiés dans des recueils périodiques, et surtout la *Revue des Deux-Mondes*, on a de lui un certain nombre d'ouvrages.

CARRÉ.

Le jurisconsulte Carré naquit à Rennes, le 21 octobre 1777, et mourut le 2 mars 1832. Il se distingua d'abord au barreau, et ensuite dans l'enseignement du droit; nommé en 1806 professeur à la Faculté de cette ville, il expliqua avec un grand succès la procédure, qui venait de s'enrichir d'un code bien inférieur au code civil, mais qui réalisait de grandes réformes. Il publia, de 1808 à 1824, des livres d'une utilité telle dans la pratique, qu'il en a paru après sa mort une troisième édition.

Carré était timide, quoiqu'il appartînt à l'école de Lanjuinais, son compatriote et son maître; il n'avait pas la hauteur de pensée de Toullier. Cependant il professa les plus saines doctrines dans les *Lois de l'organisation et de la compétence des juridictions civiles*, qu'il dédia à Dupin aîné.

Il fit preuve, dans diverses circonstances, de courage comme citoyen et comme avocat; mais ce courage était accompagné de mesure et de respect pour l'autorité légitime, ce qui lui donnait une grande autorité sur les élèves des écoles de droit : sa science était d'ailleurs un palladium contre les dangers qu'il avait affrontés. Il se livrait, dans le silence du cabinet, à la composition d'ouvrages destinés à rendre d'éminents services : c'est ainsi qu'il a laissé un traité sur les *Domaines congéables*, genre de propriété particulier à l'ancienne Bretagne; un autre traité sur le *Gouvernement des paroisses;* quatre volumes sur la juridiction des justices de paix; quatorze volumes de consultations et des notes étendues pour continuer le traité de son collègue Toullier.

Après la révolution de 1830, on offrit officiellement au savant professeur une place dans la haute magistrature de Paris; il refusa de l'accepter, désirant consacrer le reste de sa vie à l'enseignement et à la révision de ses écrits. Dès 1832, à l'âge de cinquante-cinq ans, il sentit ses forces diminuer; mais il voulut mourir au milieu de ses élèves, et ce fut en effet dans sa chaire qu'il éprouva les dernières défaillances de la mort. Sa tombe fut environnée des témoignages du plus vif intérêt et du plus grand respect.

DE COURSON.

M. Aurélien de Courson est né, le 25 décembre 1811, à Port-Louis (Ile-de-France), où son père, le comte de Courson, avait été envoyé, avec le grade de capitaine d'infanterie. Amené en France, il fit son droit à Rennes, et y fut chargé par M. Guizot de recherches relatives à l'histoire du tiers-état. Après avoir été employé à la bibliothèque Sainte-Geneviève, il devint conservateur de celle du Louvre, et il occupe encore aujourd'hui ces fonctions.

M. de Courson a beaucoup écrit; voici la liste de ses principaux ouvrages :

Essai sur la langue et les institutions de la Bretagne armoricaine; — *Histoire des origines et des institutions de la Gaule armoricaine et de la Bretagne insulaire depuis les temps les plus reculés jusqu'au V*^{e} *siècle;* — *Histoire des peuples bretons dans la Gaule et dans les îles Britanniques,* ouvrage qui a obtenu le second prix Gobert à l'Académie française; — *Mémoire sur l'origine des institutions féodales chez les Bretons et les Germains,* etc., etc.

DUCLOS.

Duclos, célèbre littérateur, né à Dinan, le 12 février 1704, mort à Paris, le 26 mars 1772, appartenait à une famille ancienne dans le commerce. Il fit ses premières études à Rennes, puis sa mère l'envoya à Paris, où il entra à l'Académie du marquis de Dangeau : il y demeura cinq ans et en emporta cet amour des recherches grammaticales auquel on doit des travaux remarquables par leur érudition et des vues nouvelles. Il fit sa seconde et sa rhétorique au collége d'Harcourt.

Un peu plus tard, après avoir publié certains ouvrages d'un genre léger et qui sont oubliés aujourd'hui, il écrivit une *Histoire de Louis XI*, qui lui valut la place d'historiographe de France. Il fit paraître ensuite les *Considérations sur les Mœurs*, et par là il prit rang parmi les moralistes; Louis XV disait de ce livre : « C'est l'ouvrage d'un honnête homme. » *Les Mémoires pour servir à l'histoire des mœurs du* XVIIIe *siècle*, qu'il donna peu après, sont comme le complément des *Considérations*. Profitant des avantages de sa position d'historiographe, il rédigea des *Mémoires secrets du règne de Louis XIV et Louis XV*, qui ne parurent qu'après sa mort; ils renferment des renseignements précieux.

Duclos fut admis en 1739 à l'Académie des inscriptions et belles-lettres, et en 1747 à l'Académie française, dont il devint en 1755 le secrétaire perpétuel. Il rendit de nombreux services à cette compagnie, et eut la principale part à l'édition du *Dictionnaire* donnée en 1762; il a aussi laissé des *Remarques sur la Grammaire de Port-Royal*.

C'était un homme de beaucoup d'esprit et d'une grande liberté de parole; on cite de lui nombre de bons mots. Obligé de s'éloigner, en 1786, pour avoir blâmé trop vivement la condamnation de La Chalotais, son ami, il voyagea; ce qui lui donna lieu d'écrire ses *Considérations sur l'Italie*, qui n'ont paru que longtemps après sa mort.

DU COUEDIC.

Le vicomte du Couëdic de Kergoualer, né, en 1740, au château de Kerguelen, commandait la frégate la *Surveillante*, lorsqu'en 1779 il rencontra, à la hauteur d'Ouessant, la frégate anglaise le *Québec*. Il lui livra un combat opiniâtre; le navire anglais sauta avec son commandant Framer, mais la *Surveillante* rentra à Brest désemparée et rasée. Du Couëdic mourut de ses blessures. Un tombeau, qui lui fut élevé aux frais de Louis XVI, fut détruit en 1793; Napoléon Ier donna l'ordre de le rétablir, en 1805.

HERSART DE LA VILLEMARQUÉ.

Le vicomte Hersart de la Villemarqué, membre de l'Institut, naquit, en 1812, en Bretagne. Il s'est distingué par la publication de divers ouvrages sur la langue et la littérature bretonnes. On aime à citer parmi ses travaux : *Barraz-Breiz,* chansons populaires recueillies et imprimées avec une traduction française, des arguments, des notes et des mélodies originales; *Contes populaires des anciens Bretons,* précédés d'un essai sur les époques chevaleresques de la Table-ronde; *Nouvelle Grammaire bretonne; Poèmes des bardes bretons du* VIe *siècle,* traduits pour la première fois. Il a aussi collaboré à la *Bretagne ancienne et moderne,* de Pitre-Chevalier, et publié, après la mort de Legonidec, son *Dictionnaire français-breton.*

M. de la Villemarqué a été élu membre de l'Académie des inscriptions, le 12 mai 1858; il avait reçu, en 1846, la croix de la Légion-d'Honneur.

JOBERT.

Jobert (de Lamballe), membre de l'Institut et de l'Académie de médecine, né à Lamballe (Côtes-du-Nord), en 1799, alla à Paris en 1820, et obtint successivement, par concours, les places d'interne dans les hôpitaux, d'aide d'anatomie et de prosecteur. Reçu docteur en 1828, il devint peu après chirurgien du bureau central, agrégé de la Faculté, et, après quelque temps de service intérimaire, chirurgien de l'hôpital Saint-Louis; en 1847, il passa, avec le même titre, à l'Hôtel-Dieu. Il avait été nommé, en juillet 1830, avec Dupuytren, chirurgien de l'hospice provisoire de Saint-Cloud, médecin consultant du roi, et professeur de clinique chirurgicale à la Faculté. Il était, dans ses dernières années, chirurgien ordinaire de l'Empereur, membre de l'Académie de médecine, membre de l'Académie des sciences, où il avait succédé à Magendie. Le 6 juin 1849, il avait été promu commandeur de la Légion-d'Honneur.

Jobert (de Lamballe), dont la pratique et l'enseignement ont eu un égal succès, a écrit de nombreux et importants traités; il a également laissé des thèses et des mémoires que la science apprécie à leur juste valeur. Il est mort il y a peu de temps, à Paris.

LA BOURDONNAIS.

François Mahé de la Bourdonnais, né en 1629 à Saint-Malo, mort en 1755, entra de bonne heure au service de la Compagnie française des Indes, et s'y fit remarquer au point d'être nommé, à trente-cinq ans, gouverneur-général des îles de France et de Bourbon. Ces deux colonies lui durent tout, justice, industrie, commerce, culture du manioc, du sucre, du café et du coton. Bernardin de Saint-Pierre, dans

Paul et Virginie, a dépeint avec chaleur et vérité les bienfaits de son administration. La guerre ayant éclaté avec l'Angleterre en 1743, La Bourdonnais équipa une escadre, vint au secours de Dupleix, gouverneur des Indes françaises, menacé dans Pondichery, assiégea les Anglais dans Madras, et les força à capituler. (1746.) Un article de la capitulation laissait aux Anglais le droit de racheter Madras: Dupleix refusa de ratifier le traité. La Bourdonnais, indigné, évacua Madras, mais il fut aussitôt destitué de son commandement. Mandé à la cour, en 1748, pour répondre aux accusations de ses ennemis, il revint en France, et là, sans avoir été entendu, il fut jeté à la Bastille. Il y resta quatre ans, victime de la plus odieuse iniquité. En 1752, on lui permit de se défendre, et son innocence fut reconnue. La Bourdonnais ne put jouir longtemps de la liberté : tombé dans l'indigence, il succomba après une douloureuse maladie de trois ans. Il a laissé des mémoires intéressants et fidèles sur tous les événements auxquels il fut mêlé.

Il y avait en Bretagne les familles Mahé de la Bourdonnais, Mahé de Berdouaré, et Mahé de Kérouan. Ces familles ne sont pas éteintes.

DE LACROSSE.

Le baron de Lacrosse, sénateur, ancien député et représentant du peuple, ancien ministre, naquit à Brest, le 29 janvier 1796 ; il était le fils du célèbre contre-amiral Raymond de Lacrosse, créé baron sous l'empire. Il entra lui-même dans la marine en 1809 comme aspirant, puis il passa en 1813 dans la garde impériale. En 1815, il fut compris dans le licenciement de l'armée de la Loire. Retiré à Brest, il y fut élu, en 1830, colonel de la garde nationale, et, en 1834, envoyé à la Chambre des députés : il prit une part active à tous les travaux, et surtout aux discussions qui intéressaient la marine. Il contribua beaucoup, en 1846, à faire voter, pour la réorganisation de la flotte, un crédit extraordinaire de quatre-vingt-treize millions.

En 1848, M. de Lacrosse fut élu représentant du Finistère, le septième sur quinze, par 80,491 voix. Après l'élection du 10 décembre, il fut appelé au ministère des travaux publics et il le garda jusqu'au message du 31 octobre. Il fut réélu à la Législative, le premier de son département. Le décret du 25 janvier 1852 le comprit parmi les premiers sénateurs, avec le titre de secrétaire du Sénat. Le 30 juillet 1858, il fut promu grand-officier de la Légion-d'Honneur.

M. de Lacrosse est mort il y a peu d'années ; ses restes reposent à Brest, et cette ville ne peut oublier ce qu'il a fait pour elle et pour la marine.

LAENNEC.

René-Théodore-Hyacinthe Laënnec, célèbre médecin, naquit à Quimper le 17 février 1781, et mourut le 13 août 1826. Initié de bonne heure par son oncle, médecin distingué à Nantes, aux études cliniques, il fut d'abord employé comme élève dans les hôpitaux militaires, puis comme chirurgien de troisième classe dans une expédition contre les insurgés du Morbihan ; en 1800, il put se rendre à Paris pour y continuer ses études médicales.

Désireux de combler les lacunes que les événements l'avaient forcé de laisser dans son instruction littéraire, il voulut faire marcher de front, avec les travaux de l'hôpital et de l'amphithéâtre, l'étude du latin et du grec, où il se montra par la suite fort habile : il y joignit même celle de l'idiome kimri, vers lequel il se sentait attiré par un sentiment tout patriotique, séduit par l'opinion des linguistes, qui prétendaient en faire la langue primitive du genre humain. Au bout de deux ans, il emporta au concours les deux premiers prix de chirurgie et de médecine de l'école ; en 1804, il reçut le grade de docteur.

Appelé dans la même année à faire partie de la société qui s'était formée au sein de la nouvelle Faculté, Laënnec prit place bientôt parmi les médecins distingués de l'époque, par une série de travaux sur divers sujets, et particulièrement sur l'anatomie pathologique, sa science de prédilection. Il ne tarda pas à être nommé médecin de l'hôpital Necker, et ce fut de là que se répandit la grande découverte qui a illustré son nom. Après trois ans d'infatigables labeurs, il parvint à doter la science de cette brillante méthode qui, donnant au diagnostic de plusieurs classes de maladies une précision mathématique, diminue, au profit de l'art de guérir, le domaine de ses conjectures. L'ingénieux auteur de l'auscultation y démontra que l'air inspiré ou expiré produit, par suite des dérangements intérieurs des viscères thoraciques, certains bruits dont les modifications variées, selon la nature du mal, ont chacune une signification propre. C'était une découverte d'un prix infini, et elle est aujourd'hui appliquée à diverses branches de la pathologie.

Epuisé par ses longs et pénibles travaux, Laënnec fut contraint d'aller passer deux ans dans le pays natal. A son retour à Paris, en 1822, il fut appelé par Hallé à lui succéder comme médecin de la duchesse de Berry, et comme professeur au collége de France; en 1823, il fut chargé de la chaire de clinique interne à la Faculté de médecine. Cette nouvelle position lui imposait de nombreux et pénibles devoirs; il fut bientôt contraint d'aller respirer de nouveau l'air vivifiant du pays natal. Il mourut peu de temps après, de la maladie qu'il avait si bien établie, c'est-à-dire de la phthisie.

Les écrits de Laënnec ont pour titres :

Proposition sur la doctrine médicale d'Hippocrate relativement à la médecine pratique. L'auteur y prouve, contrairement aux assertions des nosographes, qu'Hippocrate n'admettait pas de différences génériques entre les fièvres; — *Mémoires sur les vers vésiculaires et principalement sur ceux qui se trouvent dans le corps humain;* — *Traité de l'Auscultation médicale et des maladies des poumons et du cœur.* Ce traité a été traduit en plusieurs langues.

Laënnec a fourni, en outre, quelques articles au *Dictionnaire des sciences médicales*, divers *Mémoires*, *Rapports* et *Observations*, insérés dans plusieurs recueils.

LAMORICIÈRE.

Le général Lamoricière, né à Nantes, le 5 février 1806, d'une famille légitimiste, fut élève de l'école Polytechnique, de 1824 à 1826, passa à l'école d'application de Metz, d'où il sortit dans le génie. Envoyé en Afrique lors de l'expédition d'Alger, lieutenant, puis capitaine le 1er novembre 1830, il dut aux campagnes qui suivirent une des fortunes militaires les plus rapides. Compris dans les zouaves, à la création de ce corps, il se fit bientôt remarquer par son intelligence et son audace. En 1833, le général Avizard lui confia la direction du premier bureau arabe, et, la même année, il devint chef de bataillon des zouaves, dont il fut promu lieutenant-colonel en 1835 et colonel en 1837, à la suite du siége de Constantine, où il avait été blessé. Il fut nommé en 1840 maréchal de camp, en 1843 lieutenant-général, en 1844 commandeur de la Légion-d'Honneur, et en 1845 gouverneur de l'Algérie par intérim. Il termina sa carrière algérienne par un double trait d'honneur : il organisa l'expédition qui fit tomber aux mains du duc d'Aumale la smalah d'Abd-el-Kader (1847), puis, enveloppant l'émir lui-même, il le força de se rendre à ce jeune prince.

Le 24 février 1848, le général Lamoricière, — député de Saint-Calais depuis deux ans, — combattit l'insurrection, et eut un cheval tué sous lui. Elu représentant du peuple dans la Sarthe, il se trouvait encore à Paris au moment des affaires de juin ; il combattit de nouveau l'insurrection, et, le 28, il accepta le ministère de la guerre, qu'il garda jusqu'au 21 décembre. Après l'élection présidentielle, il ne fit aucune opposition systématique au nouveau pouvoir. Réélu à la Législative par la Seine et la Sarthe, il opta pour ce dernier département. Le président le chargea d'une mission auprès de l'empereur de Russie, qui lui fit le meilleur accueil. Après le 2 décembre, il vécut en Allemagne, et puis en Belgique et en Angleterre. L'Empereur lui accorda spontanément de rentrer en France, à la fin de 1857, à l'occasion de la mort d'un de ses enfants.

Au mois d'avril 1860, M. de Lamoricière alla prendre à Rome, avec l'autorisation du gouvernement français, le commandement des troupes pontificales. Son armée fut anéantie par les Italiens à Castelfidardo; lui-même fut assiégé dans Ancône et forcé à capituler. Il est mort il y a peu d'années.

LANJUINAIS.

Le comte de Lanjuinais, né à Rennes en 1753, mort en 1827, professa le droit ecclésiastique, et fut député du tiers-état aux états-généraux de 1789, où il prit part aux délibérations les plus importantes. Il travailla à la rédaction de la constitution civile du clergé, mais combattit le décret qui déclarait les biens du clergé biens nationaux. Pendant la Législative, il professa le droit constitutionel à Rennes, puis la grammaire générale, et fut nommé à la haute-cour nationale. Membre de la Convention, il attaqua l'acte d'accusation de Louis XVI, pour le faire annuler, comme monstrueux. Dans le procès du roi, après avoir essayé de se récuser comme juge, il vota pour la réclusion et le bannissement à la paix. Il lutta ensuite avec le courage le plus énergique contre les anarchistes, fut mis hors la loi, et n'échappa à la mort qu'en se tenant caché pendant dix-huit mois; après la chute de Robespierre, il réclama son rang de député, ne l'obtint qu'en 1795, et devint président de l'Assemblée. Soixante-treize départements le portèrent au Conseil des Anciens, dont il fut secrétaire. Sénateur, il se prononça contre le consulat à vie, s'opposa souvent aux volontés de Napoléon, dont il vota la déchéance en 1814, entra cette même année à la Chambre des pairs, se rallia à Napoléon pendant les cent-jours et présida la Chambre des représentants, rentra dans la Chambre des pairs à la seconde Restauration, et défendit le système constitutionnel jusqu'à sa mort.

Lanjuinais était fort érudit dans le droit public, et très versé dans les langues orientales. Il fut membre de l'Académie des Inscriptions et Belles-Lettres depuis 1808, de la Société asiatique de Paris, et de la Société philosophique de Philadelphie. Il a laissé des œuvres très nombreuses.

Dans son éloge, le comte de Ségur caractérise ainsi Lanjuinais : « Plus célèbre encore par sa constante vertu que par sa vaste érudition, vertu rigide, et dont aucun souffle de la calomnie n'a pu, n'a même essayé de ternir la pureté; homme éminemment de bonne foi, soit qu'il se trompât ou non, sans s'occuper de ce qui pouvait plaire aux différents partis, ou les choquer, et par cette bonne foi toujours respectable, même dans les écarts de son imagination, il exprimait sans ménagement toute opinion qui lui paraissait juste et conforme à l'intérêt général... Ceux même dont il combattait les opinions rendirent hommage à la pureté de ses intentions, à cette verdeur de vieillesse qui étonnait la jeunesse la plus ardente, à cette franchise sans bornes qui ne lui permettait de contenir aucune de ses pensées, et qui donnait à ses discours quelquefois impétueux une empreinte d'originalité qui peignait fidèlement son caractère. Cette tête si vive était d'ailleurs toujours animée par une bonté de cœur inaltérable. »

LA TOUR D'AUVERGNE.

Théophile Malo Corret de La Tour d'Auvergne, surnommé le *Premier grenadier de France*, né à Carhaix (Finistère) en 1743, mort en 1800, entra dans les mousquetaires en 1767 en qualité de sous-lieutenant, puis passa au service de l'Espagne, et se distingua au siége de Mahon. Il embrassa la cause de la Révolution, servit à l'armée des Pyrénées-Orientales, et commanda un corps de grenadiers que son intrépidité fit appeler la *Colonne infernale*. Il refusa tout avancement, ainsi que le titre de membre du Corps législatif. Le premier consul lui décerna un sabre d'honneur, avec le titre de *Premier grenadier de France*; il accepta le sabre, mais refusa le titre, dont sa modestie se montra blessée, et qui cependant lui est demeuré.

Après la paix de Bâle, La Tour d'Auvergne s'était retiré dans sa ville natale. Apprenant que le dernier des fils de son vieil ami Lebrigaut était enlevé par la conscription, il demanda aussitôt au Directoire et obtint de le remplacer sous les drapeaux. Il fit la campagne de 1799 en Suisse, comme simple grenadier, dans la 46ᵉ demi-brigade; passa de là à l'armée du Rhin, et fut tué au combat de Neubourg. On l'ensevelit dans des branches de laurier et de chêne, et un grenadier lui tourna, dans sa fosse, la face vers le ciel, en disant : « Il ne faut pas que celui qui n'a jamais tourné le dos à l'ennemi de son vivant, le lui tourne après sa mort. » Son cœur fut précieusement conservé par sa compagnie ; à chaque appel de son nom, qui était resté sur les contrôles, un grenadier répondait : « Mort au champ d'honneur. »

La Tour d'Auvergne était un savant distingué, et possédait un grand nombre de langues. On a de lui : *Nouvelles recherches sur la langue, l'origine et les antiquités des Bretons*, ouvrage qui fut réimprimé en 1801 sous le titre d'*Origines gauloises*. On lui a érigé une statue en bronze à Carhaix, en 1841.

ELISA MERCŒUR.

Elisa Mercœur, née à Nantes en 1809, a publié, dans différents recueils, un grand nombre de poésies où se révèle un rare et beau talent. Encouragée par les éloges qu'avaient obtenus ses essais, elle se livra au travail avec une nouvelle ardeur. Elle voulait se faire un nom, car elle avait une mère qu'elle chérissait, qu'elle désirait entourer de toutes les douceurs de la vie, et elle était pauvre. Mais une plume est le plus souvent une faible ressource, et avant d'avoir pu réaliser ses doux rêves d'amour filial, Elisa succomba, à l'âge de vingt-deux ans. Nul doute qu'elle n'eût pris rang parmi les meilleurs poètes de notre siècle, si Dieu lui avait accordé une plus longue carrière. On ne lira pas sans émotion les strophes que Châteaubriand lui consacra :

JEUNE FILLE ET JEUNE FLEUR.

Il descend, ce cercueil, et les roses sans taches
Qu'un père y déposa, tribut de sa douleur,
Terre, tu les portas, et maintenant tu caches
    Jeune fille et jeune fleur.

Ah ! ne les rends jamais à ce monde profane,
A ce monde de deuil, d'angoisse et de malheur !
Le vent brise et flétrit, le soleil brûle et fane
    Jeune fille et jeune fleur.

Tu dors, pauvre Elisa, si légère d'années !
Tu ne crains plus du jour le poids et la chaleur !
Elles ont achevé leurs fraîches matinées,
    Jeune fille et jeune fleur.

Mais ton père, Elisa, sur ta cendre s'incline ;
Aux rides de son front a monté la pâleur ;
Et, vieux chêne, le temps fauche sur sa racine
    Jeune fille et jeune fleur.

TURQUETY.

Edouard Turquety, né le 27 mai 1807, à Rennes, où son père était notaire, alla faire son droit à Paris. Reçu avocat, au lieu de suivre le barreau, il s'adonna aux lettres et se mit, en peu de temps, au rang des poètes distingués de l'école romantique. Après des *Esquisses poétiques* (1829), il publia *Amour et foi* (1833), qui obtint un succès mérité ; — *Poésies catholiques* (1836) ; — *Hymnes sacrées* (1838) ; — *Primavera* (1840) ; — *Fleurs à Marie* (1845). Ces divers recueils, réunis en 1845, sous le titre de *Poésies*, marquent la tendance de l'auteur à consacrer ses vers à l'expression des sentiments religieux. Il faut encore mentionner les *Poésies religieuses à l'usage de la jeunesse* (1857). M. Turquety travailla de 1839 à 1842 au feuilleton littéraire de la *Gazette de France*. En 1847, il fut nommé chevalier de la Légion-d'Honneur. La pièce suivante donnera une idée de sa manière et de ses convictions :

LE CATHOLICISME.

« Il s'en va, dites-vous, il s'en va d'heure en heure
» Ce culte délaissé que le vulgaire pleure ;
» Il s'en va tout chargé de risée et d'affront :
» Encore un peu de jours, et, malgré vos présages
» Le vieux géant, battu par le bélier des âges,
  » Touchera la terre du front.

» Il tombe à chaque instant, c'est un fantôme, une ombre. »
Erreur !... oubliez-vous que nos combats sans nombre
Furent les premiers jeux de ce roi profané ;
Qu'il eut pour piédestal un amas de victimes,
Et que le sang d'un Dieu, coulant à flots sublimes,
  Le fortifia nouveau-né ?

Ignorez-vous qu'il peut, sous l'œil du divin maître,
S'envelopper dans l'ombre ou du moins le paraître,
Pour apprendre à nos cœurs à discerner le jour ?
Avez-vous oublié sa lutte dans l'orage ?
Avez-vous oublié que le cri de l'outrage
  Multipliait l'hymne d'amour ?

Oh ! respectez celui que l'immensité nomme :
L'arbuste devient arbre, et l'enfant se fait homme ;
Ainsi du Christ : — sa loi n'a rien de limité,
Elle paraît languir, elle souffre... qu'importe
Cette fièvre d'un jour d'où jaillira plus forte
  Sa glorieuse puberté ?

Attendez, et le Christ va se montrer encore.
— Tel, quand l'Egypte voit, sous un ciel qui dévore,
Brûler et dépérir ses campagnes sans eaux,
Le Nil s'éveille enfin, le vieux Nil rompt sa chaîne,
Accourt d'un bond, et jette au hasard sur la plaine
  La fécondité de ses flots !

     (AMOUR ET FOI.)

LÉGENDE DE BRETAGNE

CHAPITRE PREMIER.

Arrivée dans une ferme. — Tout y est en émoi. — Souvenir puissant de Georges Cadoudal. — Hallucination du chef de la ferme. — Détails désolants. — Départ. — Rencontre de nomades et une nuit passée dans leur camp. — Arrivée au village du Plénion. — Détails curieux sur les druides. — Cinq tableaux tracés à la plume et coloriés, représentant l'intérieur d'un sanctuaire druidique, et les observations du recteur.

Je venais de parcourir la Bretagne, en qualité de recruteur de légendes et d'études de mœurs.

Breton, je n'avais connu qu'une partie de l'Armorique, et c'était une passion nationale qui m'avait fait quitter la capitale d'Ille-et-Vilaine pour aller chercher dans les landes du Morbihan et du Finistère les traditions qui avaient pour ainsi dire bercé mon enfance.

Par un heureux hasard, l'itinéraire que je m'étais tracé indiquait ma route vers un point de la Bretagne où j'avais laissé, quelques années avant, de véritables amis, et où je pouvais récolter quelques légendes. Ce point était la petite ville de Karnac, à quelque distance de laquelle se trouvait la belle ferme de Judicaël, mon ancien hôte. Ce qui m'y arriva avant d'entrer sous son toit hospitalier ne mériterait aucune mention si, dans une de mes haltes, je n'avais été témoin d'une scène émouvante. Je venais d'entrer en qualité de voyageur dans la ferme du Plénion : on me reçut avec cette affection si générale en Bretagne; mais je compris bientôt qu'il se passait quelque chose d'extraordinaire dans la ferme : maîtres, serviteurs et servantes, tout était en émoi. J'avoue que je n'osais en demander la cause, quand j'entendis une servante s'écrier avec une exclamation particulière au pays :

— Non, le maître n'en reviendra pas ! il a été trop frappé, et depuis la nuit dernière son visage a tellement changé, qu'on dirait qu'il est fée ! Or, en Bretagne, on donne ce nom aux personnes frappées par quelque chose de surnaturel.

Je me permis de lui faire quelques questions

— Ah ! notre maître est perdu ; il a vu la nuit dernière l'ombre de Georges Cadoudal, et Georges Cadoudal, qui fut son général, a été mis à mort par les bleus. Figurez-vous, ajouta-t-elle, que le maître, qui paraît inanimé sur son lit, se lève de temps à autre, et les yeux étincelants de colère se met à crier :

— En avant, les gars ! le laisserons-nous périr ! Puis il retombe sur sa couche haletant et couvert de sueur.

— Je ne comprends pas, lui dis-je

— Comment, vous ne comprenez pas, me dit-elle, que notre maître de Bosdégat fut un des lieutenants de Georges Cadoudal, et que depuis la mort de son chef, il a été tellement frappé, que le médecin du village prétend qu'il est fée.

— Ah ! lui répondis-je, et votre maître est malade et fée ?

— Bien certainement, Monsieur, et la maîtresse et les enfants ne cessent de pleurer autour de son lit.

— Que n'envoyez-vous chercher le recteur ? lui dis-je; les consolations de la religion le calmeront peut-être. Elle me regarda des pieds à la tête avec stupeur, puis elle me dit :

— Mais vous ne savez donc pas que l'on enterre aujourd'hui notre recteur, et que tous ceux des environs assisteront à la cérémonie ?

— Raison de plus, lui répondis-je ; au lieu d'un prêtre, vous pourrez en trouver plusieurs, et choisir.

— Mais le maître n'avait confiance qu'en celui qui vient de mourir; ils s'étaient trouvés ensemble autour de Georges Cadoudal.

— Pourriez-vous me donner quelques éclaircissements sur l'apparition qui a tellement frappé votre maître ?

— Des éclaircissements, me répondit-elle, mais le dernier valet de la ferme pourrait vous les donner.

— C'est à vous que je les demande, lui dis-je simplement.

— C'est un peu long, me répondit-elle, mais je vais tâcher de vous satisfaire. Je n'entends plus de bruit dans la chambre du maître, et probablement il dort.

Elle s'assit, et passant la main sur son front comme pour évoquer des souvenirs, elle me dit en son langage pittoresque :

— Figurez-vous qu'hier au soir, à l'instant du souper, le maître arriva d'une chasse faite dans les landes et rapportant pas mal de gibier. Il se mit à table ; son visage était soucieux, et la maîtresse lui ayant demandé la cause de ce souci, il lui répondit en déposant sa tasse sur la table :

— Tiens, Anic, il m'a semblé que je guerroyais encore dans les landes, et que Georges, avec sa bonne et grosse face, me disait :

— En avant, de Bosdégat, ne vois-tu pas les bleus à l'autre bout de la lande.

Je sentis que j'étais sous l'influence d'une hallucination, car je sais bien que depuis longtemps le pauvre Georges a été fusillé, par ordre du premier consul. A l'instant, un lièvre partit à la portée de mon fusil, et je le roulai sur la bruyère ; ma carnassière contenait déjà quelques pièces de gibier, et lorsque je m'approchai pour prendre le lièvre que je venais de tuer, ne lui ai-je pas vu une figure humaine. Effrayé, je me reculai et le laissai sur la bruyère, et lorsque je revenais à la ferme, mon chien Madock vint m'apporter dans sa gueule ce lièvre, auquel je ne vis plus que les formes naturelles à cet animal.

— Pauvre Bernadic, dit la maîtresse, tu seras donc toujours poursuivi par cette image de Georges Cadoudal ; notre recteur ne t'a-t-il pas souvent répété qu'il fallait chasser ces illusions de ton esprit, et ne voir que la réalité des choses?

Le maître ne lui répondit point, il appuya son coude sur la table, et son front dans sa main.

— Allons, Bernadic, dit la maîtresse, chasse ces idées et vide ta tasse.

Il ne répondit point et restait toujours dans la même position.

— Il est fée, me dis-je, et les autres serviteurs pensèrent comme moi.

L'instant du repos arriva ; le maître, conduit par la maîtresse, monta en chancelant dans sa chambre. Nous dormions tous, lorsqu'un cri perçant nous éveilla.

— A moi, à moi ! cria la maîtresse ; Bernadic a saisi son sabre, et divague dans sa chambre.

Nous y courûmes tous : le maître, en chemise, tenant son arme à la main, faisait de grands mouvements en répétant à chaque instant : Me voilà, Georges, on passera sur mon cadavre avant d'arriver à toi.

— Depuis ce temps, ajouta la servante avec tristesse, le maître est tombé dans un accablement tel que nous nous attendons à chaque instant à le voir trépasser.

Ne pouvant apporter aucune consolation à cette famille, je pliai mon léger bagage. Après avoir chargé la servante de présenter mes excuses à sa maîtresse, je repris mon chemin vers Karnac, en réfléchissant aux étranges hallucinations qui peuvent troubler l'esprit d'un homme, après de profondes émotions.

Dire que je ne trouvai pas sur ma route, dans les lieux indiqués par mon itinéraire, une hospitalité franche et sans ces démonstrations que la nouvelle civilisation a introduites, ce serait calomnier l'hospitalité bretonne. Il est vrai que je ne descendais pas dans les habitations du simple travailleur, où j'aurais trouvé, je n'en doute pas, tout ce que la maison avait de meilleur, mais à beaux deniers comptants ; car en Bretagne, comme dans tout le reste de la France, le paysan ne donne pas au premier venu ce qui lui a coûté tant de peine à acquérir. Un seul instant, sur ma route, j'éprouvai des appréhensions : un soir, après avoir parcouru une assez longue étape, je me trouvai au milieu des landes, et, à mon estimation, assez éloigné de tout lieu habité. Mes habitudes de voyageur m'avaient endurci à la fatigue, mais, il faut que je le confesse, je ne me voyais pas sans inquiétude dans la nécessité de passer une nuit à la belle étoile, n'ayant pour couche que des bruyères, et un ciel chargé de nuages qui ne m'annonçait rien de bon. Tandis que mes regards inquiets se portaient sur l'immense surface des landes, j'aperçus à environ un quart de lieue une colonne de fumée qui s'élevait comprimée par l'atmosphère brumeuse. Là où il y a de la fumée, il y a une habitation, et cette demeure est à l'abri de l'humidité de la nuit. Je me dirigeai donc vers le point où s'élevait cette colonne de fumée, et n'apercevant aucun toit, je me crus la dupe d'une illusion. Cependant la fumée montait lentement dans l'atmosphère; il était impossible que là où elle s'élevait il n'y eût pas des hommes. Peut-être des chasseurs attardés, me dis-je, peut-être des charbonniers; mais que viendraient-ils faire en un lieu où il n'existe pas un seul arbre? Je m'avançais toujours, en proie à une certaine inquiétude, lorsque j'aperçus un groupe d'hommes, de femmes et d'enfants entourant un feu de bruyère. Deux énormes chiens vinrent à ma rencontre en hurlant ; je passai outre en les écartant à l'aide de mon bâton de voyage. Les hommes que j'avais découverts autour du feu se levèrent; mais quels hommes, bon Dieu! Callot le peintre n'en eût pas demandé de plus propres à exercer ses pinceaux : des hommes couverts d'oripeaux, des femmes vêtues comme l'imagination ne saurait les revêtir, se levèrent devant moi, et ce fut aux aboiements des chiens et au silence, qui me parut sinistre, de la réunion, que je fis mon introduction dans cette étrange assemblée. Un homme âgé vint au-devant de moi.

— Que voulez-vous, me demanda-t-il brusquement, et qui êtes-vous?

— Un voyageur attardé, lui dis-je; il paraît que je me suis égaré dans les mille sentiers des landes. La nuit est noire, et je voudrais me reposer.

— Qu'à cela ne tienne, me répondit-il; entrez sous cette petite tente, et vous trouverez un lit de bruyère assez moelleux.

Son regard inquisiteur me parcourut des pieds à la tête; il est présumable que ma personne ne lui inspira aucune inquiétude. Aussi me dit-il avec plus d'urbanité que je n'aurais dû m'y attendre :

— Si vous n'avez pas de provisions de bouche, venez à notre cuisine, et vous prendrez part à notre souper.

La proposition me plut ; comptant arriver dans un lieu habité, je n'avais fait aucune préparation pour ma nourriture. Sur des bayettes enlevées de je ne sais où, car il n'y avait pas un seul arbrisseau aux environs, des abris de bruyères formaient un rempart du côté de l'ouest ; deux ou trois petites tentes s'élevant à peine à deux pieds au-dessus du sol, étaient protégées par ces abris. Une grande marmite supportée par une traverse en fer, que deux autres traverses en triangle et du même métal soutenaient, bouillait sur le brasier, que des femmes et des enfants alimentaient en y jetant à profusion des bruyères. Je me trouvais dans un campement que des nomades qui circulent dans les vastes terrains vides de la Bretagne avaient établi pour leur séjour provisoire. Je rabattis les pans de mon habit sur les deux pistolets placés dans ma ceinture, ainsi que sur mon poignard. Ce n'est pas que j'eusse de graves inquiétudes, car je savais que ces troupes nomades parcouraient la Bretagne, et ne faisaient la guerre qu'aux poulaillers, mais je me disais avec le bon La Fontaine :

> Deux sûretés valent mieux qu'une,
> Et le trop, en cela, ne fut jamais perdu.

Ma présence ne parut causer aucune inquiétude aux nomades : des femmes déguenillées, des enfants presque nus circulaient autour de moi, aspirant les vapeurs qui s'élevaient de la vaste marmite.

— Bon, me dis-je, pourvu que je m'en tire, voilà un petit épisode à ajouter à mes pérégrinations. La marmite est ôtée de dessus le feu, la bande est autour, et attend la pâtée. Point d'assiettes, point de fourchettes, mais des couteaux longs et aigus. Le plus vieux, armé d'une fourchette qui ressemblait à une petite fourche, tira les morceaux de la marmite, et les distribua avec une équité remarquable. Ces morceaux, qu'étaient-ils? Des lapins, des lièvres, des volailles et des quartiers de mouton.

— Diable! me dis-je, si c'est l'ordinaire de ces gens-là, ils ne doivent pas se plaindre de leur sort; mais où sont le pain, la galette traditionnelle? A peine avais-je fait cette réflexion, que deux vieilles apportèrent une corbeille chargée de galettes et de pain noir.

— C'est bien, dis-je, me parlant toujours à moi-même; mais il faut de l'eau ou une liqueur quelconque. A peine avais-je fait cette réflexion, que je vis deux grands gaillards apportant un petit baril qu'ils déposèrent au milieu de l'assemblée. Il était plein de cidre, mais d'un cidre de choix. Alors chaque assistant tira de dessous ses habits un petit verre en fer, et reçut sa part du cidre. On ne m'avait pas oublié : une galette enveloppant une moitié de poulet me fut présentée, et comme je n'avais pas de vase, le chef ou celui que je pris pour tel m'offrit le sien.

Mes yeux se promenaient avec curiosité sur cette réunion d'hommes : que sont-ils? que font-ils? sont-ils à la charge de la société sans rien lui produire? Je fus bientôt renseigné; ces hommes parcouraient la campagne; les uns raccommodant les poteries fêlées, étamant les ustensiles de cuivre, en un mot faisant ce que font les chaudronniers ambulants; d'autres soignaient les bestiaux malades, et les femmes disaient la bonne aventure aux simples paysans de la Bretagne et tiraient ce que l'on nomme vulgairement les cartes. Je compris aussitôt dans quelle société je me trouvais, et je voulus l'observer. Les hommes étaient d'une taille moyenne, avaient le teint très brun, et une figure assez régulière; leur chevelure noire était naturellement bouclée et retombait sur leurs épaules. Leurs grands yeux noirs respiraient l'astuce. Quant aux femmes, dont la chevelure était noire comme du jais et retombait en spirales sur leur dos, elles avaient toutes les yeux larges à fleur de tête et d'une singulière expression. Les mains étaient petites, les pieds également, et l'ensemble du visage était gracieux, sauf ce regard inquiet et sauvage qui me donnait l'idée de la bête fauve. Je n'eus pas à me plaindre de leur société, et je pus dormir sous les lambeaux de leur tente.

La fatigue dispose au sommeil; aussi à peine étais-je étendu sur ma couche de bruyère, sur laquelle mon havresac me servait d'oreiller, que je m'endormis profondément. Soit que mes hôtes eussent passé la nuit à la maraude, soit à toute autre occupation qui les avait tenus éveillés une partie de la nuit, je fus le premier éveillé dans le campement. En entr'ouvrant doucement la toile de la petite tente, je pus remarquer le pêle-mêle qui existait entre les dormeurs. Bien certainement ces gens-là n'avaient pas la moindre idée du bien-être : étendus comme des animaux dans un parc, ils dormaient tous d'un sommeil qui me parut paisible. Je portai la main à mes poches, à mon havresac ; rien ne m'avait été dérobé. Décidement, me dis-je, ces gens-là valent mieux que leur réputation. Le vieillard, qui probablement était le chef de la bande, se leva le premier, il secoua de la main la rosée qui humectait sa tête et sa barbe. S'étant aperçu que j'étais éveillé, il vint vers moi, et me demanda si j'avais pu reposer. Ma réponse parut lui faire plaisir.

— Nous allons décamper, me dit-il; quelle route vous proposez-vous de suivre? ou mieux, où voulez-vous aller?

Après avoir consulté mon petit itinéraire, je lui indiquai un village qui ne pouvait pas être très éloigné.

— Bien, me répondit-il, mais vous avez plusieurs lieues de landes à traverser, et vous vous égarerez encore. Je vais vous donner un guide.

Pendant ce temps-là, les autres s'étaient éveillés, et se tenaient debout auprès de nous.

— Je ne veux pas vous quitter sans vous témoigner ma reconnaissance pour votre bon accueil et pour votre souper; et je lui mis dans la main deux écus de six livres. J'eus tort, comme on le verra bientôt; la vue de l'argent, qui faisait pour eux une somme peu ordinaire, fit pétiller tous les yeux de convoitise; mon extérieur excessivement simple, la légèreté de mon bagage, leur avaient fait supposer que j'étais un voyageur dont la bourse n'était pas grosse : mais donner douze livres pour un souper qui ne leur avait coûté que la peine pour le faire cuire, et une couche de bruyère sous des lambeaux de toile, leur parut une générosité qui leur prouvait que ma bourse était bien garnie. Je partis guidé par un enfant de douze à quatorze ans, mais j'eus de tristes pressentiments : les regards qui tombaient sur moi, les chuchotements entre eux, ne m'annonçaient rien de bon. Je savais d'ailleurs que ces nomades respectent leurs hôtes tant qu'ils sont dans leur campement, et que ce respect cesse dès qu'ils en sont sortis.

Dès que je fus à une certaine distance du campement, je portai la main à ma ceinture, où se trouvaient mes pistolets et mon poignard ; mon bâton ferré pouvait au besoin me servir d'arme. Mon petit guide marchait en avant, portant autour de lui des regards investigateurs. Il me conduisit vers une vallée où s'élevaient des broussailles et quelques châtaigniers. J'hésitai à le suivre, et lui rappelai que les routes ne traversaient pas ordinairement les vallées. Il me regarda d'un air étrange, et me répondit seulement :

— C'est le plus court chemin.

J'allais probablement me décider à le suivre, quand, en jetant les yeux vers la gauche, je découvris bien distinctement trois hommes qui venaient en faisant un circuit vers la même vallée. Je refusai donc de suivre mon guide.

— Eh bien ! me dit-il d'un air dépité, allez, puisque vous connaissez le chemin mieux que moi ; et au même instant, tirant d'une poche un sifflet en os, il fit entendre plusieurs sons, mais différents les uns des autres. D'autres siffleurs répondirent du côté où j'avais aperçu trois hommes. J'étais tombé dans un guet-apens ; j'étendis la main pour saisir mon guide, mais avec la prestesse d'un singe il se mit à gambader à travers la lande en répétant ses coups de sifflet.

Je ne me donne pas comme un homme impassible à la crainte : j'avoue que j'en éprouvai, et m'éloignant rapidement vers le côté opposé où j'avais découvert ces hommes.

je fus assez heureux pour trouver une large voie tracée dans la bruyère, et les traces de roues de charrettes.

— Là, me dis-je, où l'on trouve de pareilles empreintes, on peut être sûr qu'un lieu habité n'est pas loin. Ce fut donc à pas précipités que je suivis cette route, et ce qui me rassura complètement, fut la rencontre de deux hommes couverts de peaux de chèvre qui chassaient devant eux quelques vaches maigres. Je les abordai, et leur adressant la parole en français, je reconnus que ces hommes ne me comprenaient pas. Le bas-breton m'était un peu connu, et je pus leur indiquer le lieu où je me proposais de me rendre.

Il me fut bientôt prouvé que cette rencontre avait été très heureuse pour moi, car les trois hommes déjà découverts sortirent des broussailles du bout de la vallée, et s'arrêtèrent aussitôt en me voyant en compagnie de deux paysans. Ce fut alors que je racontai de mon mieux à mes deux compagnons de route la rencontre que j'avais faite la veille au soir, et la nuit que j'avais passée dans un campement de nomades.

— Ah! dit un des deux paysans, les voleurs de poules et de légumes sont donc encore dans le pays!

Après cela il me raconta assez longuement que leur village avait été privé d'une partie de ses volailles, les jardins dévastés, non la nuit qui venait de s'écouler, mais celle qui l'avait précédée.

— Ma foi, me dis-je, il paraît que j'ai mangé des poules de ces braves gens, car la marmite où avait cuit mon souper était bien garnie pour des gens de l'espèce de ceux avec qui je m'étais trouvé.

Tout en cheminant, les deux paysans me racontèrent nombre de maraudages, et me parurent très décidés à faire avec leurs voisins une battue dans le pays.

Peu de temps après, je vis la pointe d'un clocher s'élevant au-dessus de bouquets d'arbres, puis bientôt des toits verts, qui m'annonçaient un village assez considérable. Chose assez commune en Bretagne, il n'y avait pas une seule auberge pour recevoir les voyageurs; ce n'étaient que les jours de pardon (fête religieuse et commerciale) que quelques personnes établissaient des tentes, et débitaient des provisions et du cidre. Soit que mes deux compagnons ne se souciassent pas de m'héberger, ou soit la vérité, ils me dirent qu'ils habitaient à une assez grande distance du village, et me conseillèrent de m'adresser à la cure, habitée par un recteur très bon, très charitable, et que l'on ne manquerait pas de m'offrir une hospitalité momentanée. C'est ce que je fis, et je m'en trouvai bien.

Le recteur, chez lequel je me présentai, était un homme de petite taille, très maigre, ayant l'air froid et préoccupé.

— Monsieur le recteur, lui dis-je, je suis ce que l'on nomme un touriste, je m'en vais à travers la Bretagne, récoltant les souvenirs du passé et m'attachant surtout à ses légendes.

Le regard du recteur, qui était resté fixé sur le plancher, se tourna sur moi, et je vis un œil bienveillant.

— Vous n'avez pas trouvé dans notre village, me dit-il, une seule maison ouverte à l'étranger, et vous êtes venu chez moi : soyez le bienvenu ; mais avant de faire plus ample connaissance, acceptez mon modeste déjeuner, et nous causerons après.

Il est bien certain que ce déjeuner était modeste; des œufs frais, du beurre et du cidre. Si le recteur m'examinait, je lui rendais bien la pareille, et bientôt je vis naître en moi des sentiments sympathiques pour lui.

— Me permettrez-vous, me dit-il, de vous demander ce que vous avez déjà récolté de légendes?

— Très volontiers, lui répondis-je ; ma légende des *Vieux Bretons, ou les Epaves de l'Océan* ne vous est peut-être pas connue?

— Vous vous trompez, me répondit-il, et si j'en avais connu l'auteur, j'aurais pu lui donner quelques renseignements nouveaux.

— Je les accepte avec reconnaissance, lui répondis-je ; mais ce que j'ai inséré dans mon ouvrage m'a été raconté par un membre de la famille Judicaël.

— Judicaël! me dit-il; mais c'est une famille presqu'alliée à la mienne; ne connaissiez-vous pas aussi notre patriarche, le vieux Tanouarn?

— Je les connais tous, lui répondis-je; j'ai été assez heureux de passer sous le toit de Joë-Judicaël, et je me suis entretenu avec votre patriarche.

— Ah! me dit-il avec une grande animation, vous n'êtes plus pour moi un étranger, mais un ami. Il y a quelques jours, le patriarche était chez moi, toujours vert, toujours vigoureux, et toujours partisan de l'eau pure.

— Mais, lui demandai-je, si vous avez quelques observations à faire sur mon ouvrage des *Vieux Bretons*, je vous prie de me les dire, j'en prendrai note.

— Je puis vous promettre mieux que cela, me dit-il; je me suis occupé des antiquités de notre pauvre Bretagne, et contrairement à ceux qui n'y ont trouvé d'intérêt que dans la lutte entre Charles de Blois et Jean de Montfort, je suis retourné plus avant dans le passé.

Savez-vous bien, me dit-il d'un air très grave, que les druides avaient laissé dans l'Armorique une semence favorable à notre sainte religion; ils enseignaient l'immortalité de l'âme, les récompenses et les peines dans une vie future, et, ce qui vous surprendra, c'est qu'ils avaient préparé l'établissement du christianisme dans nos contrées. Vous dire que leurs sacrifices sanglants entraient dans les idées des premiers chrétiens, ce serait vous dire une chose contraire à la vérité : ils furent proscrits et cruellement persécutés; mais ils avaient semé le bon grain, l'immortalité de l'âme, et les récompenses ou les punitions dans une autre vie. Dans le septième et le huitième siècle de notre ère, on crut avoir anéanti le druidisme, mais il n'avait changé que de forme, et nos populations grossières et ignorantes se contentèrent de la substitution des noms. Nos fêtes votives, que nous appelons pardons, furent établies par un des premiers apôtres qui prêcha le christianisme en Armorique, et mirent fin aux assemblées mystérieuses dans les bois, en établissant un culte tout de charité et d'amour.

Nous avons eu longtemps, ajouta-t-il, des croyances superstitieuses se rapportant à un chef de druides, nommé Merlin. J'ai cherché dans tous les vieux livres que j'ai pu me procurer les preuves de l'existence de ce druide vénéré. Vous le dirai-je, j'ai presque acquis la conviction que ce druide, dont on a fait un magicien, était un apôtre du christianisme, mort ignoré, et qui précéda l'arrivée de saint Yves en Armorique.

— Mais enfin, lui dis-je, car chacun a ses idées arrêtées, quels renseignements auriez-vous pu me donner et qui manquent à mon ouvrage des *Vieux Bretons?*

— D'abord, me répondit-il, vous avez attribué à monsieur Bonami, recteur de Karnac, la suppression des pillages et des massacres des naufragés; il faut lui rendre cette justice, mais cette suppression ne s'étendit que sur une partie du littoral, et cette rapacité sauvage ne continua pas moins à s'exercer sur les autres parties. L'exemple de monsieur Bonami fut suivi de proche en proche par les autres recteurs des côtes; mais il faut se reporter à cette époque, où les habitants sauvages et vraiment féroces ne trouvant pas dans l'aridité de leurs champs ce qui pouvait suffire à leurs besoins et surtout à leur rapacité, continuèrent, là ouvertement, là clandestinement, les coutumes qu'ils avaient reçues de leurs barbares ancêtres. Lorsque notre duchesse Anne devint reine de France, sa haute intelligence lui fit comprendre que les côtes de Bretagne ne devaient pas être inhospitalières; ce fut alors, et chose étrange! l'histoire ne le mentionne pas, qu'il y eut entre tous les recteurs de la Bretagne une ligue aussi humaine que sacrée pour préserver les naufragés si nombreux sur nos côtes. Mais je veux mettre sous vos yeux un écrit où j'ai consigné mes réflexions et les renseignements que je me suis procurés sur le passé : il s'agit des druides, de leur morale et de leur culte. En attendant, me dit-il, j'espère que vous m'accorderez quelques jours, et que nous pourrons causer ensemble du passé.

Dans ces contrées, la vie de recteur est monotone : s'il

s'agit de croyances et de religion, il n'a rien à ajouter, car la croyance religieuse est profonde ; mais s'il s'agit d'éclairer les paroissiens sur leurs intérêts agricoles, l'inexpugnable routine se dresse devant vous, et ils vous répondent froidement : Nous faisons ce que faisaient nos pères. Cependant, Monsieur, puisque vous parcourez la Bretagne, vous avez dû remarquer qu'elle pourrait produire dix fois ce qu'elle produit aujourd'hui : il est vrai que les rafales de l'Océan passent souvent sur notre terre comme des trombes ; mais pourquoi sont-elles si funestes? C'est qu'elles rasent des landes aussi unies que la mer, et que, ne trouvant pas d'obstacles, elles sévissent dans toute leur force. En achetant une certaine quantité de landes, et les faisant défricher et planter en pins maritimes, j'ai déjà obtenu un abri pour nos pauvres villages : d'autres propriétaires songent à m'imiter, et Dieu veuille que cet exemple soit contagieux, dit-il en souriant.

J'avais rencontré, je ne dis pas un excellent recteur, mais un homme intelligent, et qui s'occupait de la vie matérielle de ses paroissiens.

Je me laissais aller au plaisir de causer avec lui, et plus je le pratiquais, plus je l'appréciais sous tous les rapports.

Le soir, après le souper, qui fut plus substantiel que le déjeuner ou le dîner, je lui rappelai ce qu'il m'avait dit relativement aux druides. Il se leva de table, et passant dans son cabinet d'études, car il étudiait, il en revint avec un vieux manuscrit véritablement rongé par les vers.

— Voilà, me dit-il, ma réponse : je connais la langue de mon pays, mais je vous avoue que je n'ai pu comprendre entièrement ce manuscrit. Une seule chose vous intéressera. Ce sont, non des gravures, mais des scènes tracées à la plume. Il étendit alors sur la table une feuille de papier jaune, et représentant des scènes druidiques, personnages grossièrement tracés, rien de ce qui indique la perspective, mais mettant cependant sous les yeux des scènes que je n'avais point encore comprises. Le premier tableau représentait, dans une forêt épaisse, une réunion d'hommes couverts d'habits singuliers. Cette réunion était composée de différentes classes; là, des auditeurs attentifs écoutaient un druide dont les vêtements attestaient le rang. Il devait leur donner une leçon orale, car on sait que chez les druides rien n'était écrit, et que la mémoire seule devait reccueillir les enseignements. A côté, se trouvaient d'assez nombreux disciples, et j'aurais été bien embarrassé pour dire quelles étaient leurs occupations, si le recteur, après avoir lu quelques mots en breigaz, ne m'eût dit :

— Là est l'instruction législative : aussi, voyez la différence des costumes. Rien aussi n'est écrit : la mémoire seule est chargée de conserver l'enseignement. Un instant après, il ajouta :

— Dans les autres tableaux que je vais vous mettre sous les yeux, vous ne verrez aucune image sensible : des bouquets de gui, voilà tout.

— Mais cet autre cercle, lui demandai-je, que signifie-t-il? j'y vois des hommes qui tiennent en main des instruments de musique à trois cordes.

— Ce sont les bardes, me dit-il; ils enseignent la musique à leurs élèves, et vous voyez que tous sont munis des mêmes instruments.

La figure du maître me parut mieux tracée; il y avait presque de l'inspiration dans les regards. Je m'y arrêtai plus longtemps qu'aux autres tableaux; le recteur me dit :

— Passons à la quatrième page. Je n'ai pu me l'expliquer qu'en supposant que ce sont les tortionnaires du druidisme. Voyez ces bras nus, armés de larges coutelas, ces yeux que l'on a rendus étincelants mais sauvages et féroces. Je n'oserais vous donner l'explication de ce tableau, mes recherches ne m'ont donné aucun renseignement à ce sujet.

Tout était grossièrement tracé; pas la moindre connaissance de l'art de la peinture, mais il y avait quelque chose de hardi, et souvent de vrai. Les grands chênes étaient assez bien tracés, les ombres mal ménagées, et tout se réduisait à jeter de la lumière sur chaque point de la scène. Ces informes dessins m'avaient profondément ému; ils devaient remonter à une époque très reculée, et le papier sur lequel ils étaient figurés me porta à croire que c'était le papyrus d'Egypte importé par les Phéniciens.

Quand on a sous les yeux des objets provenant d'un passé déjà si lointain, on ne peut s'empêcher de faire de profondes réflexions.

— Voilà, me disais-je, des tableaux qui retracent un passé déjà oublié : mais avons-nous une idée, je ne dis pas exacte, mais approximative de ce que fut ce passé ?

— Vous réfléchissez, me dit le recteur Jégu; mais en examinant ces tableaux, j'ai souvent aussi réfléchi, et je me suis souvent demandé : Comment connaîtrions-nous un passé qui n'a laissé rien d'écrit, et à quelle époque pourrait-on fixer le tracé de ces tableaux, qui n'a pu l'être qu'au septième ou au huitième siècle de notre ère, à l'époque où les druides étaient bannis et pourchassés à outrance. Ce n'est pas tout, me dit-il, j'ai à mettre sous vos yeux un dernier tableau, qui vous fera peut-être connaître l'intérieur de la famille des druides.

Il étendit sur la table un large papier qui était en rouleau, et je vis une scène véritablement étrange. Dans un des coins du tableau, des druides étaient montés sur un énorme chêne, et, la serpette à la main, en détachaient d'énormes touffes de gui; la couleur rouge de la serpette me rappela que celle qu'on employait en pareil cas était d'or. Sous l'arbre se tenaient de jeunes garçons à longues chevelures, recueillant le gui sacré, et de l'autre côté des jeunes filles que voilaient des tissus blancs et qui recevaient des jeunes garçons les guis débarrassés de tout corps étranger.

—C'est probablement la cérémonie du gui l'an neuf. Mais, ajouta-t-il en passant le doigt sur l'autre angle du tableau, voilà ce qui vous donnera une idée de l'intérieur d'une famille druidique : la demeure est haute et large, protégée par les vigoureux rameaux des chênes. Des femmes, remarquables par leurs longs voiles blancs, semblent vaquer aux occupations intérieures du domicile. Ce groupe d'enfants prouve la résignation et le silence : la cuisine est large, des vases d'airain sont soutenus sur un foyer par de larges bandes de fer, et une longue table va d'un bout à l'autre de la cuisine; voyez sur cet escabeau élevé un homme à longue barbe revêtu d'habits sacerdotaux; il semble présider à tout ce qui se passe dans l'intérieur. Malgré la grossièreté de la peinture, cette figure offre quelque chose qui commande le respect et même la crainte. Jetez les yeux sur cet autre point du tableau : c'est une réunion d'hommes; celui qui se tient au milieu est probablement un orateur : il a jeté presque sous ses pieds une branche de gui; ce mépris pour la plante sacrée est une déclaration de guerre. Voyez-vous ces bras qui s'allongent comme pour le relever, et ces haches dont la couleur indique le cuivre; c'est évidemment une déclaration de guerre. A côté de cette réunion, voyez-vous ces hommes dont la ceinture est serrée, dont les braies sont relevées et assujéties par des liens de peau? Ce sont probablement des courriers ou des agents qui vont déclarer la guerre ou la paix. Contre les parois, voyez ces haches étincelantes, ces arcs appendus à côté de carquois remplis de flèches, et vous comprendrez avec moi que ces hommes vont partir pour la même destination. Dans un petit point qu'il me désigna du doigt, on voyait une femme entourée d'enfants; elle étendait les mains et semblait vouloir les protéger. Je ne sais si je me trompe, mais je crois que ces cinq tableaux m'instruisent plus sur le passé que tout ce que les historiens ont pu en dire.

J'examinai avec une attention curieuse ces tableaux qui annonçaient à peine l'enfance de l'art de la peinture, mais qui décelaient une main vigoureuse, quoique ignorante.

CHAPITRE II.

Suite de la légende. — Le château de Plouëdic fortifié par une famille persécutée par les seigneurs. — Cette famille est massacrée toute entière. — Les garnisons du château sont obligées plusieurs fois de quitter les lieux. — Événements surnaturels qui s'y passaient. — Autre légende. — Ce château abandonné devient la résidence d'un apôtre. — Il y réunit un petit troupeau de chrétiens. — Détails relatifs aux mœurs de l'époque. — Description des châteaux. — Cause de leurs constructions. — Le fils du seigneur de Vaucourt, à qui appartenait le château, rend visite à l'apôtre. — Ce qui se passa. — Faits merveilleux. — Double vision de l'apôtre. — Il obéit. — Quatre missionnaires catholiques sauvés du naufrage.

Le recteur me fit examiner ces tableaux et me les expliqua autant qu'il le pouvait.

— Voilà qui est bien, lui dis-je, mais ceci ne m'apprend rien relativement aux légendes du passé.

— Non, répondit-il, il y a une interruption, et je ne puis pas la remplir : si vous voulez des légendes, il faudra nous reporter au commencement de l'ère chrétienne.

— Mais, lui répondis-je, je cherche des légendes, quelque soit leur âge; racontez-moi les vôtres.

— Il y avait, me répondit-il, à l'époque où la Bretagne était un duché séparé de la France, une famille dont le nom n'est pas passé dans l'histoire; c'était la famille des Laënnec. Le père était à la tête d'une nombreuse famille, et tous étaient Armoricains pur sang. Une guerre s'était élevée entre des seigneurs du voisinage, et ne voulant pas se mêler à la querelle, ils réunirent leurs voisins et leur firent comprendre que cela ne les regardait pas. C'était jeter à cette époque un point d'intersection entre les seigneurs qui gouvernaient le pays. La famille Laënnec fut mise à l'index, et déclarée en-dehors de toute protection seigneuriale. Le chef était un homme énergique; il rassembla ses parents et ses amis, et forma un groupe de combattants assez considérable. Les seigneurs qui se débattaient entre eux firent la paix, et vinrent écraser le château de Plouëdic, dont les récalcitrants avaient fait une place forte. Hommes, femmes et enfants, tout fut passé au fil de l'épée, et la terre devint vide de travailleurs. Ils croyaient avoir assoupi tout sentiment de résistance, mais on dit qu'ils eurent alors affaire avec les morts. Le château de Plouëdic, qu'une garnison alliée occupait, fut tellement travaillé par les apparitions, qu'elle refusa d'occuper plus longtemps cette habitation. Les soldats, disaient-ils, entendaient durant la nuit les cris et les clameurs de la guerre, et ne pouvaient se reposer. A cette garnison en succéda une autre, et cette autre déclara le séjour impossible. Dans les tours, sur les remparts, dans les salles d'armes, on entendait la nuit des cris et des cliquetis d'armes de toute espèce; un pareil séjour était impossible. Le sire de Vaucourt, à qui cette forteresse avait été échue, y envoya une garnison composée d'hommes de tous les pays, c'est-à-dire de bandits. Leur installation se fit dans une orgie générale, et ce fut presque un défi aux esprits qui hantaient ce château.

La nuit de leur installation les détrompa singulièrement : aucun d'eux n'avait pu dormir, et le bruit et le vacarme redoublèrent. Le commandant de la garnison, le sire de Plénicont, fit faire les perquisitions les plus minutieuses, et rien ne fut découvert. Les nuits suivantes furent encore plus troublées que les premières, et la garnison déclara qu'elle déserterait en masse si on ne la changeait pas de résidence.

Instruit de ces détails, le sire de Vaucourt envoya un capitaine des malandrins avec une garnison de son espèce. Ces gens, qui ne connaissaient ni Dieu, ni rien que la force, s'installèrent dans le château. Un festin immense avait été préparé, et tous les convives abreuvés de boissons se retirèrent chacun dans ses quartiers, riant des superstitions de ceux qui les y avaient précédés. Je ne sais, ajouta le recteur, que ce que le narrateur de la légende m'a appris, mais il paraît qu'il se passa dans le château des choses si étranges, que dès le lendemain la nouvelle garnison déclara qu'elle ne pouvait plus y rester. Des courriers envoyés au sire de Vaucourt, revinrent avec l'ordre de conserver cette position.

Il faut se transporter par l'imagination à cette époque, et savoir combien peu l'ordre des chefs était respecté. La garnison, ayant en tête son commandant, alla s'établir dans une des cours attenantes au château. Alors une scène inouïe eut lieu : cavaliers et chevaux furent tellement agités durant la nuit, que tous déclarèrent qu'ils ne resteraient pas un jour de plus dans ce lieu maudit.

Le sire de Vaucourt, informé de ce résultat, résolut de se rendre sur les lieux, car la place était forte, et de voir par lui-même ce qui décourageait les gens de son parti.

Il arriva accompagné de cent cavaliers, qui avaient chacun son courtilier et son écuyer : il s'installa dans la principale chambre du château, mit des gardes partout, comme si l'ennemi allait l'attaquer. Les provisions de toute sorte ne lui manquaient pas : les bois environnants foisonnaient de sangliers, de daims et de cerfs, et les étangs d'alentour permettaient une ample capture.

Tout était donc pour le mieux, et le sire de Vaucourt traita ses gens en grands seigneurs. La nuit arrivait, nébuleuse et chargée d'orages. Les girouettes des tours, agitées par le vent, criaient et grinçaient d'un murmure étrange. De Vaucourt, dans la salle du festin, n'entendait rien et se livrait à ces débauches si communes à cette époque.

La nuit est arrivée, sombre et pesante sur tous les êtres. De Vaucourt se lève de la table du festin, et demande à grands cris la boisson connue dans le pays. Un serviteur à qui il tendait sa coupe lui dit :

— Messire, la terreur s'est emparée de vos gens, ils se sont réfugiés dans les casemates, et la pluie et la grêle tombent par torrents.

— Est-ce que la pluie et la grêle sont des choses inconnues dans notre Bretagne ? répondit de Vaucourt ; est-ce que des gens qui les ont mainte et mainte fois supportées pourraient en être épouvantés ? Allons, allons, faites sonner le ralliement, et voyons combien nous avons d'hommes qui n'ont pas peur des éléments.

A peine avait-il prononcé ces paroles, que deux éclairs successifs traversèrent la salle, et qu'une secousse violente de tonnerre renversa la table et les siéges qui l'environnaient. De Vaucourt devint pâle comme un linceul; mais se redressant avec énergie, il fit appel à ses gens. Tous avaient déserté, il se trouva seul dans la salle du festin. De Vaucourt était d'une nature pleine de courage; les combats et les luttes avaient été jusqu'alors ses passe-temps, mais il reconnut alors qu'il avait affaire à une puissance supérieure et contre laquelle ni courage ni énergie ne pourraient lutter. Il descendit dans la cour, où ses gens devaient se trouver réunis : elle était déserte : il eut beau élever la voix, personne ne vint à son ordre, et il se trouva réduit à l'impuissance personnelle. Cependant la tempête continuait et les grêlons rejaillissaient sur son armure, et il se trouva dans l'isolement le plus complet, sans secours et sans appui.

Dans une pareille position, il crut devoir payer de sa personne : il alla parcourir tous les appartements du château, et il les trouva tous vides.

— Qu'est donc ceci? la discipline n'a donc plus d'effet sur mes gens? Il prit le cor suspendu à son cou, et fit entendre des appels réitérés. Rien, rien, il se trouvait seul dans un château désert. L'homme qui commande a de l'énergie, parce qu'il compte sur ceux qui lui obéissent ; mais quand il se trouve absolument seul, réduit à ses propres forces, il comprend sa nullité et son impuissance. Dans son désespoir, il se rendit aux écuries, où devaient se trouver les chevaux de ses hommes d'armes : un seul cheval y restait, c'était le sien.

— Ainsi, se dit-il, tous ont abandonné leur poste; mais ce qui me prouve qu'ils l'ont fait avec réflexion, c'est qu'ils ont emmené leurs chevaux et leurs bagages. S'il y avait trahison, ils n'auraient pas disparu, et auraient accompli leur acte d'indiscipline en m'entourant. Mais ils ont fui :

ah! les lâches! que faire en cette circonstance? Il s'occupa lui-même autour de son cheval des soins qui incombaient à ses deux courtiliers ; mais quelle fut sa consternation, quand le cheval de bataille, dont il achevait lui-même le harnachement, se mit à trembler sur ses jambes et poussa deux ou trois hennissements plaintifs.

La grêle redoublait, le vent soufflait avec violence : il crut que tours et créneaux allaient crouler. Ne sachant ce qu'il devait faire, il se coucha auprès de son cheval et écouta les bruits sinistres qui provenaient du dehors : en songeant à ce qui venait de se passer, il ne put s'empêcher de croire à l'intervention d'une puissance supérieure et occulte, et restait dans l'état d'un homme qui ne sait ni ce qu'il doit faire, ni ce qu'il peut faire. L'orgueilleux seigneur de Vaucourt se trouvait en présence de lui-même, en présence de sa nullité personnelle : l'audace et l'énergie qu'il puisait dans son entourage avaient complètement disparu. Livré aux plus pénibles réflexions, il cherchait les moyens de sortir d'une situation désespérée. Son cheval lui refusait ses services, la tempête continuait d'une manière effrayante; qu'allait-il devenir ?

Tout-à-coup, une petite lueur brilla à l'extrémité de l'écurie : le sire de Vaucourt se dressa vivement; cette lueur lui prouvait que le château n'était pas entièrement abandonné. Il courut vers le point où elle avait brillé, et se heurta contre une porte fermée. Cette porte devait communiquer aux cours intérieures du château : ses efforts pour l'ouvrir furent infructueux ; il revint plus abattu auprès de son cheval, et s'étendit de nouveau sur la litière; l'animal frissonnait, son poil était couvert de sueur. La tête du seigneur de Vaucourt s'égara; il se crut livré aux puissances occultes dont les traditions ne lui avaient pas manqué dans sa jeunesse. C'est dans ces moments désespérés que l'homme le plus ferme s'adresse à la puissance divine, qui règle et domine tout.

Il pria, le baron de Vaucourt, qui ne connaissait que la puissance de la force, et qui jusqu'alors avait tout vu céder devant sa volonté. Quelques lueurs pâles pénétrèrent dans l'écurie; la pluie et la grêle avaient cessé, et un nouveau courage venait de le ranimer. En portant la main sur son cheval de guerre étendu près de lui, il reconnut que les frémissements n'existaient plus, et que par conséquent la fin de cette tourmente extraordinaire se produisait. Il se redressa, excita son cheval à se mettre sur ses jambes, et ayant réussi, il le conduisit par la bride en-dehors de l'écurie. Il s'attendait à retrouver quelques-uns de ses soldats dispersés par la tempête : mais il ne rencontra personne. Sautant en selle, il se dirigea vers le pont-levis. La herse était levée, le pont baissé, il put sortir. Quel fut son étonnement, en voyant à droite et à gauche des chevaux attachés aux arbres et des hommes d'armes étendus sur le gazon humide. Le premier qu'il toucha du bout de sa lance se leva subitement, mais son regard était effaré. La terreur avait crispé son visage; il ne put répondre à son chef.

— Réveille tes compagnons, lui dit le sire de Vaucourt, réunis-les, il faut que je sache pourquoi ils ont abandonné leur poste.

— Seigneur comte, dit l'homme d'armes, comme s'il secouait une illusion, mes camarades et moi avons été forcés de quitter le château. Ah! s'écria-t-il en levant les mains en haut, les embuscades, la bataille, ne sont rien auprès de ce que nous avons vu.

— Éveille tes camarades, cria avec colère le comte de Vaucourt; mes hommes d'armes ne sont pas de vieilles femmes qui se laissent emporter par une terreur panique.

Quelques instants se passèrent avant que les compagnons de l'homme d'armes fussent réveillés. Alors le sire de Vaucourt, monté sur son coursier, la visière relevée et les yeux menaçants, leur adressa le discours suivant :

— Le château avait été confié à votre garde, pourquoi avez-vous déserté votre poste? quelle est la force qui vous a fait oublier la discipline, et quel est le chef qui vous a fait sortir de l'enceinte de ce château? Êtes-vous des hommes, vous qui avez déserté votre poste? êtes-vous des serviteurs fidèles, vous qui avez abandonné votre seigneur et chef dans une position qui vous paraissait dangereuse? Répondez, répondez donc, lâches serviteurs, pourquoi tous, car je n'en ai pas trouvé un seul à son poste, avez-vous déserté de ce château ?

Les hommes d'armes avaient la tête baissée, et nul n'osait répondre. Cédant à la violence de son caractère, le sire de Vaucourt saisit sa lance et allait en transpercer l'homme d'armes le plus voisin de lui. Tout-à-coup ces hommes, si tremblants un instant auparavant, se jetèrent autour du sire de Vaucourt, détournèrent la lance, et lui firent comprendre que toute résistance était inutile.

— Seigneur comte, lui dit un d'eux, vous nous commandez, parce que vous avez le rang et le droit de dominer : jusqu'ici, nous vous avons obéi ; mais si une puissance supérieure à la vôtre s'est interposée entre nous, nous lui avons obéi par la même raison qui faisait que nous vous obéissions.

— Expliquez-vous, cria le comte de Vaucourt en enfonçant la pointe de sa lance dans le sol. Quelle est la puissance supérieure à la mienne à laquelle vous avez obéi ?

La même voix de l'homme d'armes qui lui avait d'abord répondu, se leva et lui répondit :

— Quand vous nous commandez, nous vous voyons et nous vous obéissons ; mais quand une puissance supérieure et invisible non-seulement nous commande intérieurement, mais encore nous pousse irrésistiblement, il nous a fallu obéir.

Ces paroles parurent faire impression sur le comte de Vaucourt; il réfléchit quelques instants, puis il leur demanda ce qu'ils avaient vu, ce qu'ils avaient éprouvé.

— Nous n'avons entendu que les hurlements de la tempête, répondit l'orateur des gens d'armes, mais nous n'avons rien vu. Chacun de nous, sans délibération, sans accord, a couru à son cheval, à ses armes, et est sorti précipitamment de ce château de malédiction.

Le sire de Vaucourt resta comme pétrifié après cette déclaration, et commanda de s'éloigner du château.

Le château étant abandonné, le sire de Vaucourt ne jugea pas prudent d'y rentrer avec ses hommes d'armes, fort mal disposés alors. Il se replia avec sa troupe vers un château voisin appartenant à un de ses parents.

— Ne nous occupons plus de lui, me dit mon aimable hôte : voici une série de faits nouveaux qui commence, et nous allons passer d'un merveilleux à un autre.

A quelle époque ces événements eurent-ils lieu? je n'en sais rien : les seuls renseignements que j'ai pu me procurer semblent indiquer les premiers temps de l'établissement du christianisme en Armorique. Fut-ce un précurseur de saint Yves, ou saint Yves lui-même, ou enfin saint Patrick, qui étendit son apostolat jusque dans l'île d'Erin (Irlande)? Il m'est impossible de préciser le nom et l'époque. Toujours est-il qu'un étranger arriva sur nos côtes, qu'il y prêcha une religion inconnue alors, et qu'en peu de temps il se fit un certain nombre de prosélytes. Persécuté par les druides, il s'enfonça dans le pays et arriva dans le voisinage du château qu'une terreur superstitieuse avait laissé à l'abandon, et que, n'y trouvant ni possesseur ni maître en titre, il s'y installa avec son petit nombre de disciples. Ce fut une rumeur générale dans la contrée, et l'on s'attendait que les nouveaux occupants seraient chassés par les esprits, comme l'avaient été les hommes d'armes du sire de Vaucourt, et ceux qui depuis lui avaient eu la témérité de s'y installer.

Le nouvel occupant était un apôtre chrétien; il connaissait tous les bruits qui circulaient au sujet de la possession de ce château, et s'y installa néanmoins, en homme qui était au-dessus de ces croyances superstitieuses.

Après avoir passé tranquillement plusieurs jours dans les appartements délabrés par l'abandon, et sans y être inquiété par les esprits malfaisants qu'on disait hanter le château, il voulut en connaître tous les réduits. Plus d'un demi-siècle s'était écoulé depuis l'abandon du manoir, aussi le temps avait fait son œuvre de destruction. La grande cour intérieure où se réunissaient les hommes d'armes, soit pour une sortie, soit pour la défense du château, était envahie par les plantes parasites, et tout prouvait que le pied de l'homme ne les avait pas foulées. A droite se trouvait une immense salle : les bois vermoulus qui tombaient le long de ses côtés indiquaient le lieu où les anciens seigneurs suspendaient leurs armes. Au-dessus se trouvait une autre chambre d'une dimension égale : la vaste cheminée, les armoiries taillées dans la pierre, ainsi que quelques lambeaux de tapisserie grossière, indiquaient que cette chambre avait servi au seigneur du château. Les croisées longues et étroites étaient enfoncées entre deux murailles de plus de sept pieds de hauteur. Chacune de ces ouvertures de croisées avait pu servir de cabinet. Les autres appartements ressemblaient à des dortoirs, à chaque bout desquels se trouvait une petite chambre. Le reste du château était tellement délabré que l'apôtre chrétien ne jugea pas à propos de pousser plus loin ses recherches. Cependant les remparts et les tourelles qui s'élevaient de distance en distance restaient debout, la toiture seule avait disparu.

Aux alentours du château, une muraille presque circulaire annonçait que ces terrains, envahis par des plantes parasites, avaient servi de jardins. Chose qui peint bien les mœurs de l'époque, les terres qui environnaient le château à une certaine distance étaient incultes, et les quelques arbres fruitiers qui s'élevaient encore dans cet abandon semblaient tomber de vétusté.

En rentrant dans la chambre qu'il nomma seigneuriale, l'apôtre s'assit sur un débris et se livra à une profonde méditation. Tout-à-coup, comme mû par un instinct supérieur, il entra dans un de ces cabinets formés par la croisée et les murailles. Avec le bâton qu'il tenait à la main, il frappa cette épaisse muraille en plusieurs endroits. D'abord il n'éveilla qu'un son mat, mais vers le milieu il lui sembla qu'il y avait un vide derrière le mur. Il chercha avec attention s'il n'y avait pas de jointures, et découvrit avec étonnement les marques d'une porte perdue dans ce point. Il appela quelques-uns de ses disciples, et leur commanda de faire une ouverture dans la muraille. Les pierres, au lieu de tomber dans l'intérieur, roulèrent avec un bruit sourd de l'autre côté. Il venait donc de découvrir que, dans cette épaisse muraille, un conduit avait été pratiqué. L'ouverture était assez large pour qu'un homme pût y passer : à l'aide d'un flambeau de résine, le missionnaire s'y aventura. C'était un escalier en spirale qui descendait jusque sous la salle des hommes d'armes, et qui par un autre conduit semblait se diriger au-dehors du château.

— A ces époques reculées, me dit mon hôte, il paraît que la puissance druidique déclinait, et que des hommes influents soit par leurs richesses, soit par leur naissance, élevèrent sur le sol de l'Armorique des donjons où ils pouvaient se retirer en cas d'attaque; car dès que des hommes entreprenants purent étendre leurs propriétés, ils devinrent les antagonistes les uns des autres, et il fallait se mettre à l'abri des attaques. La construction de ces châteaux, dont on trouve tant de débris en Bretagne, semble avoir été faite sur le même modèle : des murs d'une énorme épaisseur, et dans cette épaisseur des couloirs qui conduisent sous le rez-de-chaussée, et de là en pleine campagne, souvent à une assez grande distance. C'était au moyen de ces couloirs que la garnison du château pouvait sortir en pleine campagne, et assaillir à l'improviste les assiégeants. C'était aussi par cette voie que les seigneurs incapables de soutenir un siége échappaient à leurs ennemis.

Mais revenons à notre apôtre : il paraît que c'était un homme d'une haute intelligence. Il comprit tout le parti qu'il pourrait tirer de sa position dans ce château délabré : il appela autour de lui ses prosélytes, leur fit rétablir des demeures habitables, puis les occupa à la culture du jardin d'abord. Il fallait que la puissance druidique fût bien affaiblie, car il ne fut pas inquiété dans son œuvre et vit bientôt s'augmenter son petit troupeau.

— Ici mon récit, ajouta mon aimable hôte, va prendre les

proportions d'une légende comme on les aime en Bretagne ; c'est-à-dire que nous y trouverons du merveilleux et du surnaturel à chaque pas. Je continue.

Depuis plusieurs mois, le vieux château semblait sortir de ses débris, les terres incultes avaient été remuées, et le petit nombre de disciples qui entourait l'apôtre jouissait d'un bien-être et d'une sécurité que l'on trouvait rarement à cette époque. Le sire de Vaucourt se présenta un jour devant l'apôtre, qui avait nom André. Il était tout armé, car depuis que certaines familles nobles s'étaient partagé les terres au détriment du duc de Bretagne, ces familles n'avaient d'autre occupation que la lutte de château à château. Cependant le sire de Vaucourt ne se présentait point en ennemi ; depuis qu'il avait été obligé d'abandonner ce château, comme poussé par une puissance mystérieuse, il avait appris que ce même manoir était paisiblement occupé par un homme venu de l'étranger, et qui avait rassemblé autour de lui un petit troupeau de prosélytes. L'apôtre reçut le sire de Vaucourt avec une bienveillance pleine de placidité, puis il lui demanda franchement quel était le but de sa visite.

— Mon but, répondit le sire de Vaucourt avec un ton d'un peu de hauteur, est de tâcher de trouver l'explication qui força mon noble père d'abandonner avec ses hommes d'armes ce château, et de le laisser à la merci du premier occupant. Répondez-moi nettement, ajouta-t-il. Depuis que vous êtes venu habiter ces ruines, s'est-il passé quelque chose de surprenant ? votre repos n'y a-t-il jamais été troublé ?

— Messire, répondit André, les seuls bruits que j'ai entendus sont ceux des choucas qui nichent dans les tourelles, et des oiseaux de nuit que nous avons forcés à nous céder ces lieux.

Le sire de Vaucourt le regardait avec étonnement, puis il lui dit qu'il serait désireux de passer la nuit dans une grande chambre dont son père lui avait fait la description.

— Vous ne serez pas bien logé ; elle n'a aucun meuble qui convienne à votre rang, et le seul lit sur lequel je couche ne vous conviendra certainement pas ; mais puisque tel est votre désir, nous allons visiter l'appartement avant que le soleil soit descendu trop bas pour ne plus l'éclairer, et alors, si vous persistez dans votre désir, je vous laisse pleine et entière liberté dans cet appartement, en vous accordant tout ce que ma position me permet de vous procurer, pour que vous ne puissiez pas y être tout-à-fait mal.

Marchant alors devant le sire de Vaucourt, il le conduisit dans l'appartement désigné. Celui-ci l'inspecta minutieusement, puis déclara qu'il voulait y passer la nuit. Par hasard il jeta d'une des fenêtres, qui ouvrait sur la cour, un regard qui peignit l'étonnement.

— Quels sont ces hommes, demanda-t-il, que je vois réunis dans cette cour et qui entrent en silence dans ce petit bâtiment dont le dôme s'élève en pointe?

— Ce sont mes frères, répondit l'apôtre André ; ils se rendent dans le petit oratoire, pour faire en commun la prière du soir.

— Je comprends, répondit le sire de Vaucourt ; vous appartenez à cette nouvelle religion qui enseigne que tous les hommes sont frères ?

— C'est la nôtre, répondit André, et si vous voulez assister à notre réunion du soir, vous pourrez juger des sentiments fraternels qui nous animent.

— Très volontiers, répondit de Vaucourt ; nous avons si peu de distractions dans le cours de notre vie, que je suis curieux de voir un culte qui ne se pratique pas mystérieusement dans le silence des forêts. Mais, ajouta-t-il, si vous vivez d'abstinence comme on le dit, n'étant point accoutumé à ce régime, je vais envoyer un de mes valets à la recherche de quelques provisions qu'ils trouveront sans doute dans les environs.

André répondit par un signe de tête affirmatif, et traversant la cour, suivi de celui qui s'était imposé comme son hôte, il entra dans la petite chapelle, où tous les habitants du château se trouvaient réunis. Le sire de Vaucourt, habitué au servilisme de ses valets, parut presque scandalisé en ne voyant aucun de ces paysans se lever a son arrivée. Un petit siége en bois se trouvait vide en face de l'autel. Lorsque je dis autel, gardez-vous bien de vous le représenter tel que ceux que nous avons aujourd'hui : c'était une table recouverte d'une nappe de lin, au-dessus de laquelle se trouvait un tabernacle en bois assez grossièrement peint, et au-dessus l'image du Christ en croix. De Vaucourt, installé sur le siége en bois, la visière seule de son casque levée, promenait avec étonnement ses regards dans ce petit oratoire : la vue des assistants, tous la tête nue et les cheveux épars sur les épaules et sur le dos, les yeux baissés et pleins de recueillement, jetait le sire de Vaucourt dans un véritable monde nouveau. L'apôtre, qui s'était retiré derrière l'autel, revint avec de simples habits sacerdotaux, et aussitôt un bruit se fit dans l'assemblée. Les assistants venaient de se jeter à genoux : André, à genoux lui-même sur une des marches de l'autel, commença d'une voix ferme et en même temps respectueuse à réciter la prière du soir. Les assistants répétaient les versets, et cela se continua jusqu'à ce que la prière fût achevée. Alors André, se tournant vers l'auditoire, prononça cette courte allocution :

« Mes frères, vous avez gagné par votre travail le pain quotidien que nous demandons à Dieu ; vous venez le remercier de vous l'avoir accordé, que sa sainte bénédiction s'étende sur vous tous, et que le sommeil réparateur des forces soit paisible pour vous. Retournez en paix. »

En même temps, il étendit les mains pour les bénir, et les auditeurs se retirèrent silencieusement et dans l'ordre le plus parfait.

— Mais quelle est donc cette religion ? demanda le sire de Vaucourt. Ces manants vous obéissent comme des agneaux ; croyez-moi, votre culte ne s'introduira point parmi nous ; nous avons la puissance, la force, et nous voulons une obéissance absolue.

— Il en sera ce qu'il plaira à Dieu, répondit l'apôtre, et nous aussi, les disciples de notre maître, nous obéissons, et allons où il nous commande d'aller. Il nous a dit : Allez, et instruisez toutes les nations. Nous nous sommes levés et répandus sans crainte à travers les peuples.

CHAPITRE III.

Suite de la légende. — Exposé de la situation de l'Armorique à l'époque du récit. — L'état des esprits ne permettait pas de comprendre un culte basé sur l'amour du prochain. — Idée singulière que se forma le sire de Vaucourt du culte de l'apôtre André. — Son projet brutal. — Comment il en fut puni. — Une nuit mystérieuse. — Une tentative punie. — Retraite du sire de Vaucourt. — Les deux révélations nocturnes faites à l'apôtre. — Départ pour Lanone. — Rencontre d'un officier de marine. — Deux amis se retrouvant. — Visite à la vieille aveugle. — Ses révélations. — Elle retient l'auteur dans sa maison.

Il faut se transporter à l'époque où se trouvaient les personnages que nous mettons en scène, ce qui, d'après mon appréciation, doit remonter entre le sixième et le septième siècle de notre ère ; à cette époque, disons-nous, déjà le druidisme avait été attaqué dans ses bases, et ses prêtres ne trouvaient d'asile que dans la profondeur des forêts ou les antres des rochers. Le paganisme romain avait fait invasion dans les Gaules et jusque dans l'Armorique, mais il n'avait pas enfoncé ses racines dans le sol. Un peuple opiniâtre comme l'Armoricain ne pouvait accepter de gaieté de cœur un culte imposé par des vainqueurs détestés. Ce fut donc antérieurement à cette époque que la péninsule armoricaine s'était constituée en duché, disent les uns, et en royaume, affirment les autres.

Quel que soit l'état arriéré où se trouve un peuple, il a toujours dans son sein des familles distinguées par leur origine, par les hommes qui les ont illustrées, ou par les exploits qu'ils ont accomplis. De là à former un gouvernement uniforme, dans lequel l'autorité suprême ne trouve pas de contrepoids, il y avait bien loin. Les grands propriétaires du sol, presque tous appartenant aux familles les plus anciennes, s'étaient regardés comme de petits souverains dans leurs terres, jouissant sans conteste du droit de haute justice et de déclarer la guerre. Fixer l'époque précise où cet état de choses s'établit serait, selon moi, chose fort difficile à faire. J'ai cru ces réflexions nécessaires pour que vous puissiez comprendre l'indifférence religieuse des hauts barons, et une ignorance complète des droits conservateurs des peuples.

Le sire de Vaucourt ne comprit donc presque rien à ce qu'il venait de voir, et lui, qui ne comprenait que l'action de la force, ne vit dans le petit troupeau qui entourait l'apôtre André, que des manants qui s'étaient soustraits à la domination seigneuriale de la contrée. Il se montra donc fort hautain, et après le repas du soir préparé par ses varlets, il se rendit dans l'appartement où il désirait passer la nuit, faisant coucher deux hommes d'armes dans le même appartement. Trop peu éclairé pour être à l'abri de craintes superstitieuses, il se fit délacer seulement sa cuirasse, ôter son casque, qu'il remplaça par un capuchon de laine, et s'étendit sur l'humble couche de l'apôtre André, sans se préoccuper si l'habitant actuel du château avait trouvé un lieu où il pût reposer sa tête durant la nuit. Le ciel était chargé de nuages, le vent d'ouest soufflait avec une violence inusitée, et une pluie de grêlons crépitait sur les vitraux des croisées. Comme la saison était assez froide, on avait apporté de gros fagots de bruyères et de genêts, et allumé un grand feu dans la cheminée.

— Aymar, dit le sire de Vaucourt, examine un peu les différentes parties de cet appartement, et si tu ne trouves rien de suspect, tu viendras t'étendre sur ces bruyères, tandis que ton camarade surveillera à la lueur du feu.

L'homme d'armes obéit; mais à peine avait-il promené sa main contre un des côtés de l'appartement, qu'il poussa un faible cri et tomba à la renverse sur le plancher. Le sire de Vaucourt s'élance vers lui armé d'une torche. L'homme d'armes était étendu sans connaissance : son visage crispé prouvait qu'il avait été frappé d'une terreur extraordinaire.

— D'Elbée, cria le seigneur, délace la cuirasse de ton camarade, et jette-lui de l'eau au visage pour le ranimer.

Ce fut en tremblant que d'Elbée s'approcha; il traîna le corps de son camarade jusque devant le foyer, et inonda son visage d'eau froide. Pendant ce temps-là, le sire de Vaucourt promenait sa torche du haut en bas de la muraille. Soudain, quoique cette muraille fût pleine et sans fissure, un souffle très fort en sortit et éteignit sa torche. Il se recula effrayé, et crut distinguer sur la muraille une lueur rapide semblable à celle d'un éclair.

Un autre sujet d'étonnement l'attendait : il s'était rapproché de la cheminée, et au lieu de voir un de ses hommes d'armes donner des soins à son camarade évanoui, il les vit étendus tous les deux sur le plancher, et ne donnant aucun signe de vie. En portant ses regards dans l'intérieur de la cheminée, il aperçut un nain hideux qui promenait ses mains dans le brasier pour le ranimer. Le sire de Vaucourt, qui ne manquait pas de courage sur le champ de bataille, qui s'était familiarisé avec tous les dangers, resta immobile, comme frappé de stupeur; ses oreilles bourdonnaient, et des nuages passaient devant ses yeux. Il eut à peine la force d'aller se jeter sur sa couche, où il couvrit son visage de ses mains pour ne pas voir ce qui se passait dans la grande cheminée. Il écoute haletant; pas un bruit ne se fait entendre; seulement il croit percevoir la respiration de ses deux hommes d'armes. Un peu enhardi, il ôte les mains qui couvraient son visage et jette en tremblant un regard vers le foyer. Les fagots de bruyère y avaient été entassés, une flamme brillante éclairait l'appartement, le nain hideux avait disparu, et ses deux hommes d'armes, sortis de leur évanouissement, promenaient leurs mains sur leur visage, comme on le fait ordinairement quand on est réveillé en sursaut. De Vaucourt se mit sur son séant : il appela ses hommes d'armes, et ceux-ci, se dressant lentement, se rendirent à son appel, mais en chancelant comme des homme:

ivres. De Vaucourt avait trop d'orgueil pour leur dire ce qu'il avait vu et la terreur qu'il avait éprouvée.

— Couchez-vous devant mon lit, leur dit-il, et tenez-vous prêts à répondre sur-le-champ à mon premier appel.

Ils obéirent, et le reste de la nuit se passa sans nouvel accident.

— Je vous avais promis du merveilleux, me dit le recteur mon hôte; il ne manque pas aux vieilles légendes bretonnes; il en fait même le fond. Nous allons passer à un autre ordre de choses qui vous peindra les stupides croyances de l'époque. En repassant dans sa mémoire tout ce qu'il avait vu depuis qu'il était entré au manoir, le sire de Vaucourt s'arrêta surtout à ce qu'il avait vu dans l'oratoire de l'apôtre : le portrait d'un homme nu mis en croix, et placé au-dessus du tabernacle, lui donna l'idée que les gens qui habitaient le manoir appartenaient à une société de magiciens, dont l'enchanteur Merlin, si renommé en Armorique, était censé le fondateur. Frappé de cette idée, il rejoignit ses hommes d'armes et se préparait à entrer dans l'oratoire et à dévaster ces signes magiques.

Soit que l'apôtre André eût pressenti de la part du sire de Vaucourt quelque acte de violence, il se tenait debout, revêtu de ses habits sacerdotaux, à la porte de l'oratoire.

Le sire de Vaucourt fut d'abord frappé du calme et de la dignité de son visage; mais habitué à la force et à la violence, il tira sa grande épée qu'on ne maniait qu'à deux mains, et s'écria en s'adressant à ses deux hommes d'armes :

— En avant, et sus au magicien!

A peine avait-il prononcé ces paroles, qu'un tremblement nerveux agita tous ses membres, et que l'épée lui tomba des mains. Une terreur surnaturelle s'empara de sa suite, dont chaque homme prit aussitôt la fuite, gagna le lieu où se trouvaient les chevaux, se mit en selle et quitta ce lieu. Le sire de Vaucourt restait debout et immobile devant l'apôtre, toujours calme et majestueux.

— Sire baron, lui dit-il, l'homme même bordé de fer est

bien faible devant la puissance divine; tu venais pour détruire ce qui est envoyé pour te régénérer : réfléchis à ce que tu as vu et senti, reprends ton épée et va rejoindre tes hommes qui sont en fuite.

Qui l'eût cru ? Le fier baron obéit comme un enfant, releva son épée et se retira la tête basse. Un changement s'était opéré en lui, et sans avoir effacé la croyance à la magie, il comprenait qu'il se trouvait en face d'une puissance bien supérieure à la sienne.

Plusieurs jours se sont passés. L'apôtre et ses disciples vaquent paisiblement à leurs occupations ordinaires. Un autre prodige devait bientôt s'accomplir; après le repas et la prière du soir, l'apôtre André, accablé de fatigue, alla s'étendre sur sa couche de bruyère; il fit un songe qui l'impressionna profondément : il vit l'apôtre saint Paul occupé à façonner des tentes pour vivre de son travail. « Accomplissons notre mission, lui dit saint Paul, les nations sont plongées dans l'ignorance et l'idolâtrie : c'est à toi de répandre la bonne nouvelle dans ces contrées, et notre maître t'envoie des travailleurs : avec six hommes de ton petit troupeau, tu te rendras sur la côte, le soir du jour du Seigneur prochain ; ne crains point de t'emparer des barques que tu y trouveras amarrées, et tu iras au secours d'un navire en péril de naufrage : tu sauveras quatre missionnaires, car les farouches habitants de ces contrées massacreront le reste de l'équipage, condamné pour ses iniquités. »

L'apôtre André fut tellement frappé de cette vision, qu'il s'en occupa le reste de la journée. Mais enfin, en réfléchissant au peu de croyance que l'on doit ajouter aux rêves, il finit par effacer l'image de celui qu'il avait vu la nuit précédente, et s'occupa de son apostolat. C'était la veille du jour du Seigneur; en se couchant cette date lui revint à l'esprit.

— Mon Dieu! dit-il en se jetant à genoux devant sa couche, si c'est un avertissement divin qui m'a été fait la nuit précédente, dissipe les ténèbres de mon esprit, et éclaire-moi en m'indiquant la voie que j'ai à suivre.

Il resta longtemps encore en prières et en méditations.

et finit par se jeter sur sa couche, où il s'endormit profondément. Le ciel était brumeux, le vent orageux, comme il est presque toujours sur les côtes de Bretagne, lorsque la même vision lui apparut; mais cette fois, l'apôtre saint Paul avait quelque chose d'impérieux dans le regard. « Lève-toi, lui dit-il, ne perds pas de temps; la tempête se prépare. Déjà la mer soulève ses vagues immenses, et avant que tu sois arrivé sur la grève, le navire dont je t'ai parlé la nuit précédente sera en grand péril. Ne redoute ni le vent ni les flots, la main qui peut soulever la vaste étendue des flots de l'Océan te conduira là où je te commande d'aller. »

Comme mû par une puissance surnaturelle, l'apôtre André se trouva debout; il courut éveiller six de ses compagnons, et malgré le vent et la pluie, ils atteignirent en peu de temps le bord d'une anse dans laquelle deux barques se balançaient. Il avait agi sans réflexion, sous l'influence d'une volonté supérieure à la sienne, et continuant à lui obéir, il fit monter ses compagnons dans les deux barques, et prenant le gouvernail de la plus grande, tandis que trois de ses disciples ramaient, il sortit de l'anse, suivi de la seconde barque. La mer était affreuse; le vent ne sifflait pas, il rugissait, et cependant les barques s'avançaient en haute mer, évitant, comme si elles eussent été animées, les nombreux écueils de la côte.

Tout-à-coup, à travers les vagues soulevées et l'écume blanchissante, il aperçut une vive lumière : elle était encore à une assez grande distance, mais les barques filaient comme si la mer eût été calme, et se trouvèrent bientôt à portée d'un navire que les vagues soulevaient et laissaient retomber dans l'abîme. Tout-à-coup, un point noir fut lancé presque sur la première barque, et un cri s'en éleva. Ce cri avait été poussé en langue judaïque. L'apôtre reconnut aussitôt les hommes qui lui avaient été désignés dans sa vision. Il répondit à leur appel, les accosta et les reçut dans sa barque, à l'instant où celle qu'ils montaient était brisée : les deux barques de l'apôtre tournèrent aussitôt leur proue vers la terre sans avoir été sollicitées par le gouvernet le retour fut aussi prompt et aussi heureux que le premier trajet.

Les habitants de la côte se tenaient toujours en sentinelles sur les rochers, comme aux jours où les vents bouleversaient l'Océan. Ils attendaient leur proie : la mer, disaient-ils, était leur tributaire. L'apôtre et ceux qu'ils venaient de sauver du naufrage étaient sautés à terre, et les barques intactes avaient été amarrées. En retournant à sa demeure, l'apôtre André trouva plusieurs groupes de riverains qui couraient vers la plage : soit que ceux-ci fussent trompés par l'obscurité, soit que poussés par leur âpreté à recueillir les épaves, ils vissent un groupe d'hommes s'éloigner des bords de la mer, et par conséquent diminuer le nombre des co-partageants, ils les laissèrent passer sans leur adresser la parole.

— Mon Dieu! dit l'apôtre André, voilà des oiseaux de proie qui vont se jeter sur le malheureux équipage naufragé. Ne pourrions-nous pas lui porter secours?

— Maître, répondit un de ses disciples, vous êtes étranger au pays ; nous suivons votre doctrine, et si nous paraissons sur la grève, nous serons massacrés.

L'apôtre fit entendre un sourd gémissement; il se rappela que dans sa vision l'équipage du navire avait été condamné; puis s'adressant à un des hommes qu'il avait sauvés, il lui demanda en hébreu à quelle nation appartenait le navire. Celui-ci lui répondit qu'il était Romain, et qu'ils avaient été condamnés à l'exil par le sénat de la ville de Rome. Nous devons notre sauvetage à l'opinion que notre présence sur le navire était cause de la tempête qui les menaçait ; c'est pour cela qu'ils nous ont jetés dans une barque et abandonnés à la fureur des flots.

— Hélas! s'écria l'apôtre, la justice de Dieu est souvent terrible, mais l'homme ne peut rien contre ses arrêts.

L'aube blanchissait le ciel brumeux; la fureur des vents se calmait, et les riverains qui avaient découvert le navire poussaient de véritables hurlements, semblables à ceux d'une meute qui s'abat sur un sanglier. Ce qui attrista de nouveau l'apôtre, fut de rencontrer les gens de plusieurs seigneurs, entre autres ceux du sire de Vaucourt, les uns pour prendre part à la curée, et les autres pour user de leurs droits de seigneurs en se faisant attribuer la part du lion.

— Quelle population, se dit intérieurement l'apôtre. Sans l'assistance visible du ciel, nous ne pourrons jamais la ramener à des sentiments d'humanité et de fraternité ! Comptons sur cette protection, car le divin Maître nous a dit : Allez, et enseignez toutes les nations.

Ils arrivaient au domicile de l'apôtre, où les autres membres de la petite congrégation les attendaient en priant, car ils entendaient les effroyables rugissements de la tempête et avaient été brièvement instruits du but que se proposait l'apôtre.

Les secours dont avaient besoin et leur chef et leurs condisciples, ainsi que les quatre hommes arrachés à la mort, furent prodigués avec une charité chrétienne. Un grand feu permit de sécher leurs vêtements, et tandis qu'ils s'occupaient de ce soin si nécessaire, les autres disciples apportèrent un pain noir, des gâteaux de sarrazin, et de l'hydromel qu'ils préparaient eux-mêmes.

— Ici s'arrête cette légende, me dit le recteur mon hôte. Elle ne rappelle point les noms des nouveaux missionnaires arrivés, ni quels furent les résultats des missions qu'ils entreprirent; toujours est-il qu'elle ajoute que le sire de Vaucourt et plusieurs seigneurs de la contrée embrassèrent le christianisme, qui depuis ce temps se répandit rapidement sur les côtes. Je n'oserais pas dire que les habitudes de récolter les épaves furent remplacées par des sentiments plus humains, car longtemps encore après, les ducs de Bretagne firent des ordonnances pour défendre cette coutume inhumaine.

J'avais passé deux jours et demi dans le presbytère, et me préparais au départ, lorsque le recteur me quitta en me priant de l'attendre quelques instants. Quand il rentra, il me présenta une lettre en me disant :

— Puisque votre itinéraire vous dirige vers le bourg de Karnac, je vous ai ménagé une retraite hospitalière sur la route : un de mes amis d'enfance, qui a fait avec moi ses études au séminaire de Vannes, est recteur de la paroisse de Lanone. Vous cherchez des légendes, il a dans sa commune une vieille femme fort avancée en âge et aveugle, et qui prend plaisir à raconter les histoires du passé, quand on a la complaisance de l'écouter, car elle est fort bavarde, et capable de répéter en un jour une dizaine de fois ce qu'elle a raconté le matin.

— Mais est-elle saine d'esprit? lui demandai-je.

— Parfaitement, me répondit-il; depuis qu'elle a perdu la vue, elle prétend qu'elle a des yeux intérieurs qui lui permettent de voir le passé et un peu l'avenir.

— Mais cela, mon cher hôte, prouverait que ses facultés mentales ne sont pas saines, car la vision de l'avenir n'appartient qu'à des êtres privilégiés, et qui trouvent souvent des imitateurs sans l'être.

— Vous la verrez, me répondit-il, et si elle vous parle des habitants d'un autre monde qui reviennent quelquefois sur la terre, ne la contredisez pas; c'est chez elle une croyance tellement enracinée, que les raisonneurs ont perdu leur temps à vouloir la dissuader.

— Vous piquez singulièrement ma curiosité, mais dites-moi, cette sibylle...

— Oh! ne vous servez pas de ce nom, me dit le recteur, le titre de prophétesse lui conviendrait beaucoup mieux. Au reste, je veux vous édifier sur sa manière de vivre : très religieuse, et assidue à tous les offices, elle va à l'église et en revient sans le secours de personne. L'ordre et la propreté règnent dans sa maison, car elle a une jolie habitation lui appartenant : elle soigne elle-même son jardin, et n'est aidée que par une autre vieille femme tout-à-fait idiote, qui lui obéit sans observation, et qui a conservé assez de clairvoyance pour prévenir même ses désirs. Si le son de votre voix lui plaît, si après avoir passé la main sur votre visage, elle vous trouve digne de l'écouter, elle fera des instances pour que vous acceptiez l'hospitalité chez elle : elle a un appartement bien meublé où elle reçoit souvent les étrangers, surtout quand elle les croit pauvres.

— Tout cela, lui dis-je, est vraiment alléchant pour moi; mais parle-t-elle le français?

— Parfaitement, me répondit-il, mais il lui arrive souvent de s'exprimer en bas-breton.

Alléché par ces renseignements, je pris congé de mon respectable hôte, et le bâton ferré à la main, le havresac sur le dos, je me mis en route après avoir tracé mon plan. Mon hôte m'avait fait mettre quelques provisions dans mon havresac, en me disant :

— Vous trouverez toujours sur la route du cidre ou de l'eau, mais je ne vous réponds pas que vous y trouviez des aliments solides et nécessaires à la réparation des forces.

La paroisse de Lanone devait se trouver à deux étapes de distance, et j'avais à parcourir une contrée fort peuplée. Il était environ la moitié de la journée, lorsque je m'arrêtai à l'abri de quelques arbres, et dans le voisinage d'un ruisseau. Une route assez fréquentée était sur ma droite : une voiture traînée par deux chevaux apparut au bout du chemin, suivant la route que je devais suivre moi-même. Pensant qu'elle pouvait être une voiture publique, et voyant le temps tourner à la pluie, je m'avançai sur le bord du chemin, dans l'intention de prendre place dans cette voiture, si cela était possible. Le cocher était un homme dont les vêtements annonçaient qu'il appartenait à une bonne maison. A ma demande s'il ne pouvait me donner place dans la voiture, il se tourna vers l'intérieur, et me dit :

— Vous pouvez monter, Monsieur.

Je me trouvai en face d'un homme déjà âgé et vêtu en officier de marine.

— Ma foi, me dit-il avec une brusque franchise, je commençais à m'ennuyer de voyager seul à travers ces landes, et vous m'offrez une agréable distraction.

La conversation s'engagea, et je reconnus que la personne qui m'avait si obligeamment offert une place dans sa voiture avait le caractère jovial et très expansif. Lorsqu'il eut connu le but de mes voyages, il me dit en riant :

— Vous pouvez faire une abondante moisson, mais choisissez bien, et n'allez pas recueillir une foule de niaises légendes qu'on peut vous raconter partout.

— Je veux m'arrêter au village de Lanone, lui dis-je, et j'ai une lettre de recommandation pour le recteur.

— C'est un brave homme, me dit-il, je l'ai connu au séminaire de Vannes, car si vous me voyez aujourd'hui lancé dans la carrière de la marine, c'est que celle du clergé ne convenait pas à mes goûts aventureux. Ah ! s'écria-t-il en se frottant les mains, je vais donc revoir un de mes anciens condisciples, mais Dieu seul sait s'il me connaîtra. Nous devons être à peu près du même âge, et j'ai quitté le séminaire il y a au moins vingt-cinq ou trente ans.

Nous arrivâmes bientôt au bourg de Lanone, car il était assez considérable pour porter ce nom, plutôt que celui de village : la voiture s'arrêta à la porte du presbytère, et comme on n'en voyait pas souvent à Lanone, le recteur vint lui-même à notre rencontre. C'était un petit homme plutôt maigre que gras, la figure honnête et bienveillante. Sans nous adresser aucune question, il nous pria de descendre et d'entrer au presbytère. L'officier de marine sauta le premier à terre, et frappant familièrement l'épaule du recteur, il lui dit :

— Eh bien ! Joseph, tu ne reconnais pas ton ancien condisciple Kermel ?

Le recteur leva la tête, et après avoir considéré un instant mon compagnon, il lui sauta au cou en lui disant :

— Dieu soit béni, mon cher ami, je te croyais depuis longtemps mort, mais non enterré, car je croyais que le grand tombeau des marins t'avait servi de sépulture.

Cette rencontre inattendue avait été cause que le recteur ne m'avait pas remarqué : il répara gracieusement cet oubli, en me prenant la main et en me disant :

— Monsieur, soyez le bienvenu.

Peut-être n'eussé-je pas rappelé cette petite aventure, si

elle n'eût donné l'occasion de parler du but de mon voyage. Dès que j'eus dit au recteur, qui venait de prendre lecture de ma lettre de recommandation de la part de son confrère, et dans laquelle il parlait de la vieille aveugle, le motif de ma visite, il sourit et me dit :

— Vous allez causer un grand plaisir à la dame Kéruel : il y a longtemps qu'elle n'a reçu de visites, et comme tous les habitants connaissent ses histoires, elle ne trouve plus que sa vieille idiote à qui les raconter.

L'officier de marine prit la parole, et s'adressant à son ami, il lui demanda ce qu'il pensait de cette aveugle, dont je l'avais déjà entretenu.

— Tu m'embarrasses, mon cher Kermel, je ne sais en vérité que penser de cette femme ; souvent je la crois illuminée d'un esprit extraordinaire, et souvent aussi ce qu'elle dit est si merveilleux que je la crois hallucinée. Oh! Monsieur, me dit-il, si vous voulez des légendes d'un passé qui se perd dans la nuit des temps, la dame Kéruel vous en fournira à foison. Ne m'a-t-elle pas dit une fois qu'elle voyait ce qui s'était passé en Bretagne dès les premiers temps de l'établissement du duché? Vous lui ferez grand plaisir, je vous le répète, mais je vous avertis qu'il faudra subir l'inspection de sa main.

Nous déjeunâmes très gaiement, et je puis dire très largement, car l'officier Kermel, comme il le disait, ne s'embarquait jamais sans biscuit ; et ses provisions furent acceptées franchement de la part du recteur, et j'en pris ma bonne part. Il y a un proverbe populaire qui dit que chaque homme a sa marotte ; la mienne était d'écouter et de recueillir des histoires et des légendes. Je priai donc le recteur de me faire conduire chez la dame Kéruel.

— Vous n'avez pas besoin d'introducteur, me dit-il en riant, et vous serez admirablement reçu.

— Mais, dit Kermel, j'aime aussi entendre les récits du passé, et si mon vieil ami veut nous accompagner, je crois que la joie de la vieille aveugle sera plus complète.

Nous voilà donc prenant la direction de la maison de la

dame Kéruel, et arrivant bientôt devant une maison de plus belle apparence que les autres, ayant une cour assez vaste où s'ébattaient des volailles de toute espèce et une nuée de pigeons...

— Nous sommes arrivés, nous dit le recteur : voici la concierge de ma paroissienne.

Il nous indiquait de la main une femme au visage repoussant, portant tous les indices de l'idiotisme. Elle ne se leva même pas à notre arrivée. Une voix claire partit de l'intérieur :

— Ninon, disait-elle, pourquoi ne fais-tu pas entrer monsieur le recteur et ces deux étrangers ?

Nous nous regardâmes avec étonnement : elle était aveugle et n'avait pu nous voir ; mais si la subtilité de son ouïe l'avait avertie de l'approche de visiteurs, comment savait-elle notre nombre, la présence du recteur en compagnie de deux étrangers ? Elle apparut aussitôt, et faisant un signe de la main à l'idiote, celle-ci approcha trois chaises. La dame Kéruel était de haute taille, son front et son visage étaient profondément ridés, et des mèches de cheveux blancs sortaient de dessous un bonnet plat à la mode du pays, et lui tombaient sur les épaules. La vue de cette femme me rappela l'idée que je m'étais faite des sibylles antiques ; quoique ses yeux fussent sans regard, ils avaient cependant une si étrange expression, que j'en fus étonné.

Dès que nous fûmes assis, l'investigation des mains, ainsi que nous l'avait annoncé monsieur le recteur, commença. Kermel fut le premier sur la figure duquel sa main droite se promena.

— Vous êtes un homme de lutte et de combat, lui dit-elle ; la rudesse de votre voix m'en avait averti : mais rappelez-vous ces paroles de nos livres sacrés : « Celui qui frappe de l'épée périra par l'épée ! »

— Ainsi, dit Kermel en souriant, vous m'annoncez une mort violente !

— Ne vous y attendez-vous pas ? répondit-elle avec un calme imposant. Vous allez à Lorient pour y reprendre votre carrière dangereuse. Depuis que vous parcourez les mers, combien de vos compagnons avez-vous vu tomber autour de vous?

— Ah! par ma foi, s'écria Kermel avec l'insouciance du marin, j'en ai vu tomber un assez bon nombre : mais la vie de l'homme appartient à sa patrie.

— Belle réponse, dit l'aveugle; ici-bas chacun a son sort.

— Reviendrai-je de la croisière à laquelle je vais prendre part? demanda Kermel.

— Il n'est pas bon, lui répondit-elle, que l'homme connaisse sa destinée future. Cela alanguirait son courage dit-elle tristement.

Alors le recteur prit la parole et lui dit :

— Dame Kermel, vous m'avez souvent parlé de l'avenir comme s'il se déroulait clairement sous les yeux de votre esprit?

— Monsieur le recteur, lui répondit-elle presque sévèrement, l'esprit, éclairé par la puissance d'en-haut, peut lire les destinées des peuples, exceptionnellement celles des simples particuliers.

Le ton, l'expression de ces paroles me fit éprouver un tressaillement : cette femme était douée d'une haute intelligence. Je n'eus pas le temps de réfléchir, car déjà sa main maigre et osseuse se promenait sur mon visage.

— Vous n'êtes pas de la race des Kymris, me dit-elle (ce qui était vrai); vous n'aimez ni la bouteille ni le sang, mais vous êtes dominé par une passion louable : vous voulez connaître le passé sans négliger la connaissance du présent : restez seul ici, car seul vous pourrez me comprendre.

— Ainsi, vous me congédiez? dit le marin.

— Oui, répondit-elle sèchement avec un grand air de dignité.

— Retirons-nous, Kermel, nous recevons notre congé en forme, dit le recteur.

Ils se levèrent en même temps, et l'aveugle ne leur dit

pas un mot pour les retenir, ni pour excuser son brusque congé.

Je conviens que, me trouvant seul avec cette femme singulière, j'éprouvai un instant d'embarras. Toujours debout devant moi, après avoir palpé mon visage elle mit ses mains sur ma tête, qu'elle examina lentement.

— Non, me dit-elle, vous n'êtes pas de la race sauvage de l'ancienne Armorique; votre tête n'est point carrée, et les indices d'un esprit de destruction ne se représentent pas sur votre crâne par le gonflement des deux côtés du front et celui qui se manifeste dans les têtes sanguinaires au-dessus des oreilles.

J'avais lu le système du docteur Gall, et je m'étonnais qu'une femme qui devait l'ignorer, et qui probablement n'en avait point entendu parler, eût des idées assez analogues aux siennes.

Mais je n'étais pas à bout de mes surprises. D'un ton qui ne permettait aucune réplique, elle me dit :

— Vous resterez ici cette nuit, et nous parlerons ce soir, car c'est après le coucher du soleil que je reçois la visite de l'esprit.

— Me raconterez-vous quelque légende? lui demandai-je.

— Oui, me répondit-elle. Quoique le passé soit comme ces objets qui en s'éloignant disparaissent, il m'est quelquefois possible de le revoir. Tenez, me dit-elle en s'asseyant à côté de moi, il se présente comme les rêves qui occupent notre esprit, quand le corps est en repos; les images sont nettes, mais au réveil elles s'effacent peu à peu, et finissent par ne laisser que des traces presque insensibles. Un mot sur mon histoire : ma famille remonte jusqu'aux derniers druides, qui après la persécution des Romains s'éteignirent dans le silence des bois, dans les retraites souterraines qu'ils avaient fait construire aux jours de la puissance de leur domination. Ma famille tout entière, sauf un individu et sa femme, ne survécurent à la proscription qu'en pliant la tête sous le joug des vainqueurs. En perdant sa puissance, elle perdit aussi sa croyance, et ces restes proscrits d'une famille malheureuse, se rallièrent à une petite société qui propageait lentement un culte plein d'humanité et de bienveillance fraternelles. Vous voyez que je vous parle des premières sociétés chrétiennes, que des apôtres dévoués à leur sainte mission établirent peu à peu dans notre Armorique. Les principes de ce nouveau culte étaient tellement contraires au culte sanglant jusqu'alors établi, et qui pesait sur des populations malheureuses, que chacun se réfugia dans ces sociétés, comme la barque se réfugie dans le port au jour de l'orage.

Mes pères, par leurs lumières supérieures à celles du vulgaire, et par un travail assidu, devinrent propriétaires d'une assez grande étendue de pays; comme s'ils eussent été voués au malheur, les puissants de l'époque les chassèrent de leurs possessions et s'en emparèrent. La famille des deux descendants des druides s'était augmentée singulièrement, grâce à leur intelligence et à leurs labeurs. Réduits à la misère, ils devinrent les hommes d'un seigneur nommé Valbrune; mais à cette époque, où régnait la violence et la force, les croyances religieuses n'avaient pas beaucoup de prise sur ces natures féroces. Le château de Valbrune fut emporté et saccagé, le seigneur et les siens périrent dans le massacre qui eut lieu. Mes ancêtres occupaient, sous le nom de villani, une petite ferme qu'ils cultivaient pour leur seigneur.

Cette ferme avoisinait une forêt dans laquelle se trouvaient des monuments druidiques; ce fut dans cette forêt et dans ces monuments qu'ils trouvèrent leur salut, et comme à cette époque les dévastations des grands passaient comme un ouragan, ils purent, après l'orage, reprendre leurs paisibles travaux de culture, et rester quelque temps dans une paix profonde.

CHAPITRE IV.

Suite de la légende. — Le château de Londun. — Maladie du sire de Malestric. — Guérison miraculeuse. — Haine du majordome Alcuin. — Son entrevue avec une sorcière. — Empoisonnement manqué. — Entrevue de Merlin avec le seigneur de Londun. — Nouvelle tentative du majordome Alcuin. — Point de résultats. — Envahissement du château. — Merveilles qui s'y opèrent. — Les chrétiens réfugiés dans une grotte trouvent des vivres. — Le sire de Malestric dans un cachot. — Une puissance surnaturelle le transporte dans la grotte des chrétiens. — Entretien avec Merlin, ancêtre de l'aveugle. — Retour au château. — Organisation chrétienne. — Bien-être de cette société. — Le bruit s'en répand. — Les serfs arrivent de tous côtés. — Coalition des seigneurs.

Ici, Monsieur, commence une véritable légende; toute visionnaire que l'on dit que je sois, je l'ai trouvée si extraordinaire, que je n'ai pu l'attribuer qu'aux idées superstitieuses de l'époque. Ainsi que je vous l'ai dit, mes ancêtres avaient adopté le culte du Christ, qui s'étendait non dans les classes seigneuriales, mais dans celles des serfs déshérités de tous droits, même de ceux que la nature donnait à leurs personnes. D'abord une petite quantité de disciples se réunit à ma famille; le nombre allait s'augmentant d'une manière prodigieuse : c'est ce qui attira l'attention des seigneurs. « Nos droits sont méconnus, se dirent-ils, et nos serfs, qui sont notre propriété, ont des idées d'émancipation qui pourraient devenir menaçantes si nous n'y mettions bon ordre. »

Un matin, à l'instant où les hommes qui composaient la ferme de mes ancêtres allaient reprendre leurs travaux, des hommes d'armes, commandés par le sire de Cabrimont, les entourèrent, les garrottèrent, et les chassèrent comme un vil bétail vers le château de Londun; ils furent jetés dans des cachots souterrains, et livrés à de véritables tortures. Par un hasard providentiel, le sire de Malestric, possesseur du château, tomba grièvement malade. Les mires du pays (médecins) se déclarèrent impuissants à combattre la maladie : alors un des valets qui approchaient le malade, lui dit que les chrétiens connaissaient des remèdes à tous les maux, et qu'en ayant une foule dans ses cachots, il pourrait s'enquérir de celui qui jouissait de la plus haute réputation de guérisseur. Celui qui souffre ne s'enquiert pas de quelle main lui viendra le remède. Le sire de Malestric envoya chercher le plus ancien de ses prisonniers, comme devant être le plus expérimenté. On choisit un de mes ancêtres, et il fut conduit dans la salle du malade. C'était un homme plein de confiance en Dieu, et croyant qu'avec la foi on pouvait opérer des prodiges. Sans proférer une seule parole, il se signa, et se mit à genoux et en prière près de la couche du malade. Une révolution subite s'opéra ; le seigneur sentit un nouveau sang circuler dans ses veines, et lui qui auparavant restait cloué sur sa couche, se leva subitement sur son séant, et, adressant la parole à mon ancêtre, il lui dit :

— Qui es-tu, manant ? où puises-tu ta puissance, et au nom de qui l'exerces-tu ?

Il lui répondit modestement :

— Je suis le disciple de celui qui est mort pour l'humanité, et qui a dit : « Tout ce que vous demanderez en mon nom à mon Père vous sera accordé. »

Le seigneur, frappé de la vérité de ces paroles et de la dignité avec laquelle elles avaient été prononcées, lui dit :

— Toi et les tiens allez être rendus à la liberté, mais vous ne vous éloignerez pas de mon château.

Ce qui fut fait le jour même, et mon ancêtre, admis en grande estime auprès du seigneur, devint son conseiller intime ; mais il n'y a pas d'élévation qui ne suscite des haines et des jalousies. Le majordome, qui jusque-là avait joui de la plus grande influence auprès de son maître, vit avec dépit un misérable manant le supplanter dans la confiance du seigneur. Habile à dissimuler ses mauvaises pensées, et feignant l'affection, il invita mon ancêtre à un déjeuner qu'il donnait en son honneur. Il y avait dans le pays une vieille femme qui vivait solitaire dans une hutte à l'entrée du bois. Elle passait pour sorcière. Le majordome Alcuin alla la trouver nuitamment, et lui demanda de lui indiquer le moyen de se débarrasser de ce nouvel intrus qui le gênait au château. Une belle pièce de venaison gagna la sorcière, et elle lui promit qu'en employant la poudre qu'elle lui remit, il serait bientôt séparé de l'homme qui lui portait ombrage. La remise de cette poudre avait eu lieu avant le déjeuner auquel mon ancêtre était invité.

Ils sont à table, les deux convives ont chacun devant eux leur hanap : ce hanap n'était autre chose qu'une corne de bœuf enfoncée dans une rondelle de bois qui permettait de le tenir droit. Alcuin avait jeté une pincée de poudre de la sorcière au fond du hanap destiné à son convive, puis lui versant de l'hydromel mousseux, il l'engagea à boire à la santé de leur maître commun. Sans défiance, mon ancêtre allait porter le hanap à ses lèvres, quand un coup invisible lui frappa violemment l'avant-bras, qui lâcha le hanap, dont la liqueur se répandit à terre. Alcuin pâlit; son convive avait-il soupçonné son but d'empoisonnement, ou une puissance invisible en avait-elle empêché l'accomplissement? Cette dernière idée l'emporta dans son esprit; il se sentit trembler dans tous ses membres et s'excusa de ne pouvoir assister jusqu'à la fin du déjeuner.

A la tombée de la nuit, il se rendit chez la sorcière, et lui fit connaître l'accident arrivé au déjeuner.

— C'est fâcheux, lui répondit-elle, car il me serait difficile de vous procurer une poudre pareille avant assez longtemps; mais suivez mon conseil : je vais recueillir des plantes somnifères, vous les introduirez sous l'oreiller de votre ennemi, et lorsqu'il sera profondément endormi, vous pourrez entr'ouvrir sa bouche et faire couler cette liqueur (elle était contenue dans un petit vase en terre); son sommeil sera éternel.

Les gens méchants, et déroutés dans leur projets, ne

reculent devant aucun moyen de réussir une seconde fois.

Alcuin revint, portant sous sa braie un paquet d'herbes choisies par la sorcière, et dans la main, car il craignait un accident, le petit vase en terre contenant la liqueur qu'il devait introduire dans la bouche de son ennemi endormi. Pour revenir de la maison de la sorcière au château, il fallait traverser un marais à travers lequel on avait jeté des troncs d'arbres pour rendre le passage praticable. Il sondait avec son bâton les endroits solides, et s'avançait avec précaution. Tout-à-coup les troncs d'arbres manquèrent, et le marais seul présenta sa surface mouvante. Alcuin sonda à droite et à gauche, pour retrouver un passage solide, mais partout son bâton ne trouvait que le marais. Effrayé, il revint sur ses pas; mais à peine avait-il parcouru une courte distance en arrière, que le sol solide lui manque. Saisi de terreur, et persuadé que les mauvais esprits le suivaient, il poussa de grands cris, appelant au secours; cris inutiles. La demeure de la sorcière était trop loin pour qu'elle pût l'entendre, et d'ailleurs qu'est-ce qu'il était en son pouvoir de faire pour le sauver?

Le malheureux sentait les troncs d'arbres sur lesquels ses pieds reposaient s'enfoncer l'un après l'autre, et son corps descendre dans le marais. Dans son désespoir, il s'écria :

— Dieu du manant que j'ai voulu détruire, viens à mon secours.

A peine eut-il prononcé ces paroles, qu'il sentit comme une force extérieure le soulever et reposer ses pieds sur les troncs solides des arbres jetés en travers du marais.

Il en profita pour regagner le bord opposé, et ensuite le château, où il arriva haletant. Pendant ce temps-là, le seigneur s'entretenait avec mon ancêtre, et tout grossier qu'il était, il reconnaissait qu'un esprit supérieur au sien l'animait.

— Manant, tu m'as parlé de ta religion ; quelle est-elle, puisqu'elle donne à un homme tant de puissance?

Mon ancêtre lui répondit :

— Elle est simple, elle ne reconnaît qu'un Dieu et son Fils qu'il a envoyé sur la terre pour le rachat de l'humanité.

— Mais cela ne me dit pas, ajoute le seigneur, comment tu possèdes une aussi grande puissance; prisonnier, pourquoi n'as-tu pas brisé tes liens; pourquoi, au lieu de me rendre la santé, ne t'es-tu pas vengé des mauvais traitements que j'ai fait souffrir à toi et aux tiens ?

— Pourquoi ? répondit-il; c'est que ma religion me défend la vengeance; c'est qu'elle me commande de rendre le bien pour le mal, et c'est qu'elle offre à l'opprimé une récompense éternelle.

Ce langage était trop contraire aux préjugés du seigneur pour qu'il pût le comprendre; il ferma les yeux et resta longtemps pensif; puis, reprenant la parole, il dit

— Mais est-ce que les serfs seuls sont appelés à connaître cette religion ? Comment pourrions-nous la pratiquer, nous qui sommes élevés dans les classes supérieures destinées à commander aux autres hommes?

Mon ancêtre lui répondit :

— Vaut-il mieux commander à des serfs qu'à des hommes qui vous obéiraient mieux et plus fidèlement que ceux qui vous entourent?

Le seigneur ne comprit pas cette interrogation, et suivant le cours de ses idées, il ajouta :

— Mais si nous embrassions ta religion, que deviendraient nos titres et nos droits héréditaires ?

— Ils resteraient ce qu'ils sont, répondit mon ancêtre, si vous n'en faisiez pas abus. Voyez ce qui est arrivé à ma famille : nous vivions en paix dans une cabane élevée par nos mains, du produit des champs que nous avions défrichés, et nous n'attaquions les droits de personne; cependant vous nous avez fait enlever, jeter dans vos cachots, et si la maladie ne vous avait pas frappé, peut-être y serions-nous encore.

Ce langage dans la bouche d'un manant devait déplaire, et déplut en effet au seigneur, entiché de sa suprématie; il ne comprenait pas comment un serf, qui comptait sur une propriété comme une tête de bétail, osait lui tenir un pareil langage.

— Retire-toi, manant, lui dit violemment le seigneur, et ne reparais devant moi que si je te fais rappeler.

Mon ancêtre se retira, et quoique blessé dans sa dignité humaine, il se soumit à l'humiliation que lui infligeait la Providence. De retour au milieu des siens, sans leur faire part de ce qui venait de se passer, il les convoqua à la prière du soir, car depuis leur mise en liberté ils pouvaient se livrer aux cérémonies de leur culte. La prière était terminée; quoique profondément affligé, mon ancêtre, sans le laisser voir à ses compagnons, allait se retirer dans l'humble réduit où il passait les nuits. Tout-à-coup, un homme se présente devant lui, son air est hagard, ses paroles entrecoupées ; c'est Alcuin, le majordome du château.

— Qu'avez-vous? lui dit mon ancêtre en déposant sur une petite table la lampe qu'il tenait à la main.

— Ce que j'ai? répondit Alcuin en tombant à ses genoux; je viens vous demander pardon. Les puissances d'en haut vous protègent, et comme je ne connaissais pas leur influence, j'ai voulu lutter contre elles, et j'ai été vaincu.

Alors il lui raconta ses entretiens avec la sorcière, les deux tentatives qu'il voulait faire pour se débarrasser de lui, et enfin ce qui lui était arrivé en traversant le marais.

— Pardonnez-moi, ajouta-t-il; on dit que vous ne reconnaissez qu'un Dieu, je vous prie humblement de me le faire connaître, car la religion que j'ai suivie jusqu'à ce jour n'est pour moi que ténèbres.

Mon ancêtre lui prit la main et lui dit :

— Alcuin, ma religion me recommande le pardon; il n'y a en mon cœur aucun ressentiment; je veux vous instruire, et vous verrez que ceux qui suivent le culte que j'ai le bonheur de suivre sont heureux, même dans les cachots.

Alcuin se releva; son visage avait repris le calme ordinaire : il dit à mon ancêtre, connu sous le nom de Merlin :

— Vous ouvrez un nouvel avenir devant moi, je veux me

conformer à vos avis, et devenir un de vos disciples. Mais qu'allons-nous devenir tous les deux? car ici, je dois vous ouvrir jusqu'au fond de mon cœur. La mort de notre sire et seigneur est attendue avec impatience par son neveu, le baron de Vaucourt. C'est à l'insistance de ce dernier, il faut le dire aussi, à la jalousie que vous m'inspiriez, par suite de l'influence que vous preniez sur notre seigneur, et enfin parce que vous l'aviez rappelé à la vie, car j'introduisais dans ses boissons les poisons lents que m'avait donnés la sorcière, espérant elle et moi que nous serions magnifiquement récompensés par le neveu de notre seigneur. Tout est fini, ajouta-t-il, et je veux commencer une nouvelle vie qui mettra ma conscience en repos, et qui me promettra une vie plus heureuse après celle-ci.

Merlin et lui s'entretinrent longtemps, et lorsque Alcuin se retira, il paraissait rayonnant de joie. Sur ces entrefaites, un de ces drames qui bouleversaient si souvent le pays éclata à l'improviste. Les campagnes se couvrirent de gens armés ; les seigneurs se livrèrent à une guerre de brigandages les uns contre les autres, et comme celui dans le château duquel se trouvait mon ancêtre Merlin était depuis longtemps hors d'état de porter les armes, le château fut enlevé sans résistance, et ce fut un seigneur voisin qui s'en empara. La position des chrétiens, tolérée dans ce château, ne pouvait plus l'être sous le nouveau propriétaire. Les serfs furent distribués entre d'autres seigneurs pour calmer leurs réclamations, et la petite réunion chrétienne eût subi le même sort, si, de concert avec Alcuin, elle ne se fût réfugiée dans des retraites souterraines ignorées des envahisseurs.

Les campagnes environnantes étaient sillonnées de bandes de gens armés à la recherche des serfs dont on connaissait l'existence. Leur position, quoique à l'abri des recherches, devenait insupportable : ils avaient à peine enlevé quelques vivres et se trouvaient dans l'impossibilité de s'en procurer, à cause des ravages faits par les gens d'armes soumis à l'envahisseur, et ils allaient se trouver dans la nécessité de mourir de faim ou de se livrer aux ennemis de leur seigneur.

Dans ces circonstances cruelles, Merlin, mon ancêtre, eut recours à cette puissance qui reste toujours aux opprimés. Dans la caverne où ils s'étaient retirés, ils se mirent tous en prières, et ces prières étaient ferventes, aussi Dieu les entendit. Plusieurs chariots chargés du produit du pillage des métairies environnantes passèrent à peu de distance de l'ouverture de la caverne. Tout-à-coup, saisis d'une terreur panique, les conducteurs s'enfuirent en poussant des cris horribles. Ils affirmèrent avoir vu, debout devant eux sur la route, une grande figure resplendissante de lumière. Au même instant, la même figure apparut aux chrétiens retirés dans la grotte, et leur dit :

« Venez, le Dieu des chrétiens vous envoie la manne du désert, comme son Père l'envoya aux Hébreux dans le désert d'Horeb : allez sans crainte recueillir ce que le Christ vous envoie. »

La figure s'évanouit, et les chrétiens sortirent de leur retraite, et trouvèrent des chariots chargés de vivres destinés à la nouvelle garnison du château. Ils déchargèrent rapidement les chariots, dételèrent les bœufs qui les traînaient, les laissant en pleine liberté dans les bois, et n'en gardèrent que deux pour leur consommation particulière. Les hommes qui s'étaient enfuis, terrifiés qu'ils étaient, racontèrent ce qu'ils avaient vu, et comme le sire de Vaucourt, superstitieux comme tous les seigneurs de son temps, crut que c'était une apparition des mauvais esprits, à l'existence desquels tout le monde croyait à cette époque, il prit avec lui ses hommes d'armes les plus résolus, et se transporta sur les lieux. Les chariots s'y trouvaient, mais complètement déchargés, et ils entendirent aux environs les mugissements des bœufs. Le sire de Vaucourt battit le pays en tous sens, et comme il dirigeait ses recherches en suivant les traces laissées par les bœufs libres, lui et ses gens s'éloignèrent de la caverne.

Il n'était pas au bout de ses étonnements. En rentrant au

château, il apprit que l'ancien possesseur, qu'il avait fait enfermer dans une prison, avait disparu.

Quand un esprit grossier et livré aux superstitions se trouve en présence de pareils faits, contre lesquels la force ne peut rien, il tombe dans un abîme tellement obscur, qu'il n'entrevoit pas les moyens d'en sortir. Il fit ce que la force brutale fait toujours : redoubler les gardes, visiter les portes et s'assurer qu'il était en état de résister à toute entreprise.

Il était soucieux, le sire de Vaucourt; ce qui venait de se passer ressemblait si peu à ce qui peut s'obtenir par la lance et le tranchant de l'épée, qu'il se crut dans un château hanté par les mauvais esprits. Ce fut bien pis quand, le soir, les gardes vinrent le prévenir que des feux brillaient aux sommets des tourelles, et qu'on ne savait qui avait pu les y allumer. Il monta aussitôt sur les remparts, il put s'assurer que le rapport était véridique. Il y perdait la tête; mais avant de prendre un parti, il résolut de monter lui-même au sommet de la tour la plus voisine, et de reconnaître quelle était la nature de ces feux. Il tenait à la main son épée ; sa masse d'armes pendait à son côté. Quel ne fut pas son effroi, en voyant une flamme vive parcourir son épée, ainsi que sa masse d'armes. Il porta la main à son front et remarqua que sa main lançait des étincelles ; en touchant son visage, il y répandit une flamme légère, mais non brûlante. Je lutte contre une puissance plus forte que la mienne, se dit-il ; et jetant son épée, il revint précipitamment sur ses pas; mais, chose inouïe ! sous ses pieds pétillaient des étincelles. Elles gagnèrent ses jambières et ses cuissards, et envahirent son justaucorps.

— A moi, mes braves hommes d'armes, s'écria-t-il, apportez des seaux d'eau, et inondez-moi, ou je vais être consumé.

Mais les seaux d'eau répandus sur sa tête et sur son corps s'écoulèrent sur le sol, semblables à des feux liquides. Il perdit complètement la tête, et se jetant sur l'herbe humide de la cour, il s'y roula comme un homme possédé d'un esprit funeste. Les hommes d'armes s'éloignèrent épouvantés, et chose plus effrayante encore, toutes les fenêtres du château parurent illuminées, et un embrasement général semblait imminent.

Le sire de Vaucourt, abandonné des siens, resta longtemps étendu sur les grandes herbes de la cour; mais ne sentant pas les morsures de la flamme, il se dressa, et jeta autour de lui des regards étonnés. Cet incendie s'était éteint, il se trouvait intact et sans brûlures.

— Ce n'est pas naturel, se dit-il; il faut qu'une cause de l'autre monde ait agi: que dois-je faire? Si ces choses merveilleuses se renouvellent, il est impossible que je reste dans le château : en tout cas, la cause m'est inconnue et peut se reproduire; pourquoi ai-je ordonné de poursuivre ces serfs appartenant à une religion inconnue? Il paraît qu'ils ont une puissance dont je ne dispose pas; et qu'est devenu l'ancien possesseur du château?

Il se dirigea lentement vers la salle des hommes d'armes : elle était vide, et ce qui prouvait la précipitation avec laquelle on l'avait abandonnée, c'est que presque toutes les armes se trouvaient encore suspendues aux râteliers, le long des murs. Il faut se transporter à cette époque, pour s'imaginer ce qui se passait dans la tête du sire de Vaucourt. Rester au château, il s'y trouvait seul; l'abandonner, lui semblait une lâcheté. Il prit le cor suspendu à son cou, et en tira des sons précipités d'appel. Rien n'y répondit : il était seul, bien seul, et abandonné de ses hommes d'armes. Presque fou de désespoir, il se rendit au lieu où se trouvaient les chevaux de bataille : le sien seul y restait; il sauta dessus et s'éloigna de ce château maudit.

Laissons-le répéter ses appels de cor, et se retirer où il crut nécessaire de le faire. Revenons aux chrétiens enfermés dans la grotte: pas un seul des bruits partant du château ne leur avait échappé; ils avaient vu toutes ces lumières qui brillaient sur les tourelles, et croyaient à un incendie général. Ce qui l'avait surpris surtout, ce fut la présence du seigneur du château, arrivé au milieu d'eux sans qu'ils pussent s'expliquer cette arrivée.

— Frères, leur dit le seigneur, mon esprit a été éclairé ; je sens que la puissance de votre Dieu est supérieure à toutes les puissances humaines, et je vous demande l'initiation.

Il s'imaginait que, comme chez les anciens druides, et pour les cultes qui les avaient remplacés, il fallait être initié pour jouir de la puissante influence de ce culte. Merlin, mon ancêtre, lui expliqua les dogmes de la nouvelle religion, et lui fit comprendre qu'il n'était pas besoin d'initiation, mais de foi en la croyance.

Il était difficile de porter la conviction dans l'esprit d'un homme d'une ignorance complète, et imbu des préjugés du temps. Cependant sa guérison, et surtout la manière miraculeuse dont il avait été retiré de son cachot, le frappèrent tellement qu'il dit à Merlin :

— Eh bien ! je sens, beaucoup mieux que je ne comprends, que votre religion est supérieure à la mienne ; mais comment voulez-vous que je puisse la pratiquer, entouré que je suis d'ennemis qui ne manqueront pas d'exciter contre moi l'indignation générale, car, vous le savez, le culte que vous professez n'a pu réunir que de misérables serfs?

— Marchez hardiment, lui répondit Merlin, mon ancêtre, éclairé par une lumière intérieure : ce qui est aujourd'hui le culte des humbles et des déshérités, deviendra bientôt le culte dominant de l'Armorique, et ses prêtres et ses évêques marcheront à l'égal du duc : soyez le premier à arborer notre sainte bannière, et la protection du ciel ne vous manquera point, et votre nom sera honoré dans la suite des siècles.

Ces paroles, prononcées d'un ton prophétique, firent une impression profonde sur le seigneur. Mais il ne balança plus à embrasser le culte chrétien, lorsque Alcuin lui eut entièrement dévoilé les tentatives criminelles de son neveu, le sire de Vaucourt.

— Mais qu'allons-nous faire? demanda-t-il ; nous ne pouvons rester dans cette caverne, il nous faut une résidence où nous puissions avec sécurité exercer notre culte.

— Le château est abandonné, répondit Merlin, il est intact avec tous ses moyens de défense ; le petit troupeau qui s'est joint à moi, et vos anciens serfs, vous assureront paix et sécurité.

Le lendemain, après avoir envoyé des éclaireurs dans le pays, ceux-ci revinrent et annoncèrent qu'aucun homme d'armes ne paraissait dans les environs, qu'ils avaient pénétré dans le château, et l'avaient trouvé absolument désert.

Quelques jours après, la petite société chrétienne était installée autour du seigneur, dans la demeure de ce dernier, et les choses reprirent leur cours ordinaire d'avant l'envahissement. L'exemple du maître fut suivi par presque tous ses serfs, et une communauté chrétienne nombreuse, active et bien dirigée, fit naître la prospérité dans les dépendances du château : ce fut cette prospérité qui attira un nouvel orage. Quoique les communications fussent rares, la nouvelle se répandit bientôt assez loin que les serfs dépendant du manoir d'un seigneur avaient trouvé une existence heureuse et presque libre. La même renommée disait aussi que ces hommes professaient un culte qui assimilait l'homme à l'homme, et qui enseignait des récompenses éternelles. C'en fut assez pour que les malheureux serfs des autres seigneurs abandonnassent leurs domaines et vinssent grossir le troupeau des nouveaux pasteurs.

La noblesse s'émut, les serfs furent revendiqués par leurs propriétaires, et une coalition formidable fut organisée contre les chrétiens.

CHAPITRE V.

Scène effrayante dans la hutte de la sorcière. — Ses paroles prophétiques ; sa mort violente. — Indécision des seigneurs. — Intérêts opposés. — La division se met dans leurs rangs. — L'existence du sire de Malestric réduit à néant les prétentions du sire de Vaucourt. — Les serfs abandonnent les châteaux voisins. — Projets des seigneurs. — La coalition rompue. — Vision nocturne. — Ce qui se passe dans la cuisine. — Conversation au presbytère. — Fait cité par l'officier de marine. — Retour de l'auteur chez l'aveugle. — Fin de sa légende. — Ses discours étranges. — Elle annonce sa fin prochaine.

Une scène étrange se passait sur la lisière de la forêt, dans la hutte de la sorcière : trois seigneurs se trouvaient présents, au nombre desquels était le sire de Vaucourt. La sorcière, la tête ceinte d'une couronne de verveine, et portant à la main une branche de gui, s'avança près d'un vase en terre qui contenait des charbons ardents : tirant de sa ceinture une poignée de plantes, elle la jeta sur le brasier, puis avançant la tête sur la fumée qui s'en exhalait, elle resta quelques instants dans cette position. Les trois seigneurs se tenaient immobiles sur des escabeaux en bois : la hutte exactement fermée se remplit d'une fumée âcre ; les seigneurs sentirent qu'elle agissait sur leurs têtes, et appuyèrent le dos contre la muraille, afin de ne pas tomber. Un laps de temps assez long s'écoula : on n'entendait que des respirations haletantes ; enfin la sorcière se dressant au milieu de la hutte, l'œil hagard, le front et les tempes gonflées de sang, jeta d'abord sa couronne de verveine sur le brasier, puis la branche de gui qu'elle n'avait pas laissée. Alors, d'une voix entrecoupée et qui n'avait rien d'humain, elle s'écria :

— Teutatès, Esus, Taranus, vous êtes vaincus. L'Armorique passe sous une autre puissance, et moi je n'ai plus qu'à mourir.

Au même instant, et sans que les seigneurs dont l'esprit était engourdi pussent s'y opposer, elle laissa tomber sa tête sur le brasier, tout son corps frémit, elle était morte.

Suffoqués par les vapeurs des plantes, les seigneurs ouvrirent la porte et la croisée, et laissèrent l'entrée à un air libre.

— Que sommes-nous venus faire ici? s'écria le sire de Vaucourt, ranimé par l'air extérieur. Vous avez entendu ses dernières paroles, et les paroles d'une mourante sont prophétiques. Qu'allons-nous faire? que rapporterons-nous aux seigneurs coalisés?

Ceux à qui il s'adressait étaient encore comme pris de vertige. Ils se regardèrent avec étonnement, et ne trouvèrent pas de réponse à faire.

— Ne laissons pas ce corps sans sépulture, dit le sire de Vaucourt; si nos serfs et nos autres manants le trouvaient, ils nous accuseraient de cette mort.

A vrai dire, ils se trouvaient hors d'état de former aucun projet, il semblait que la raison les avait abandonnés : ce fut quand ils eurent rejoint leurs écuyers dans le bois voisin, et que remontant sur leurs destriers, ils s'éloignèrent de ce lieu fatidique, ce fut alors que la fraîcheur des bois, l'air libre et respirable leur permit de raisonner.

— Dans la circonstance présente, dit le sire de Vaucourt, qui était plus intéressé que les autres à la coalition, je vois que nous n'avons rien de mieux à faire que d'envahir de nouveau le château de Londun.

— Messires, dit un des deux autres seigneurs, vous avez plus que personne des prétentions à la possession de ce château, mais si votre oncle existe, ainsi que le bruit en a couru, vos droits sont ajournés après sa mort : quant à nous, nous avons à revendiquer les serfs qui ont fui de nos domaines, et nos droits sont supérieurs aux vôtres, puisqu'ils sont présents.

— Vos droits, dit avec hauteur le sire de Vaucourt, sont-ils supérieurs aux miens? nombre de serfs de mes domaines ne se sont-ils pas enfuis pour se rallier au château de Londun?

— Ainsi, s'écria un de ses deux compagnons, vous prétendez à la propriété de ce château par droit d'héritage, et par droit de revendication de vos serfs. Nous ne marchons qu'en second ordre, et après vous ?

De propos en propos, ils arrivèrent presque à une altercation, et quand ils rentrèrent au lieu de réunion des autres seigneurs, ils se trouvèrent tellement divisés, et tellement irrités les uns contre les autres, que le tumulte se mit dans l'assemblée. Les uns furent effrayés des paroles de la sorcière mourante; les autres, comprenant que leur coalition ne devait plus avoir pour fin qu'une scission entre eux, déclarèrent qu'ils se retiraient, disant qu'ils laissaient au sire de Vaucourt le soin de faire valoir ses droits ; que, quant à eux, ils se bornaient à envoyer au sire de Malestric une réclamation de leur renvoyer les serfs qui s'étaient réunis à son château, et qui avaient abandonné leurs domaines.

La coalition se trouvait ainsi rompue, et dès l'instant où chaque seigneur se proposait d'agir en son nom particulier, le maître du château de Londun n'avait presque plus rien à craindre.

Ce fut bien pis, quand les seigneurs, rentrant dans leurs manoirs, apprirent que leurs domaines avaient été abandonnés complètement par leurs serfs, et que ceux-ci ne refusaient pas de rentrer sous leur obéissance, mais qu'ils déclaraient qu'ayant embrassé un nouveau culte, ils voulaient être libres de l'exercer avec toutes les garanties qu'il leur assurait.

Comme on le voit, les affaires paraissaient s'embrouiller de plus en plus, et une nouvelle coalition devenait nécessaire.

Ce fut sur ces entrefaites que l'on apprit la ligue des seigneurs contre le duc de Bretagne. Les choses changeaient d'aspect, et de particulières elles devenaient générales. Mais quand il s'agit, pour les seigneurs, de lever le ban et l'arrière-ban de leurs vassaux et serfs, ces derniers se trouvèrent en si petit nombre, qu'il leur fut impossible de se faire accompagner par une escorte digne de leur rang.

La communauté chrétienne grossissait de plus en plus, et s'emparant des parties incultes des domaines du seigneur de Londun, elle menaçait de dépasser la puissance des plus hauts seigneurs de la contrée. A cette époque arriva un accident que personne ne put expliquer : le sire de Vaucourt, qui s'était montré le plus acharné contre son oncle, disparut tout-à-coup, sans qu'on pût rattacher à une intrigue quelconque la cause de cette disparition. Malgré les événements qui se préparaient à Rennes et à Nantes, les recherches les plus minutieuses furent employées pour savoir ce qu'était devenu le sire de Vaucourt. Mais toutes furent inutiles, et les gens qui composaient sa suite ne purent donner aucun renseignement. Selon les coutumes du temps, le sire de Londun, le seigneur de Malestric héritait des propriétés de son neveu. Il semblait que la Providence dirigeât tout pour étendre le culte chrétien dans cette partie de la Bretagne.

Ici la vieille aveugle s'arrêta; elle avait parlé sans discontinuité, avec une fermeté de mémoire qu'on ne devait pas supposer à son âge : mais la lassitude s'étant emparée d'elle, elle réveilla l'idiote qui dormait au coin du foyer, et lui commanda de me conduire à la chambre où je devais reposer. La nuit était fort avancée, et profondément noire; il n'y avait pas dans l'air le moindre souffle. La pesanteur des ténèbres pesait sur moi, je me jetai sur ma couche et m'endormis profondément. Mais alors, plein encore des souvenirs de ce que j'avais entendu, je fus en proie à des rêves étranges. Je vis la vieille aveugle assise sur son siége de paille, et causant familièrement avec un esprit au travers du corps duquel ma vue pénétrait; puis je me trouvai dans une lande voisine d'une colline couverte d'arbres; çà et là s'élevaient des monuments druidiques; ici de hautes pierres debout, là une large pierre supportée à ses deux extrémités par deux autres; enfin, plus loin, des monuments formant des cercles et atteignant une assez grande hauteur. Les pierres debout se soulevaient, et des cadavres entiers sortaient des entrailles de la terre, et semblaient heureux de respirer l'air libre ; même spectacle pour les autres monuments. Mais il en sortait une si grande quantité de squelettes, que, quoique dans les rêves l'esprit ne s'effraie de rien, j'éprouvai un frémissement si violent que je m'éveillai. Fatigué par ce cauchemar, j'entr'ouvris ma fenêtre pour respirer un air vivifiant. Cette fenêtre s'ouvrait sur un petit jardin défendu par une haie vive, et au-delà la lande se perdait dans l'obscurité.

Cette fois, je ne rêvais plus, je vis dans le jardin deux formes humaines, autour desquelles brillait une clarté bien faible, mais qui permettait de distinguer les objets : c'était l'aveugle accompagnée de l'idiote Ninon : elles traversèrent tout l'espace du jardin, franchirent comme par enchantement la haie vive qui l'entourait, et je ne pus suivre leur marche qu'à la faible clarté qui les environnait encore. Cette clarté ressemblait à celle qui s'élève sur les cimetières et dans les lieux bas et marécageux, et que l'on nomme feux follets. J'étais parfaitement éveillé, et je ne pouvais attribuer ce que je voyais à l'illusion d'un songe : appuyé sur le rebord de la fenêtre, je cherchai à distinguer encore quelque chose à travers l'obscurité, mais je ne vis plus que des ténèbres.

Malgré les idées que mon enfance m'avait laissées, car j'avais été nourri de contes et de légendes, je ne pouvais m'arrêter à l'idée que ce que je venais de voir fût une réalité. Pour mieux m'en assurer, je pris le parti de descendre dans la cuisine, où se trouvait le lit de l'idiote, et de m'assurer qu'elle y était bien en personne. Malgré le soin que je pris d'ouvrir ma porte sans bruit, je fus entendu par l'aveugle, auprès de l'appartement de laquelle je devais passer pour descendre dans la cuisine. J'entendis la porte de cet appartement s'ouvrir sans ménagement ; une main se posa sur mon bras, et d'un ton de voix étrange, l'aveugle me demanda où j'allais et si j'avais besoin de quelque chose.

Il faut que je convienne qu'après avoir vu ce que j'avais vu et bien vu, la présence de l'aveugle et ses questions me rendirent un instant muet.

— Descendez à la cuisine, me dit-elle, je vous y suis.

L'idiote dormait profondément; son ronflement sonore me prouva qu'elle était bien là en corps et en âme. Une petite lampe brûlait toujours dans la cheminée; si les ténèbres font impression sur l'imagination, la lumière la dissipe; je m'assis donc, et j'attendis que, selon sa promesse, l'aveugle vînt m'y retrouver. Elle raviva elle-même la lampe, et je fus frappé de la pâleur répandue sur son visage.

— Me voilà, me dit-elle en me prenant la main et posant ses doigts sur mon pouls, expliquez-moi, vous qui deviez avoir besoin de repos et de sommeil, pourquoi vous êtes levé avant le retour de la lumière.

Je lui racontai alors franchement les rêves qui avaient troublé mon sommeil, et qui m'avaient contraint de me lever. J'hésitais un peu à lui dire ce que j'avais vu lorsque je m'étais mis à la fenêtre : elle me dit alors presque brusquement :

— Vous avez vu deux femmes sortir du jardin, et se rendre sur les landes?

— Oui, lui répondis-je, étonné de cette question; l'une de ces femmes était vous, et l'autre votre servante.

Elle lâcha mon bras, une rougeur subite colora son visage, puis elle me dit :

— Ce que vous avez vu était bien une réalité, mais ce n'était que l'ombre des corps, car j'étais dans ma chambre, ainsi que ma servante.

— Qu'appelez-vous réalité, lui dis-je, puisque vous n'y étiez pas?

— Homme de mécréance, me dit-elle, homme de notre siècle incrédule, vous ne pouvez pas comprendre que l'âme n'est pas le corps. Vous vous imaginez que l'âme ne peut voyager sans son enveloppe mortelle; vos rêves ne vous le prouvent-ils pas, votre corps n'est-il pas dans votre couche, et votre âme n'assiste-t-elle pas à des scènes en-dehors de votre domicile?

— C'est vrai, lui répondis-je ; mais comment ai-je vu votre corps, et celui de votre servante?

— Quand vous rêvez, me dit-elle, vos pérégrinations, c'est-à-dire celles de l'âme, l'âme n'est-elle pas revêtue de votre corps et de vos vêtements?

— C'est vrai, lui répondis-je, mais ce sont des illusions.

— Que nommez-vous illusions? me dit-elle avec feu ; peut-il y avoir des images sans cause ?

Je vis que j'avais affaire à une femme hallucinée, et je me serais tu si elle n'avait ajouté :

— C'est bien moi que vous avez vue, mais moi revêtue de mon enveloppe spirituelle, et par conséquent illuminée.

Cette réponse arrêta mes objections, et je me tus, me rappelant ce que le recteur m'avait dit.

— Allez vous livrer au repos, me dit-elle, demain nous causerons plus à l'aise, et si je ne vous convertis pas à mes idées, c'est que l'esprit du siècle s'est emparé positivement du vôtre.

Je suivis son conseil, et j'en avais besoin. Mon esprit était bouleversé, et j'attendais du sommeil un peu de calme.

Le lendemain, je reçus une invitation du recteur pour me rendre au déjeuner qu'il donnait en l'honneur de son camarade d'enfance. Celui-ci ne pouvait séjourner plus longtemps au presbytère, et je ne crus pas devoir refuser cette invitation.

— Allez, me dit l'aveugle, racontez ce que vous avez vu et entendu, et notre recteur vous dira ce qu'il m'a dit plusieurs fois, que les événements survenus dans ma famille ont jeté le trouble dans mon cerveau, et que depuis ce temps je n'appartiens plus aux êtres dits raisonnables.

C'était une distraction, j'en profitai, et lorsque je me rendais au presbytère, l'aveugle, en me prenant la main, me dit :

— Ma légende n'est pas finie ; revenez ce soir.

— Eh bien! me dit le recteur en me donnant une accolade fraternelle, êtes-vous satisfait de la connaissance que je vous ai procurée?

— Oui et non, lui répondis-je; ce que j'ai vu et entendu a bouleversé mes idées.

Alors je lui racontai de point en point ce qui s'était passé pendant la nuit. Je m'attendais à voir sourire l'officier de marine : tant s'en faut, il prit la parole, et nous raconta qu'il avait eu à son bord une famille écossaise qui se rendait en Armorique.

— La grand'mère, me dit-il, était douée de la seconde vue; on nomme ainsi dans le pays les personnes qui ont quelquefois une prévision positive de l'avenir. Le bruit se répandit bientôt de cette clairvoyance; les matelots sont superstitieux, et la famille écossaise se trouva entourée de leurs soins.

Nous approchions de l'embouchure du Mississipi, lorsque le fils de cette vieille femme me pria instamment de lui prcurer une barque, pour qu'il ne se rendît pas à la Nouvelle-Orléans. Il offrait de payer les frais de transport. Étonné de cette demande, je le questionnai pourquoi, s'étant embarqué pour cette ville, il ne voulait plus s'y rendre.

— C'est, me dit-il, parce que ma mère a été avertie que la fièvre jaune y règne en ce moment, et que si votre équipage n'est pas décimé, tous les passagers en seront les victimes.

Je le fis jeter sur une langue de terre avec tous ses bagages, et je continuai ma route avec les autres émigrés. La femme à la seconde vue ne s'était pas trompée : la fièvre jaune sévissait d'une manière effrayante, et les plus riches propriétaires s'étaient réfugiés dans les hautes terres. Quant à nos émigrants, assez nombreux, ils furent atteints de l'épidémie, qui n'épargna guère mon équipage, et peut-être y eussé-je succombé, si je n'eusse pas repris la mer pour me soustraire aux influences délétères du delta du Mississipi. Depuis ce temps, je crois qu'il y a des êtres privilégiés qui peuvent jeter leurs regards dans le sombre avenir et savoir ce qu'il sera.

Le recteur restait pensif.

— Tes paroles, dit-il à son ami, font naître bien des réflexions dans mon esprit. L'aveugle est une femme hors ligne, mais je la crois extatique; d'autres fois, j'ai pensé qu'elle était somnambule. En effet, je me suis convaincu que souvent la nuit elle abandonnait son domicile, et qu'elle allait, avec la rapidité de l'éclair, dans des lieux où personne n'avait pu la suivre; car, je vous l'avoue, j'ai chargé plusieurs fois quelques-uns de mes paroissiens de la surveiller, non dans un intérêt de curiosité, mais dans son intérêt à elle-même, car la nuit nos landes ne sont pas sûres, et sont parcourues par des loups qui, pressés par la faim, pourraient la dévorer. Jusqu'à ce jour, je n'ai pu rien découvrir qui pût satisfaire ma raison; si cette pauvre femme est extatique, je n'ai rien à faire, car c'est une maladie qui dépend de l'organisation.

Je me rappelle un fait qui m'a été raconté par mon prédécesseur, vieillard respectable et étranger à toute idée surnaturelle. Ce fut en 1791, me dit-il, que cette femme, aujourd'hui aveugle, vint s'établir dans ma paroisse. Sa croyance religieuse était pleine et entière : elle venait souvent me faire part de ce que je regardais comme des hallucinations. Un jour elle me dit : « Monsieur le recteur, le temps de la persécution approche; mettez-vous en-dehors de tous les événements politiques qui vont bouleverser le pays : votre concours n'y ferait rien, et en vous préservant des massacres, vous conserverez un digne pasteur à notre paroisse. Je ne suis qu'une femme, me dit-elle, et pour me préserver des spectacles odieux qui se présenteraient à moi, je suis condamnée à la cécité. »

Effectivement, près d'un mois après cette révélation, elle devint complètement aveugle, sans que ses yeux eussent perdu de leur éclat ordinaire. Le pays bouillonnait, de toutes parts les défenseurs du trône et de l'autel se levaient, mais aussi des légions de bleus envahissaient notre pays. Je suivis le conseil de ma paroissienne, et monté sur une barque des pêcheurs de la côte, je me rendis à Jersey. Les événements se précipitaient, les églises se fermaient, et leurs recteurs tombaient sous les balles des hommes du nouveau régime.

Enfin, des temps meilleurs arrivèrent : un soldat s'empara du gouvernement, la religion fut rétablie, et les prêtres purent rentrer dans leurs paroisses. Ma paroissienne l'aveugle avait été témoin de tous ces changements sans en éprouver le contre-coup. Ce fut elle que je trouvai la première, lorsque je pus rentrer dans mon presbytère.

— Désormais, me dit-elle, vous pouvez exercer en paix le service de votre saint ministère, et vous mourrez aussi en paix à la tête de vos bien-aimés paroissiens.

Bien des fois, durant les jours de l'exil, je m'étais rappelé les révélations de l'aveugle, et je m'étais demandé si des êtres privilégiés ne recevaient pas des communications supérieures. Plusieurs fois je l'interrogeai, voici ce qu'elle me répondit :

— Avant d'avoir perdu la vue, je me trouvais souvent plongée dans des méditations si profondes que mon corps restait comme inanimé : une autre existence m'était révélée, et c'est dans cette nouvelle existence que je me complaisais. Mais dès que j'eus perdu complètement la vue, une autre, plus instante, plus clairvoyante, se révéla en moi : souvent il me semblait que j'étais placée sur un point culminant, et qu'à ma gauche se révélait un passé que je n'avais point compris; tandis qu'à ma droite, je voyais des demi-ténèbres, et çà et là des espaces éclairés par des feux bruyants comme ceux d'une artillerie formidable. Autour de moi, voltigeaient des êtres ayant des apparences de corps, mais n'étant point toujours rappelés à la terre par leur pesanteur matérielle. Dans une pareille position, j'éprouvais des bouillonnements dans ma tête, et je cherchais en vain à les calmer : c'était la nuit surtout, que ces étranges visions m'assaillaient : eh bien! je puis vous assurer qu'elles ne me rendaient pas malheureuse. Il me semblait que lorsque le soleil échauffait la terre, j'appartenais à l'espèce humaine, mais que lorsque l'ombre l'enveloppait, car quoique aveugle, je la sentais, ma vie n'était plus celle des gens qui m'environnaient.

Mais reprenons ma légende : aujourd'hui je la vois plus clairement, et si les traditions orales l'ont dénaturée, elle ne m'apparaît plus entourée de prestiges ni d'événements surnaturels. Je vois la foi chrétienne s'étendre, gagner chaque jour sur les basses classes, puis envahir forcément les classes élevées. Les seigneurs, comprenant les avantages du nouveau culte, entrent l'un après l'autre dans la réunion chrétienne. L'organisation s'élabore : là où il n'y avait que des apôtres, je vois des hommes revêtus de l'autorité, veillant avec une prudence extraordinaire à la propagation et au maintien du culte chrétien. A peine un siècle s'est écoulé, que déjà les évêques ont pris rang parmi les seigneurs, et que par leur autorité et leur tendance au même but, ils offrent aux barons divisés un corps parfaitement organisé, et pouvant lutter contre toute autorité autre que la leur. Ce qui s'est passé depuis cette époque n'entre plus dans le domaine de la légende telle que je la conçois ; certes, des événements miraculeux se succédèrent, et le terrain était acquis au culte chrétien. Puis, baissant la voix, et posant sa main sur mon bras, elle me dit d'une voix plus basse :

— Mon voyage est fini ; je vais passer dans un monde où l'on n'a plus besoin des yeux de la chair. Croyez-moi, me dit-elle, le christianisme déjà si éprouvé sortira triomplant de ces luttes insensées, mais fixer l'époque de son triomphe est au-dessus de ma clairvoyance. Je me rappelle, lorsque je jouissais de la vue, que souvent du haut de nos monts, en portant mes regards à travers les vapeurs denses et humides, je découvrais dans le lointain des éclaircies lumineuses : eh bien ! ce que je vois devant moi ressemble à ce que je voyais alors, et si l'horizon lointain m'apparaît resplendissant de lumière, ma vue perce des nuages bien orageux, et souvent plus que menaçants.

— Arrêtons-nous ici, me dit-elle ; je sens que la vie terrestre m'échappe, mais qu'il faudra encore bien des efforts avant que mon âme se débarrasse de sa prison mortelle.

Dire ce que j'éprouvai me serait impossible; les paroles, le ton de l'aveugle m'impressionnaient d'une manière si étrange, que je la regardai avec effroi. Son visage était calme, mais les couleurs de la vie s'effaçaient : ce n'était plus qu'une blanche statue de marbre. L'idiote, qui l'observait, la saisit dans ses bras et la porta sur sa couche. Tout ce que je pus obtenir de cette pauvre créature, fut que sa maîtresse tombait souvent dans cet état. Elle était atteinte de la maladie nerveuse connue sous le nom de catalepsie.

J'allais m'approcher de sa couche, lorsque l'idiote, me saisissant vivement le bras, me fit entendre des sons gutturaux dont je sentis la signification : elle m'ordonnait de me retirer.

Ce fut dans un état d'esprit que je n'avais jamais éprouvé, que je retournai au presbytère. Le recteur était de retour, il avait accompagné son ami d'enfance durant quelque temps, et m'attendait dans son petit salon.

Je lui fis un récit exact de ce que j'avais vu et entendu.

— C'est étrange, me dit-il; il y a environ un mois, cette dame, qui m'était venu voir au presbytère, me dit d'un ton solennel :

— Monsieur le recteur, une de vos paroissiennes vous manquera bientôt, je vous demande les prières de l'église, et que ma fosse soit creusée auprès de la croix du cimetière. J'y ai déjà transporté les deux petits cyprès qui se trouvent à la porte de mon jardin ; je vous prie de les faire respecter, et comme j'ai toujours aimé les fleurs, voici les graines de celles que j'affectionne, je vous prie de les faire semer sur ma tombe et de veiller à ce qu'elles ne soient pas détruites.

Je lui promis tout ce qu'elle me demandait; mais la voyant pleine de vie, je crus qu'elle était sous l'influence d'une de ces nombreuses hallucinations qui traversaient sa vie, et je n'attachai pas beaucoup d'attention à ses paroles.

Il réfléchit quelques instants, puis se levant il me dit :

— Rendons-nous chez elle.

Il se rassit aussitôt et ajouta :

— Puisque l'idiote vous a commandé de vous retirer, elle refusera de nous laisser entrer. Attendons la fin de la journée.

CHAPITRE VI.

Triste nouvelle. — On apporte au presbytère le corps presque inanimé d'un ancien ami du recteur, vieille connaissance de l'auteur. — Derniers moments du vieux Tanouarn. — Sa résignation et sa mort tranquille. — Visite à l'aveugle. — Ses paroles prophétiques. — Catalepsie. — L'idiote congédie l'auteur. — Retour au presbytère. — Visite du médecin à l'aveugle. — Il la tire de son état cataleptique. — Dernière entrevue de l'auteur et de l'aveugle. — Elle lui confie son testament et d'autres papiers. — Singulière découverte. — Demande de sépulture non acceptable.

Cette journée, commencée sous de si singuliers auspices, allait se terminer d'une manière fort triste. Nous étions à table, le recteur et moi, lorsque l'on entendit le son répété de la cloche.

— On m'appelle auprès de quelque malade, dit le recteur en se levant; achevez votre dîner, et trouvez bon que j'aille où le devoir m'appelle.

Il était dans la cour du presbytère, dont le portail s'ouvrit à deux battants pour laisser le passage libre à une charrette. Un homme était étendu sur la paille et paraissait respirer encore. A l'exclamation que poussa le recteur, je sortis précipitamment, et quoique plusieurs années se fussent écoulées depuis mon séjour à Karnac, je reconnus aussitôt, dans la personne gisant sur la paille, le bon vieillard qui avait passé avec moi durant un orage une nuit sous le toit de Joë Judicaël.

— Est-il blessé ? demandai-je aussitôt.

— Non, répondit le paysan à qui appartenait la charrette, nous l'avons trouvé assis sur un fossé, et il nous a priés de le conduire chez monsieur le recteur.

On devine que cet homme était le centenaire Tanouarn. On le transporta avec précaution sur un lit de sangles que la servante de monsieur le recteur s'était hâtée de garnir. Ses yeux étaient ouverts et intelligents, mais les sons articulés qui sortaient de sa bouche étaient si faibles, qu'il fallait approcher l'oreille pour les entendre. La servante apporta une bouteille de vieux vin de Bordeaux ; le recteur en versa dans une cuillère à bouche afin de l'introduire dans la bouche de celui que nous regardions comme mourant. Il trouva assez de force pour repousser ce cordial, et prononcer distinctement le mot *non*.

Il y avait dans le bourg un jeune médecin qui jouissait d'assez de renommée. Le recteur le demanda. Après avoir examiné le vieux Tanouarn, il déclara qu'il n'y avait aucun symptôme de maladie, mais que la nature était à bout de ses forces, et que nous le verrions expirer sans douleur, sans agonie, comme une lampe qui s'éteint à défaut d'huile.

Le vieux Tanouarn était connu de tout le pays : la consternation y fut générale, et, chose remarquable, ce furent les enfants qui montrèrent le plus de douleur. En effet, ce bon et excellent homme était l'ami de tous les enfants, et une de ses joies, quand il passait dans le pays, était de les rassembler autour de lui, et de leur raconter des histoires. Nous avions oublié l'aveugle, et tout entiers à notre mourant, nous veillions autour de lui, épiant l'indice du moindre désir.

La nuit se passa sans changement, si ce n'est que les extrémités se refroidissaient lentement, et que le visage prenait une couleur de cire.

Le lendemain, à l'instant où les premiers sons de l'Angelus se faisaient entendre, le vieillard parut y faire attention : il fit un effort pour se soulever, puis sa tête retomba sur l'oreiller. Il venait de trépasser.

Jamais je n'avais vu une mort aussi paisible, et cependant j'avais vu beaucoup de gens mourir. On avait dépêché une personne pour prévenir les parents de Tanouarn. Il appartenait à une famille honorable vivant dans une grande aisance, et qui n'avait jamais pu le décider à se faire accompagner dans les tournées qu'il faisait continuellement dans le pays.

Le recteur revenait de l'église, où il avait été célébrer la messe, lorsque l'idiote, le saisissant par sa soutane, l'entraîna vers la maison de sa maîtresse. Elle n'était pas sortie de son accès de catalepsie, et l'idiote, toute bornée qu'elle était, avait remarqué que ce long sommeil de sa maîtresse ne ressemblait en rien à ceux qu'elle avait fréquemment.

Le recteur rentra tout pâle, et dit en me serrant la main :

— Je crains que nous n'ayons deux morts en un jour.

Deux cierges brûlaient à la tête du lit du défunt Tanouarn, et plusieurs femmes se succédaient pour jeter l'eau bénite sur le corps.

— Venez, me dit le recteur, les veilleurs ne manqueront pas auprès de ce corps respectable : courons chez l'aveugle.

Le médecin nous y accompagna, et après avoir fait toutes les constatations de son art, il nous déclara qu'il ne croyait point à la mort, mais à une attaque de catalepsie dont il ne pouvait prévoir le terme.

— Quoi qu'il en soit, ajouta-t-il, cette attaque est un avant coureur de la mort. Nous nous retirâmes, le médecin nous ayant déclaré qu'il désirait rester seul auprès de la malade. Quels furent ses moyens de la rappeler à la vie, je l'ignore : toujours est-il que le soir il nous annonça qu'elle avait pu se mettre sur son séant, et qu'elle parlait, avec lenteur à la vérité, mais d'une manière claire et nette.

— Ce retour à la vie, ajouta le jeune médecin, n'est pas un nouveau bail à l'existence, mais le dernier éclair d'une vie qui s'éteint.

Ici cesse ma légende, et ce sont quelques pages d'histoire particulière que je vais tracer.

Le corps du vénérable Tanouarn était toujours au presbytère, on attendait le retour du messager envoyé à sa famille par le recteur, et si de ce côté, puisque la mort avait posé son sceau, il n'y avait plus rien à attendre, du côté de l'aveugle il y avait une énigme psychologique à déchiffrer. Je me rendis à son domicile, et je fus réellement étonné de la transformation qui s'était opérée chez l'idiote : l'intelligence brillait dans son œil ; sa langue, moins embarrassée, prononçait distinctement les mots. Elle parut satisfaite de me voir.

— Venez, me dit-elle, la maîtresse vous attend. Si vous l'entendez parler comme elle m'a parlé, vous saurez ce qui nous attend après une vie de douleur.

L'aveugle était assise sur son séant ; ses doigts déroulaient les grains d'un rosaire : elle priait. Elle avait compris mon pas, et dès que la porte fut ouverte, elle me dit d'une voix faible :

— Approchez et asseyez-vous près de mon lit. Pendant plus de quarante-huit heures, mon âme a laissé mon corps inanimé sur cette couche. Elle est allée dans ce monde qui m'attend. Malheur, s'écria-t-elle, à ceux qui ne croient point à une autre vie, malheur à eux, car après celle-ci, ils passeront dans un monde ténébreux, agité de passions sombres, où ils devront s'épurer avant de monter plus haut dans la splendeur du ciel.

Elle s'arrêta un instant, puis reprit avec plus d'animation :

— Les chrétiens ont seuls découvert la voie qui conduit à la véritable immortalité ; les mots me manquent pour vous décrire ce que j'ai vu : là, plus de matière, plus de corps qui demande son alimentation à la terre, plus de basses passions ; mais une plénitude de vie qu'il est impossible à l'homme de comprendre.

Elle s'arrêta encore, sa voix devenait de plus en plus faible ; elle me dit :

— Approchez-vous, recevez ce dépôt; c'est mon testament, que j'ai tracé malgré que je fusse privée de la vue; promettez-moi de le remettre à notre recteur, et de veiller à ce qu'il soit exécuté de point en point.

Encore une pause...

— Vous trouverez dans le vieux secrétaire qui touche à la fenêtre, et dont je vous donne la clef, deux liasses de papiers, dont seul vous pourrez tirer parti. Approche, Ninon, dit-elle en s'adressant à l'idiote; je te prends à témoin que les papiers qui sont contenus dans le tiroir du milieu de mon secrétaire appartiennent à la personne ici présente par don fait par moi, jouissant de la plénitude de ma raison. Elle paraissait un peu agitée et cherchait de la main le rosaire tombé sur sa couverture, et lorsqu'elle l'eut trouvé elle me dit :

— Retirez-vous, je ne dois plus avoir de relations avec les habitants de cette vie : rappelez-vous que vous êtes le dépositaire de mon testament, et que j'exige qu'il soit exécuté à la lettre.

A mon retour au presbytère, je trouvai le recteur en pourparler avec deux hommes proprement vêtus, et déjà avancés en âge.

— Ce sont, me dit le recteur, les neveux du respectable et regretté Tanouarn. Ils ont amené une voiture. Ils demandent que le corps leur soit livré pour le porter dans un lieu de sépulture depuis longtemps désigné par lui.

Curieux de savoir le lieu de sépulture indiqué par Tanouarn, le recteur les pria de lui faire connaître le lieu de sépulture désigné par le testament. Il laissa tomber le papier de ses mains, et dit :

— Impossible. Les lois ecclésiastiques ne nous permettent pas d'enterrer les défunts dans les cromlechs. Il faudra que j'obtienne des dispenses de Monseigneur.

Le testament de l'aveugle, que je lui avais remis, était sur la table; ne voulant pas prolonger mon séjour au presbytère, je priai le recteur d'en faire l'ouverture devant moi, puisque l'aveugle mourante m'en avait intimé l'ordre. Le recteur me répondit :

— Nous ne pouvons ouvrir le testament d'une personne qui respire encore : j'attends la visite du médecin, il m'a affirmé que la pauvre aveugle ne passerait pas la journée.

Cependant tout se préparait pour enlever le corps du défunt Tanouarn, et tout occupés de ces lugubres préparatifs, nous avions presque oublié la situation de l'aveugle, lorsque le médecin arriva.

— Il n'y a plus d'attaque de catalepsie, nous dit-il, le cadavre a la rigidité de la mort.

Alors je priai le recteur d'ouvrir le testament, et lecture en fut donnée en présence des neveux de Tanouarn et du maire de la commune. L'aveugle donnait tout ce qu'elle possédait au recteur, à la condition qu'il ferait construire une maison-hospice pour les pauvres de la paroisse : sa servante l'idiote y trouverait un asile jusqu'à la fin de ses jours, avec une petite rente pour ses besoins particuliers. Ces dispositions n'avaient rien d'étrange, et devaient même être attendues; mais notre stupéfaction fut grande, quand nous lûmes en post-scriptum les paroles suivantes :

« Descendante des druides, je veux que mon corps repose avec ceux de mes ancêtres les plus éloignés. Je désigne le cromlech de Leïchat; c'est là que furent enterrés ceux de ma famille qui périrent dans la grande révolution. »

Les neveux de Tanouarn se regardèrent avec étonnement, et nous dirent :

— Mais, ce lieu de sépulture est celui indiqué par notre oncle, c'est sous ces sombres voûtes que nous avons confié à la terre les corps de nos parents qui tombèrent durant la grande guerre civile.

Le recteur restait pensif : ses devoirs de prêtre étaient bornés; le champ du repos, consacré par la religion, était le seul désigné pour y enterrer les fidèles. Puis, tout-à-coup il me dit :

— Comment se fait-il que deux des plus anciens de nos

contrées aient désigné le même lieu de sépulture? Neveux Tanouarn, connaissez-vous bien la filiation de votre famille?

— Oui, répondit le plus ancien. Les traditions orales conservées de père en fils, font remonter notre race aux prêtres druides qui régnèrent si longtemps sur ces contrées, et la signature du testament de l'aveugle ne porte pas le nom sous lequel elle a été désignée jusqu'à sa mort. Elle descendait comme nous, mais par une branche collatérale, de la famille des Ipsoë-Madeuc.

Le temps était pressant; un messager fut envoyé à monseigneur l'évêque de Vannes, pour exposer la situation. La réponse ne se fit pas attendre : il était stipulé que les deux demandes de sépultures rappelant des cérémonies païennes, ne pouvaient être tolérées par l'église catholique.

Mon rôle était fini; ne voulant pas attendre un résultat que j'avais prévu, et que ma conscience approuvait, je profitai de la voiture des neveux Tanouarn pour rendre peut-être une dernière visite à la famille Judicaël, bien décidé que j'étais à ne pas retourner en basse Bretagne avant plusieurs années, persuadé que dans la liasse de papiers dont l'aveugle m'avait fait don, je trouverais matière à plusieurs légendes. Mais lorsque je parcourus ces papiers, je m'aperçus que je n'avais qu'une chronologie détaillant avec un soin minutieux la filiation de la famille des Madeuc descendants des druides. Il ne restait plus qu'une liasse à parcourir; celle-ci était enveloppée avec soin dans une feuille de parchemin cachetée aux deux bouts.

C'était pour moi un véritable trésor, une chronique sincère des événements qui, à la connaissance de l'aveugle, s'étaient passés durant les troubles civils de la Vendée et de ce que l'on appelle la chouannerie. Des plumes distinguées ont retracé ces événements, mais largement, s'arrêtant aux faits principaux, et négligeant les événements qui, tout en se rattachant à l'ensemble de cette guerre civile, oubliaient des noms obscurs, et qui méritaient cependant une mention. Je fus effrayé de la quantité de matériaux que je trouvai dans cette liasse de papiers. Tous étaient de la même écriture, style souvent négligé, et plus souvent encore plein d'exaltation et d'énergie. Certes, l'aveugle avait dû composer ces mémoires avant d'être frappée de cécité. Elle écrivait comme César, sans se mettre en scène, mais la bonne foi perçait à chaque page.

Sans doute, les chemins de fer feront disparaître l'originalité des contrées de l'ancienne Bretagne, mais chez un peuple aussi tenace que le Breton, les croyances ne s'en vont pas vite. Si dans un demi-siècle on trouve dans les villes les mœurs et le caractère français, peut-être son indifférence et son scepticisme, j'ose affirmer qu'en pénétrant dans les campagnes, on retrouvera les anciennes croyances, et surtout un goût prononcé pour les histoires légendaires.

LA
FAMILLE DE KERLOEN

Le château de Kerloën, l'un des plus nobles manoirs du département du Finistère, est situé sur une colline à deux kilomètres environ de la mer. Je ne sais rien de plus fertile que ce petit monticule, connu dans le pays sous le nom de Montagne-Verte. Vous le diriez en effet couvert d'un grand tapis de gazon ondulant aux brises maritimes, et diapré çà et là des fleurs les plus belles de nos prairies. Puis tout-à-coup s'élèvent brusquement les dunes, longue chaîne de montagnes sablonneuses enrichie tous les jours par l'Océan.

Le château de Kerloën était habité, au moment où commence notre histoire, par le marquis Henri de Kerloën et ses deux filles, Héléna et Claire. Le vieux seigneur est un de ces gentilshommes qui ont reçu le baptême du malheur et de l'exil. Aux jours sombres de la Terreur, il a vu le manoir de ses aïeux dévasté, vendu au nom de la liberté populaire, et n'a que providentiellement échappé aux listes de proscription dressées chaque jour à Quimper par les coryphées provinciaux de la démagogie parisienne. Le jour où les satellites de la république une et indivisible envahirent Kerloën, ils trouvèrent les portes ouvertes et les appartements vides. Le marquis et le chevalier, son frère, s'étaient soustraits à leur fureur. Cachés dans deux grottes profondes qui s'ouvraient sur la mer, protégés par des ronces qui masquaient leur retraite, ils passèrent bien des jours dans une angoisse mortelle. Un serviteur fidèle, qui les avait bercés au murmure des mers et des chansons bretonnes, veillait pour eux.

. . . .

Paris n'était qu'une vaste ambulance; le choléra sévissait avec fureur, et dans les âmes, oublieuses de Dieu, il n'y avait place que pour le désespoir. La médecine restait impuissante devant ce fléau jusqu'alors inconnu, les hommes tombaient par milliers; à peine avaient-ils le temps de craindre. Que de drames ignorés alors, que de victimes secrètes, que de sacrifices dans l'oubli !

C'était au mois de juillet de cette année fatale, dans le quartier latin, rendez-vous de tant de joies profanes et de tant de misères. Assis auprès de l'étroite fenêtre de sa mansarde, la tête appuyée sur sa main, un jeune homme attachait des yeux ardents sur une des croisées de la maison voisine. Son âme semble vivre dans son regard; ses nerfs contractés, son front crispé par la douleur, tout annonce en lui une de ces émotions âcres et absorbantes qui ne laissent de place que pour la souffrance qui tue. Oh! c'est que là près de lui lutte avec la mort un être bien cher à son cœur; c'est que depuis trois jours pas une espérance ne lui est venue, pas un rayon consolateur n'est tombé sur son âme. Trois jours! une éternité d'anxieuses prières; trois jours, et l'homme qui souffre là-bas, qui peut-être va descendre dans la tombe, cet homme est son père. Une désolante malédiction éloigne le fils de son chevet, et le vieillard a préféré aux affections de famille les soins d'une main étrangère. Qui pourrait raconter les supplices d'Albert, ses remords dans le passé, dans le présent son désespoir?

Brisé par la fatigue, il se jeta sur son lit, et finit par s'endormir. Bien des douleurs avaient déjà passé sur son âme. Il est des hommes qui n'ont que la peine de naître, la fortune les prend au berceau et les conduit à la tombe en semant les plaisirs devant eux. La société les accueille et leur prodigue ses joies, réservant toutes ses colères pour de tristes parias, voués aux haillons de la misère, qui vont déchirant la vie et l'arrosant de sueurs et de larmes. Ceux-ci n'ont que la brise céleste et la brillante étoile de la mer pour les guider au milieu des écueils de cet océan toujours tumultueux et avide qu'on appelle le monde. La religion est nécessaire dans toutes les conditions : au riche, pour qu'il abaisse son orgueil au niveau des choses humaines; au pauvre, pour lutter contre les mauvaises passions qu'enfante la misère.

Albert était une nature fatalement privilégiée. Riche, il eût été grand et utile; pauvre, il ne savait que souffrir dans son inertie. Son père, cadet d'une noble famille de Bretagne, avait suivi le torrent de la révolution, et demandé à un nouveau système ce que l'ancien régime ne pouvait lui donner. La France lui accorda des blessures et sa part de gloire; le premier consul lui donna une croix et le grade de colonel. Waterloo l'arrêta dans sa carrière. Dangereusement blessé par l'éclat d'un boulet, il dut songer à la retraite... Napoléon lui serra la main et s'en alla mourir à Sainte-Hélène. La Restauration lui accorda une pension de retraite; s'il eût suivi les mouvements de son cœur, sa vieillesse se serait éteinte dans sa chère Bretagne, comme autrefois s'endormit son enfance au bruit des vagues et des vents. Mais il n'avait plus de nom, il n'avait plus de patrie. Son nom, il l'avait donné pour une épée; sa patrie!... De quel œil la province fidèle eût-elle accueilli le compagnon du héros corse? D'ailleurs, le marquis de Kerloën, son frère, l'avait renié depuis longtemps. Le vieux soldat ne connaissait plus de famille; je me trompe, il avait son fils.

Albert avait trois ans; sa mère était morte en lui donnant le jour, et son enfance s'était passée au roulement des tambours, au bruit des canons, aux cris de victoire qui se succédaient si rapides alors. Avant chaque bataille, son père l'embrassait au front, et priait Dieu près de son berceau; lorsqu'il revenait, les mains noircies de poudre, il l'embrassait encore. Toutes ses affections étaient en lui. La campagne de 1814 l'enleva à tous les dangers. Ils se retirèrent dans un château en ruines sur les bords de la Garonne, et là c'était un attendrissant tableau que ces deux êtres isolés, dont l'un entrait dans la vie, et l'autre semblait près d'en sortir. On pleurait à les voir tous deux, l'enfant avec sa blonde chevelure sur les genoux de son père à la moustache grise; l'enfant avec son teint rosé, sa joue fraîche et unie, le père avec ses traits flétris, ses balafres et ses cicatrices, se faisant petit pour jouer avec Albert, courant malgré sa béquille sur le gazon du préau, prêtant à toutes les espiègleries du jeune âge ce qui lui restait encore de verdeur.

Et dans les longues soirées d'hiver, tandis que la Garonne grondait aux pieds de la colline, et que mugissait le vent aux galeries abandonnées, le colonel faisait maints récits de batailles et de glorieuses actions. L'enfant ouvrait de grands yeux bleus pour écouter son père, et la vieille Gertrude se signait et priait tout bas. Ainsi passèrent de longues années. Albert eut vingt ans. Du vieux soldat il tenait une santé robuste, de sa mère une âme qui devinait le bien avant de le savoir. Le curé de La Réole, son précepteur, déclara que le moment était venu de choisir une carrière.

C'était l'heure de la lutte; son père accepta une séparation douloureuse, mais nécessaire. De sa modeste fortune il fit deux parts. La plus modique fut pour lui; l'autre devait préparer l'avenir de son fils, et lui faire achever ses études à Paris. Ce fut une grande douleur pour le jeune homme que l'idée du départ : il aimait le colonel de toutes les forces de son âme, et s'effrayait de l'abandonner seul aux soins d'une étrangère.

. . . .

Arriver dans une cité nouvelle, immense, voir s'évanouir son horizon si vaste, se retrouver seul dans un désert peuplé à l'infini, ne rencontrer dans ce qui vous entoure rien de ce qui vous a suivi jusqu'alors, mourir aux affections les plus intimes pour s'éveiller dans les glaces sociales, croyez-moi, c'est une bien triste chose.

Il faut du courage pour affronter cette vie de douloureuses privations qui prélude aux grands actes de l'âge mûr. Albert les subit sans se plaindre; retiré dans la mansarde d'une des maisons les plus sombres de la rue d'Enfer, il s'adonna sans réserve aux études arides de la législation.

Albert avait été recommandé, au moment de son départ,

à M. de Langeac, neveu par alliance de madame de Gilfaud, une voisine du colonel. Ce n'était pas seulement un protecteur incertain, comme on en trouve tant à Paris, si l'on est jeune encore et qu'on relève de hautes relations : M. de Langeac occupait au barreau une place péniblement conquise, et dont son généreux caractère lui assurait dans le monde les bénéfices de haute considération. Pour Albert, c'était comme le pionnier qui affranchit la route et renverse les obstacles.

Notre héros rencontra dans les salons du jurisconsulte une jeune fille, Bretonne de patrie, à qui il fut présenté comme un proche parent. Elle avait nom Héléna de Kerloën, et, plus d'une fois, en les confondant sous un même regard, madame de Langeac avait dit à son époux :

— Tous deux vertueux! ce serait une heureuse union.

Le magistrat se contentait de répondre :

— La Providence est puissante; priez-la de reporter sur notre famille une protection que nous avons depuis longtemps perdue, et vos espérances pourront être accomplies.

— Pourquoi cet air grave, à propos d'un mariage si facile?

— Vous le saurez un jour : ce n'est pas mon secret.

Albert Delbourg n'avait jamais eu rien de mystérieux pour son père, et dans ses confidences d'avenir s'échappa naturellement le nom de mademoiselle de Kerloën.

Trois jours après il recevait la lettre suivante :

« Mon cher fils, lui écrivait son père, j'apprends avec
» bonheur le succès de tes études; mes sacrifices ont obtenu
» leur récompense. Je ne m'inquiète plus de ton avenir. Je
» dois te prévenir toutefois que tes vagues projets et le nom
» de mademoiselle de Kerloën te préoccupent. Sûr de ton
» obéissance, je ne m'expliquerai pas davantage; souviens-
» toi qu'entre cette famille et la nôtre s'ouvre un abîme in-
» franchissable. »

Un mois après, comme la scène avait changé!

Le choléra régnait dans la grande ville, épouvantable fléau dont on ne savait ni la nature ni l'origine, et ses victimes, rares d'abord, tombaient à l'infini. Il ne respectait rien et frappait partout : le père au milieu de ses enfants, les enfants sur le sein de leur mère, la fiancée au pied de l'autel.

Appelé à Paris pour aplanir quelques difficultés élevées au sujet de sa pension, le colonel fut atteint par la maladie. Madame de Langeac lui ouvrit un pavillon de son hôtel et le soigna avec dévouement. Héléna de Kerloën partageait son noble sacrifice ; elle savait bien que l'homme qui souffrait, dont elle étanchait la soif, dont elle consolait l'insomnie, était son oncle ; mais elle cacha son nom jusqu'à la fin, et, le jour où il fut sauvé, elle s'effaça comme un de ces anges bienfaiteurs que l'on ne voit, hélas! que dans les rêves, mais qui laissent toujours dans l'âme un doux parfum.

Albert vint plus d'une fois visiter le chevet de son père, et jamais un mot ne fut prononcé qui pût faire revivre le reproche sur les lèvres de l'un, l'amertume dans le cœur de l'autre.

Cependant M. Delbourg arrêta son fils un soir, au moment où celui-ci lui tendait la main en signe d'adieu.

— Asseyez-vous, lui dit-il, écoutez-moi ; le moment de la séparation approche. Peut-être reprendrai-je demain le séjour de La Réole. Il faut que vous sachiez un secret qui pèse sur mon cœur, et dont l'ignorance pourrait être fatale à tous deux.

— Mon père.....

— Il le faut. Nous ne reviendrons plus sur ce sujet... J'avais dix-huit ans quand éclata cette révolution qui bouleversa tous les rangs, nivela la société ; élevé en Bretagne, au milieu de ces hommes chez qui la fidélité à la monarchie est la plus belle part de patrimoine, j'avais dès-lors des convictions arrêtées. Ma famille était noble, le sang qui coule dans tes veines est illustre parmi les Bretons. Suivant l'usage féodal, mon frère devait, par droit d'aînesse, hériter des titres et de la fortune de mon père. Moi, pauvre cadet gentilhomme, j'avais à choisir un état. J'embrassai la carrière des armes. Mon père vint à mourir, mon frère lui succéda. Il y avait toujours eu entre nous une grande sympathie ; cette perte cruelle ne fit que resserrer les liens qui nous unissaient déjà. Cependant des nouvelles alarmantes nous arrivaient de la capitale. Ce fut le signal de l'émigration ; tout ce que la couronne avait de nobles et de féaux défenseurs s'attacha aux drapeaux de Condé... Nous ne pûmes partir. Mon frère, prudent et sage, avait trouvé le moyen de vendre notre patrimoine. Le prix en avait été envoyé à Londres, où nous devions nous retirer. Le pêcheur qui devait nous transporter loin des côtes nous fit défaut et nous fûmes obligés de nous cacher. La persécution commençait. Nous nous retirâmes dans les dunes. Nous nous étions établis dans deux cavernes, à deux cents pas l'un de l'autre ; des broussailles épaisses en cachaient l'entrée ; nous n'avions d'autres armes que nos fusils de chasse, qui pourvoyaient à notre existence. De temps à autre, nous sortions de nos retraites poussés par la faim, pour abattre quelques oiseaux de mer, des mouettes ou des courlis. C'était là notre seule nourriture, avec le pain que nous apportait Yvon, un étranger que mon frère avait accueilli au château, et en qui il mettait toute sa confiance. Un soir, nous lui découvrîmes notre retraite et il promit de nous servir. C'est lui qui trahit mon frère !

Les soldats s'étaient déjà répandus sur les côtes, j'avais aperçu des armes reluire dans le lointain. Leur chef remarqua les mystérieuses allées d'Yvon. Il s'adressa à lui. Le malheureux se laissa gagner par l'or.

Un soir, il m'en souvient, le temps était affreux, le vent soufflait du nord, et ses raffales soulevaient les flots. La nuit était sombre, quelques éclairs en déchiraient seuls l'obscurité, l'Océan faisait entendre sa grande voix comme un lion furieux. Je venais de rentrer dans ma caverne ; de sinistres pressentiments dominaient mon âme. Ils ne me trompèrent pas. J'étais à peine assoupi : tout-à-coup des pas se firent entendre, je me blottis dans un angle de ma retraite au milieu des ronces et des épines. Oh ! quand on craint la mort, comme on se rattache à la vie ! Des voix coufuses parvinrent jusqu'à moi, une lueur blafarde pénétra dans mon antre. Mon sang se glaçait dans mes veines, mes cheveux se hérissaient sur mon front. La crosse d'un fusil résonna à l'entrée de la caverne. Une voix se fit entendre, c'était celle d'Yvon : *plus loin*, disait-il, et ils passèrent. Les soldats s'éloignaient dans la direction de mon frère. Je ne pus dormir de la nuit; les plus amères pensées traversaient mon âme. Est-ce nous que cherchent les soldats, et si Yvon nous a trahis, comme je le croyais, pourquoi m'avait-on épargné? Le lendemain, à peine l'aurore avait-elle jeté son premier rayon dans les brouillards de la mer, que je sortis pour connaître la vérité toute entière, quelque horrible qu'elle fût. La paille sur laquelle il couchait d'ordinaire était vide. Je frémis, je courus comme un insensé, j'errai pendant tout le jour au milieu des dunes, l'appelant à grands cris, sans crainte de me trahir. L'écho répondit seul, lui ne parut pas. Enfin, harassé de fatigue, les mains ensanglantées, la rage au cœur, je me traînai jusqu'à mon repaire. Leur fureur m'attendait là. Sais-tu, mon fils, ce qui était advenu, sais-tu qui m'avait trahi? je crus un instant qu'Yvon avait parlé. Non... Le frère avait été vendu par le frère... On lui promit la vie, s'il découvrait ma retraite, et le lâche m'avait vendu; je fus traîné dans les prisons, il eut sa liberté; je subis toutes les rigueurs de la persécution, il courut jouir de son crime en Angleterre; tu sais le reste. Le consulat de Napoléon porta des adoucissements à nos fers. En connaissant les prodiges de cet homme étrange, qui parcourait le monde emportant des villes et créant des victoires, ma jeunesse enthousiaste se laissa séduire. Aussi bien la trahison de mon frère m'avait refroidi pour sa cause. Je demandai des armes et suivis la marche triomphale du premier consul. En apprenant ma désertion, mon frère, qui jusque-là n'avait pas eu pour mon malheur une parole de consolation, m'écrivit pour me maudire au nom de la monarchie.

— Pauvre père! s'écria Albert.

— Mais toutes mes souffrances furent oubliées, vois-tu,

lorsque ta mère, la sainte femme, que tu n'as pas connue, te jeta dans mes bras, lorsque je n'eus au monde qu'une épée et qu'un berceau... Mais, mon frère!

— Pourquoi songer à lui?

— Pourquoi, Albert Delbourg? parce que votre cœur lui a déjà pardonné; pourquoi? parce qu'il s'appelle Goëlo de Kerloën.

. . . .

Le colonel avait regagné les bords de la Garonne, Albert était resté à Paris. Il se replongea dans l'étude, et, sous l'empire des révélations de son père, ne songea plus à l'avenir qu'il avait pu rêver un instant. Ses plaisirs étaient rares, ses convictions profondes, religieuses et tout en pardonnant en chrétien à M. de Kerloën, il sentait bien qu'une barrière infranchissable était élevée désormais entre les deux familles.

Les derniers jours du mois d'août venaient de s'écouler radieux, et la nature commençait à voiler son éclat. Les écoles étaient fermées, le barreau en vacances. M. de Langeac offrit à Albert de venir passer deux mois dans une terre qu'il possédait en Bretagne. Il lui fit un tel éloge de son manoir de Lhoërtel, que le jeune étudiant le suivit avec joie. Il ne rêvait plus que tourelles, grèves, dunes et flots bleus. L'avocat ne se sentait pas d'aise depuis que les affaires ne bourdonnaient plus à son oreille.

Trois jours après le départ, ils entraient dans la ville de Tréguier, demi-heure après au manoir de Lhoërtel, patrimoine de madame de Langeac, éloigné d'un kilomètre au plus du château de Kerloën. Les voyageurs furent reçus par M. de Kerloën lui-même, accouru malgré ses soixante-dix ans, pour leur faire les honneurs du pays.

Arrivés dans un vaste salon où pétillait un feu de cheminée seigneuriale, M. de Langeac présenta son jeune ami au vieux gentilhomme, qui l'accueillit avec une cordialité parfaite.

M. de Kerloën était un beau vieillard de soixante-dix ans environ : sa taille était **haute** encore et semblait disputer au temps sa noble prestance. Ses cheveux, blancs et poudrés, se divisaient suivant la mode de l'ancienne cour; ses souliers étaient ornés de larges boucles d'or ; mais il n'y avait rien de ridicule en lui, et son front ridé éloignait toute idée de sarcasme. Son sourire, malgré l'austérité de ses traits, était affable et bienveillant, et le regard, un peu dur peut-être, abdiquait facilement cette sauvagerie. En un mot, c'était un vieillard aimable, d'un ton parfait et plein de dignité. Cet examen rapide suffit à Albert pour lui faire juger M. de Kerloën, et, à sa grande surprise, il ne trouva rien dans cet homme qui pût justifier la haine instinctive qu'il se croyait au fond du cœur. Bien plus, il était près de l'aimer. Il eut beau s'en vouloir de la sympathie qui l'entraînait. Combien de sentiments s'imposent et dont on ne saurait éviter le joug!

· · · · · · · · · · · · · · · · · · ·

On était réuni dans le vieux salon de Kerloën; il était tel que l'avaient possédé les ancêtres du marquis. On se rappelle sans doute qu'aux jours de la révolution, M. de Kerloën avait eu la prudence de vendre ses propriétés, et d'en faire passer les valeurs à Londres. L'acquéreur était un homme du *progrès*, qui fut commissaire à Nantes, et sut faire, par bassesse ou par fermeté, respecter ses acquisitions; mais, comme tous les parvenus, le citoyen Gondreuil ne sut pas modérer ses prodigalités luxueuses, et fut bientôt écrasé de dettes. A la déclaration de l'amnistie, son château allait passer entre les mains de ses créanciers. Le marquis rentra en France, et racheta son patrimoine. Voilà du moins ce qu'il conta à ses hôtes avec plus de prolixité que nous n'en avons mis. Puis il fit naturellement l'histoire de son émigration, le vieux gentilhomme, du jour où il dut se cacher pour échapper aux fureurs de la République, et de la trahison qui le livra à ses ennemis. Le nom du traître seul fut passé sous silence.

Tandis qu'il parlait ainsi, le regard d'Albert était flamboyant, sa poitrine oppressée ne respirait qu'avec peine. Il attendait toujours. Le marquis ne dit pas un mot de son frère.

On se retira bien tard à Lhoërtel; rentré dans son appartement, Albert traîna son fauteuil devant la fenêtre et s'assit. Tout autour de lui faisait silence; les murmures de la mer se mêlaient seuls aux cris de quelques lugubres oiseaux de nuit. Il appuya sa tête sur le châssis de la croisée, et se prit à réfléchir. Toutes ses pensées étaient confondues, rien n'arrivait bien clair à son esprit; une seule question se dressait devant lui, pressante, anxieuse : son père accusait le marquis de Kerloën; était-il coupable? Il ne se le fût pas demandé à Paris; mais depuis qu'il connaissait son oncle, il avait une répugnance horrible à le croire perfide : chaque jour prolongeait ses incertitudes. Le lendemain ne lui réservait-il pas quelque affreuse vérité? Ses idées prirent peu à peu un autre cours; son imagination le transporta loin, bien loin de la Bretagne, elle laissa de côté Paris devant son vol, et vint s'abattre doucement dans les oseraies de la Garonne. Oh! son enfance perdue, les baisers de son père, les instructions si saintes, si maternelles de M. le curé de La Réole, comme tout cela avait fui pour le laisser dans un monde inconnu, où la lutte le saisissait dès le premier pas. Il se mit à genoux, et ses prières ferventes montèrent vers celui de qui vient la résignation quand il n'envoie pas le calme. Son sommeil fut paisible, et, dès l'aurore, il descendit sur la grève, résolu de regagner au plus tôt le manoir paternel.

Tous les amis furent ensemble quelques instants après, et l'on profita de la pureté de l'air et des calmes ondulations de la mer pour faire une promenade matinale. Deux yoles les attendaient.

Albert était pensif, et le marquis regardait tristement les flots.

Delbourg rompit le silence.

— La grotte qui vous servait de retraite a-t-elle disparu? demanda-t-il au marquis.

— Non, je l'ai revue depuis mon retour, une seule fois, il est vrai, parce qu'il s'y rattache un souvenir que je n'aime pas à me rappeler. Si vous y tenez cependant, nous pourrons y pousser une reconnaissance.

— Mais si vous y rencontrez des idées qui vous affligent?

— Qu'importe! nous pourrons d'ailleurs nous borner à la *Grotte du loup*. On aime, dans le bonheur, à revoir les lieux où l'on a souffert; et, n'était cette horrible pensée, mes visites y seraient plus fréquentes.

M. de Kerloën se leva et dit quelques mots au marinier. Celui-ci vira de bord, et on louvoya du côté de la falaise. Nos voyageurs s'élancèrent bientôt sur la rive. M. de Kerloën prit les devants, et l'on s'achemina tristement sur ses pas. Il semblait préoccupé. Son front, si calme d'ordinaire, s'était plissé malgré tous ses efforts, et son visage trahissait une émotion profonde.

— Tenez, Messieurs, voici l'endroit où dans ce malheureux temps je venais chercher les moules que la mer laissait sur le rivage. C'était mon unique nourriture avec quelques mouettes que je tirais au vol, et plus d'une fois, sur mon honneur, j'ai regretté les repas que je faisais alors. Malgré les craintes incessantes dans lesquelles j'étais obligé de vivre, dressant l'oreille à tous les bruits, j'étais quelquefois bienheureux. Je me souviens que le soir j'avais le cœur plus libre, je bénissais le ciel du jour que je venais de passer. Rien ne met la foi dans l'âme comme le malheur! Le matin, j'implorais encore un jour de la miséricorde divine, et Dieu m'exauça bien en partie, car il m'avait envoyé un ami fidèle. C'est un étranger que j'avais accueilli au château, alors qu'il n'avait ni feu ni lieu, mais dont le dévouement à toute épreuve me paya de tous mes bienfaits. Voilà la grotte, Messieurs; c'est là que je vécus pendant près d'un mois. Voyez, dit-il en écartant de sa canne les broussailles qui en cachaient l'entrée, un homme ne peut s'y tenir debout, et cependant j'y ai trouvé de bonnes nuits; quand la fatigue avait brisé mes membres, je m'étendais là. Cette pierre est celle sur laquelle j'appuyais ma tête; celle-là soutint le pain que m'apportait Yvon. Cela ne dura pas longtemps. Un soir les soldats guettèrent mon retour, et...

— Mais quelqu'un vous avait donc trahi? s'écria Albert.

— Trahi! vendu... un misérable, foulant aux pieds quatorze siècles de fidélité.

— C'était un gentilhomme?...

— Un gentilhomme! Monsieur, la Bretagne, dans sa noblesse, ne compte pas de traîtres... C'était un cadet de famille, qui, pour sauver sa tête, sacrifia la mienne. Albert demeurait atterré et ne pouvait comprendre.

— Et son nom? dit M. de Langeac.

— Il est là, murmura le vieux gentilhomme en portant la main sur son cœur. Je lui ai pardonné.

— Ne serait-ce pas Yvon, cet étranger, votre ami?

— Non, Monsieur, il était plus que cela; mais c'est bien assez pour ma pauvre tête, dit-il, retournons.

— C'est la seule grotte qui soit dans ces rochers? hasarda Delbourg.

— Il y a encore celle de *l'autre*, à deux cents pas environs; je ne l'ai pas revue depuis ma rentrée en France. Suivez-moi.

Et ils s'enfoncèrent dans les broussailles qui s'élevaient de tous côtés presque à hauteur d'homme. A droite et à gauche les rochers les dominaient de leurs masses imposantes; le passage était même si étroit qu'on se prenait à douter qu'un homme eût jamais passé par là, et qu'ils formaient une voûte au-dessus de leurs têtes. Ils allèrent ainsi quelque temps; puis la route se brisa à angle droit, et les rochers étaient si voisins l'un de l'autre qu'une seule personne put y passer à la fois. Dans cette espèce de col, masqué par le lichen, les ronces et une foule d'autres herbes grimpantes, s'enfonçait une anfractuosité sombre et sauvage.

Le marquis pâlissait sensiblement, ses forces l'abandonnaient peu à peu. Il fut obligé de s'appuyer contre la paroi du roc. Albert, qui s'avança pour le soutenir, était lui-même pâle, livide.

— C'est là, dit-il, qu'il se cacha. Un jour, il porta ses pas un peu trop loin; les soldats, qui étaient à sa recherche, se saisirent de lui. La vie lui fut promise et ma retraite livrée.

L'identité de ce récit et de celui de son père jetait la confusion dans l'esprit d'Albert. Les deux frères s'accusaient réciproquement du même crime; il devait y avoir là quelque mystère également inconnu à tous deux. Il se promit de le pénétrer.

En revenant, M. de Kerloën raconta comment il avait recouvré la liberté. Enfermé dans un cachot souterrain du manoir, il s'évada facilement. Par un hasard des plus heureux, la salle où il fut conduit avait une issue connue de lui seul. Il quitta le souterrain, et vint de nuit jusqu'au bord de la mer. Une barque était amarrée au rivage, il s'en servit et gagna le large. Un vaisseau, sous le vent duquel il naviguait, le recueillit à bord et le transporta en Angleterre.

. . . .

Cependant le colonel Delbourg, inquiet du sort de son fils, avait écrit à Paris, et la nouvelle qu'il reçut le frappa comme un coup de foudre : Albert était en Bretagne. Sa santé, ruinée déjà par tant de fatigues, s'altéra sensiblement. Le voilà donc seul désormais ; celui qu'il aimait tant l'abandonne, brave ses anathèmes, et s'unit à ses plus détestés ennemis. Il appelle la mort tous les jours; que ferait-il de la vie pour lui seul? Mourir sans avoir embrassé son fils à qui il a tout sacrifié, et qui lui jette à la face la plus noire ingratitude! Il se renferma dans sa demeure et ne vit plus personne. Le curé de Langon fut seul admis auprès de lui; c'était un vieil et digne pasteur qui, lui aussi, avait porté sa croix; et ses consolations, si elles ne purent fermer la plaie, en adoucirent au moins l'âcreté. Néanmoins, le colonel lui confia tout, et M. Larrey put arrêter la malédiction sur ses lèvres. Il écrivit au jeune Delbourg.

Le jour où Albert reçut cette triste missive fut un jour de deuil pour les habitants de Lhoërtel et de Kerloën, dont il avait su gagner toutes les affections. Chacun se ressentit du coup qui le frappait; il fallut partir, on le suivit jusqu'à Tréguier, M. de Langeac poussa jusqu'à Pontivy et lui dit adieu sans avoir réussi à lui donner un peu d'espoir.

Albert arriva bientôt à Langon, et se hâta de courir vers son père; il allait égaré, tremblant, ses habits étaient couverts de poussière et son front de sueur ; il marche, il aperçoit les ruines du château... tous les contrevents sont fermés... son cœur frémit... il s'élance, le pasteur était debout sur le seuil, les larmes aux yeux, les bras croisés sur la poitrine.

— Mon père! s'écria Albert.

— Trop tard! murmura le prêtre d'une voix triste. Mort ce matin avec une bénédiction pour son fils, et un pardon pour son frère.

Il ne put en entendre davantage, et tomba évanoui. Sa maladie fut longue. Gertrude, qu'il avait soupçonnée de haine à son égard, le soigna comme l'eût fait une mère. M. Larrey veilla au chevet du fils, comme il s'était assis à celui du père, lui donna tout le temps qu'il put dérober à ses ouailles; et grâce à ses onctueuses paroles, le désespoir d'Albert se calma. Une douce mélancolie s'empara de son âme; mais qui l'eût reconnu, le pauvre jeune homme, lui si brillant naguère, dont la présence excitait partout de sympathiques murmures? qui l'eût reconnu dans cet être pâle, maladif, se traînant à peine jusqu'au banc de pierre, devant son habitation, pour jouir d'un rayon de soleil, ou jusqu'à l'asile funèbre où son père dort sans aurore mortelle, appuyé sur le bras du vénérable vieillard qui l'a presque choisi pour son fils? Ils priaient tous deux. Albert avait appris de son consolateur de ces douces paroles, de ces touchantes croyances qui font la solitude moins amère. Entre la douleur et lui, il y avait l'Evangile.

Cependant sa jeunesse, les soins de ses deux amis lui rendirent peu à peu la force passée... il revint à la vie frais et robuste, comme aux premiers temps; mais dans le calice des fleurs il est un ver qui ronge; ainsi la douleur minait l'âme d'Albert.

. . . .

Les jours s'écoulaient aussi bien tristes en Bretagne. L'hiver secouait ses frimas sur les dunes; le ciel, immense linceul grisâtre, étendait sa monotonie sur les murmures sourds de l'Océan; les mouettes disparaissaient voltigeant dans les tourbillons de neige; la rive était solitaire. A

Lhoërtel, on se prépare à partir pour Paris, on se claquemure à Kerloën contre les rigueurs de l'hiver.

Une misérable cabane s'élève sur le bord de la mer, à quelques pas environ du cap de Claire. C'était l'habitation d'un pêcheur que soutenait la bienfaisance du marquis de Kerloën. Le marquis croyait devoir à cet homme une grande reconnaissance, parce qu'au temps de la Révolution il lui avait chaque jour porté dans sa retraite le pain qu'il ne pouvait se procurer par lui-même. Ce n'est pas qu'il ne lui eût même alors largement payé ses services; mais la gratitude, comme la haine, étant un sentiment inné dans son âme, il se serait cru également coupable d'oublier un service ou une injure. Cet homme, vous l'avez reconnu, c'était Yvon. Il voyait la mort s'avancer, il avait appelé auprès de lui M. le recteur Evan, de Tréguier. Leur entrevue fut longue; il avait à faire de terribles aveux. Monsieur Evan effraya sa conscience, et finit par exiger qu'il répétât sa déclaration à M. de Kerloën, puisque ses fautes l'avaient atteint si gravement. Alors tous les mystères furent dévoilés. Le marquis s'assit au chevet du moribond et pardonna. Puis cet homme lui raconta tout.

— Monsieur le marquis, j'ai voulu bien souvent vous dire ce que j'ai sur la conscience. Mais j'avais une femme et des enfants, vous m'auriez retiré vos bienfaits... Car, voyez-vous, je suis un monstre. Vous vous rappelez sans doute l'époque où vous avez quitté le château, vendu alors au citoyen Gondreuil... Sur votre prière, il me garda à son service. Hélas! monsieur le marquis, vous n'avez jamais eu pour moi que des bontés; je les ai payées de la plus noire ingratitude. Monsieur Gondreuil s'aperçut des fréquentes visites que je faisais aux Roches, il ne savait pas le lieu de votre retraite. Il m'offrit de l'or. Oh! je suis un misérable, monsieur le marquis, vous allez me maudire.

— Je vous ai déjà pardonné; après?...

— Eh bien! c'est moi qui conduisis les soldats à votre caverne.

— Et mon frère?...

— Votre frère, le pauvre M. Edgard, était toujours dans sa retraite. Nous passâmes devant lui. Les soldats s'arrêtaient; moi, je leur dis de pousser plus loin, parce que j'espérais une autre récompense, si je livrais votre frère.

— Et lui?...

— Je me cachais, monsieur le marquis, pendant qu'on vous emmenait, pour éviter ses regards; et, le matin, lorsque je descendis dans votre cachot, je vous dis que votre frère vous avait trahi. A lui aussi, monsieur le marquis, je dis que vous aviez livré sa retraite pour sauver vos jours.

— Misérable...

— Ah! vous voyez bien que vous me maudissez...

— Non, je vous pardonne.

— Bien souvent j'ai voulu vous dire cela, surtout lorsque j'ai vu que vous détestiez tant ce pauvre M. Edgard... mais je n'osais pas, j'avais une femme et des enfants.

Yvon cessa de parler. M. de Kerloën se disposait à sortir.

— Votre main, murmura le malade, avant que je meure.

M. de Kerloën fit un geste de répugnance, le recteur le regarda; il lui tendit la main.

Quand il rejoignit M. de Langeac, il y avait de la joie sur son visage, de la joie et du remords. Ce frère qu'il avait tant maudit, sans jamais le haïr, venait d'expirer loin de lui, loin de son fils, sans qu'un mot de réconciliation les eût tous les deux précédés au ciel.

M. de Kerloën confia ses regrets au recteur Evan, à monsieur de Langeac, et les conseils qu'il reçut d'eux portèrent à son âme un peu de repos; ce n'était pas la paix encore.

Par suite des événements qui venaient de s'écouler, Albert Delbourg se trouvait l'unique héritier de la famille des Kerloën.

— Le nom, dit le marquis, va mourir avec moi, et ce château qui, depuis tant d'années, domine l'Océan, dont les ruines parlent haut dans les fastes de la gloire bretonne, ne sera plus que la retraite d'une enfant dont l'avenir assombrit mon âme à ses derniers jours.

Le vénérable curé de Tréguier avait partagé les douleurs et les joies de M. de Kerloën; son avis pesait beaucoup dans ses décisions; et il fut résolu que le mal involontaire serait réparé, que l'union des enfants rachèterait la division des frères. Albert n'avait plus aucune raison pour conserver un nom qui n'était pas le sien, quelle qu'en fût la gloire. Kerloën pouvait avoir encore de beaux jours, et le marquis avouait que les brillantes qualités de son neveu suffisaient à la fois à ses exigences de gentilhomme et de père, s'il reprenait tous les titres de ses ancêtres.

. . . .

Les cloches de Tréguier sonnaient de joyeuses volées le 9 septembre 1833; la petite ville avait un air de fête inaccoutumé; on se pressait, on s'arrêtait dans les rues, aux abords de l'église, et la foule semblait plus compacte vers la route qui conduit au château de Kerloën; vers dix heures du matin, des voitures nombreuses pénétrèrent dans la cité bretonne; la première conduisait monsieur de Langeac et Albert, comte de Kerloën; dans la seconde, le vieil émigré et sa fille. Le visage du gentilhomme rayonnait de bonheur, il souriait au peuple dont l'affluence entravait sa marche. Ne venait-il pas, comme il le disait lui-même, de reconstruire l'antique manoir de Kerloën, d'apaiser la mémoire d'un frère calomnié, d'assurer le bonheur des seuls êtres qu'il laissât sur la terre ?

Les cendres du colonel Delbourg durent tressaillir au fond de sa tombe, et son âme sourire du haut du Ciel à la cérémonie sainte qui effaçait une tache à l'écusson des Kerloën, et devenait, pour le fils qu'il avait bercé au milieu des champs de bataille, un gage de sécurité et de bonheur.

FIN.

TABLE

I. — L'Armorique avant Jules-César. — Origine des Celtes. — Premiers habitants de l'Armorique. — Guerriers. — Druides et druidesses. 7

II. — Jules-César. — Soumission de l'Armorique. — Son affranchissement. — Conan. — Le christianisme remplace le druidisme. — Migration des Bretons insulaires. — Comtes. 11

III. — Les comtes Salomon, Gradlon, Audren. — Invasion des Alains. — Invasion des Huns. — Les comtes Riothime et Budik. — Clovis. — Alliance des Franks et des Bretons. 14

IV. — Conduite de Clovis à l'égard des Bretons. — Saint Pol de Léon; miracles. — Riowal. — Mort de Chramm, fils de Clotaire, brûlé dans une cabane. — Waroch. — Charlemagne. — Morvan. — Wiomarc'h. — Soumission momentanée de l'Armorique. 18

V. — Noménoé. — Les Normands en Bretagne. — Erispoé. — Salomon III. — Partage de la Bretagne; Gurwan et Pasqwiten. — Alain III. — Les Normands envahissent la Bretagne. — Alain Barbe-Torte. — Conan-le-Tors. — Geoffroy Ier. 22

VI. — Alain V. — Les Penthièvre. — Conan II. — Guillaume de Normandie. — Hoël V. — Alain Fergent. — La première croisade. — Conan III. — Les communes. — Pierre Abailard. 27

VII. — La féodalité en Bretagne. — Alleux et fiefs. — Les droits féodaux. — La chevalerie. — Le clergé. — Les moines. — Les vassaux. — Sciences et arts. — Commerce. — Marine. — Mœurs et usages. 31

VIII. — Conan IV. — Les Plantagenets. — Geoffroy II. — Constance et son fils Arthur. — Mort d'Arthur. — Mariage de la princesse Alix avec Pierre de Dreux. 37

IX. — La maison de France : Pierre Ier (Mauclerc). — Dernières croisades. — Jean Ier. — Jean II. — Arthur II. — Jean III. — L'ancienne coutume. — Jeanne de Penthièvre et Jeanne de Montfort. — Jeanne de Montfort et les Anglais. — Guerre continuée par Jeanne de Montfort et Jeanne de Penthièvre. 42

X. — Jeanne de Montfort et Jeanne de Penthièvre. — Le combat des Trente. — Le monument de Mi-Voie. 47

XI. — Bertrand du Guesclin. — Le jeune Montfort. — Bataille d'Auray; mort de Charles de Blois. 51

XII. — Jean IV, duc de Bretagne. — Traité de Guérande. — Du Guesclin emmène les *grandes compagnies* en Castille. — Sa captivité. — Il devient connétable de France. — Jean IV est chassé. — Charles V veut conquérir le duché. 57

XIII. — Rentrée de Jean IV. — Du Guesclin et Clisson contre la Bretagne. — Mort de du Guesclin. — Captivité de Clisson; attentat de Pierre de Craon. — Jean V. 60

XIV. — Fuite de Jean V. — Arthur de Richemont. — François Ier. — Histoire de Gilles de Bretagne. — Pierre II. — Arthur III. 68

XV. — François II. — Politique de Louis XI. — Ligue du Bien public. — Pierre Landais, tailleur de Vitré, remue l'Europe. — Les fiancés d'Anne de Bretagne. — Bataille de Saint-Aubin-du-Cormier. — Mort de François II, dernier duc de Bretagne. 75

XVI. — Anne de Bretagne. — Son mariage avec Charles VIII. — Elle épouse Louis XII. — La Cordelière et Portzmogues. — Mort et funérailles de la reine Anne. — Union de la Bretagne à la France. 81

XVII. — Ducs. — Clergé. — Noblesse. — Art militaire. — Bourgeois. — Paysans. — Commerce. — Marine. — États de Bretagne. — Parlement. — Sciences. — Lettres. — Beaux-arts. — Mœurs et usages. 89

XVIII. — La réformation et la Ligue. — François II. — Charles IX. — Henri III. — Le duc de Mercœur. — Henri IV. — Pacification de la Bretagne. — Louis XIII. — Louis XIV. 93

XIX. — Origines de la révolution en Bretagne. — Le duc d'Aiguillon. — La Chalotais. — Louis XVI. — Les états-généraux. — La Constituante. — La Convention. — La Terreur. — La Vendée. — La Chouannerie. — Quiberon. — Pacification de l'ouest. — La Bretagne française. 100

XX. — Coup d'œil sur la Bretagne actuelle. — Mœurs. — Coutumes. — Langue. — Conclusion. 108

Appendice. — Hommes illustres des temps modernes. 123 à 142

Légende de Bretagne 143

La Famille de Kerloën. 221

FIN DE LA TABLE.

Limoges — Imp. EUGÈNE ARDANT et Cie.

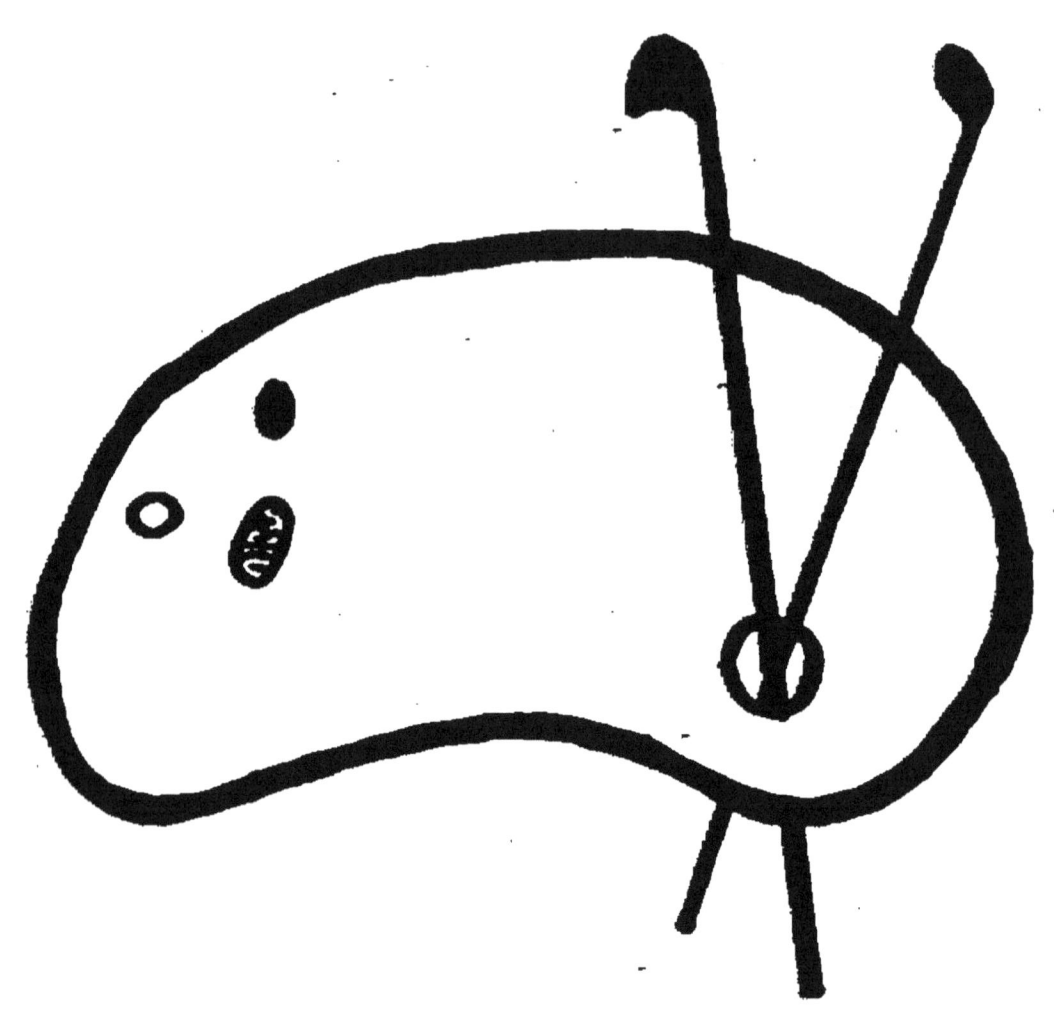

www.ingramcontent.com/pod-product-compliance
Lightning Source LLC
Chambersburg PA
CBHW070527170426
43200CB00011B/2347